Karl Brunnemann
Maximilian Robespierre

Ein Lebensbild
nach zum Teil noch unbenutzen Quellen

Brunnemann, Karl: Maximilian Robespierre. Ein Lebensbild nach zum Teil noch unbenutzten Quellen
Hamburg, SEVERUS Verlag 2011.
Nachdruck der Originalausgabe von 1880.

ISBN: 978-3-86347-010-4
Druck: SEVERUS Verlag, Hamburg 2011

Der SEVERUS Verlag ist ein Imprint der Diplomica Verlag GmbH.

Bibliografische Information der Deutschen Nationalbibliothek:
Die Deutsche Nationalbibliothek verzeichnet diese Publikation in der Deutschen Nationalbibliografie; detaillierte bibliografische Daten sind im Internet über http://dnb.d-nb.de abrufbar.

© **SEVERUS Verlag**
http://www.severus-verlag.de, Hamburg 2011
Printed in Germany
Alle Rechte vorbehalten.

Der SEVERUS Verlag übernimmt keine juristische Verantwortung oder irgendeine Haftung für evtl. fehlerhafte Angaben und deren Folgen.

Vorwort des Verlegers

Verehrter Leser,

der SEVERUS Verlag hat es sich zur Aufgabe gemacht, ausgewählte vergriffene Schriften aus dem letzten Jahrtausend wieder zu verlegen. Der schriftlich festgehaltene Teil der Vergangenheit, von Menschen aus der entsprechenden Zeit verfasst, wird so für die Zukunft bewahrt und wieder einer breiten Leserschaft zugänglich gemacht.

Gerade in unserem, dem sogenannten digitalen Zeitalter, ist die Gefahr der Vernichtung und vor allem der Verfälschung von Quellen so groß wie bisher in keiner anderen Phase der Neuzeit. Die Bibliotheken sind gezwungen, mit immer geringeren Budgets zu haushalten und können den Interessierten nicht mehr oder nur noch selten den Zugang zu den Schriftstücken im Original gewähren. Die Anzahl antiquarischer Bücher sinkt aufgrund des altersbedingten Verfalls, der unvermeidbaren Zerstörung durch Unfälle und Naturkatastrophen sowie des Abhandenkommens durch Diebstahl stetig. Viele Titel verschwinden zudem in den Regalen von Sammlern und sind für die Allgemeinheit nicht mehr zugänglich. Das Internet mit seinem vermeintlich unbegrenzten Zugriff auf Informationen stellt sich immer mehr als die große Bedrohung für Überlieferungen aus der Vergangenheit heraus. Die Bezugsquellen der digitalen Daten sind nicht nachhaltig, die Authentizität der Inhalte nicht gewährleistet und die Überprüfbarkeit der Inhalte längst unmöglich. Die Digitalisierung von Bibliotheksbeständen erfolgt meist automatisiert und erfasst die Schriften häufig lückenhaft und in schlechter Qualität. Die digitalen Speichermedien wie Magnetplatten, Magnetbänder oder optische Speicher haben im Gegensatz zu Papier nur einen sehr kurzen Nutzungszeitraum. Langzeiterkenntnisse liegen nicht vor oder bestätigen die kürzere Haltbarkeit wie bei der Compact Disc.

Der SEVERUS Verlag verlegt seine Bücher klassisch als Buch in Papierform broschiert, teilweise auch als hochwertiges Hardcover und als digitales Buch. Die Aufbereitung der Originalschriften erfolgt manuell durch fachkundige Lektoren. Titel in Fraktur-Schrift werden in moderne Schrift übersetzt und oft nebeneinander angeboten. Vielen Titeln werden Vorworte von Wissenschaftlern und Biographien der Autoren vorangestellt, um dem Leser so den Zugang zum Dokument zu erleichtern.

Gerne nehmen wir auch Ihre Empfehlung zur Neuauflage eines vergriffenen Titels entgegen (kontakt@severus-verlag.de).

Viel Freude mit dem vorliegenden SEVERUS Buch wünscht
Björn Bedey,
Verleger

Vorwort zur ersten Auflage.

Wenn etwas ein Beweis für die menschliche Schwachheit ist, dann ist es gewiss die traurige Erfahrung, die wir täglich und stündlich machen müssen, dass die meisten Leute sich in ihrem Urtheil fast immer nur durch den Erfolg bestimmen lassen. Derselbe Mann, der auf Grund des geglückten Staatsstreiches am zweiten December fast allgemein in Europa als der Retter der Gesellschaft gepriesen wurde und zu dem die Potentaten Europa's in Menge hinpilgerten, um ihm ihre Huldigungen zu Füssen zu legen und den Hof zu machen — derselbe Mann hatte für die Strassburger und Boulogner Affaire überall nur mitleidiges oder spöttisches Achselzucken und die nichts weniger als schmeichelhaften Epitheta Abenteurer und ehrgeiziger Narr gefunden; und ebenso erging es ihm wiederum zum zweiten Male, als ihm bei Sedan das kleine Malheur passirte, den Tod nicht finden zu können, den er im dichtesten Kugelregen gesucht haben will: die Chauvinisten Deutschlands — die Bettelpatrioten, die kurz vorher noch vor ihm schweifwedelten, um eine Tausendfrancnote oder das Kreuz der Ehrenlegion zu erschnappen, natürlich immer voran — konnten nicht Worte finden, ihrem Abscheu vor ihm Ausdruck zu geben. Oder um auf heimischem Boden zu bleiben, während die Braven, die seiner Zeit in der Pfalz und in Baden ihr Herzblut einsetzten für Deutschlands Freiheit und Einheit, nur Hohn und Spott, wenn nicht gar noch Schlimmeres traf, wird derjenige, der sich damals noch mit dem geistreichen Gedanken trug, die grossen Städte müssten dem Erdboden gleich gemacht werden, nachdem ihm zwanzig Jahre später — nicht die Freiheit, denn Freiheit ist dabei überhaupt nicht viel herausgekommen, aber — die Einheit wie eine reife Frucht gewissermaassen in den Schoos gefallen ist, von Alt und Jung,

— IV —

von Hoch und Niedrig beweihraucht und in den Himmel gehoben, um nicht mehr zu sagen, und sein Monarch macht ihn ganz abgesehen von zwei Millionen Dotation zum Grafen und zum Fürsten. Der Erfolg entscheidet nun eben einmal auf dieser besten Erde, ob etwas weiss oder schwarz sein soll.

So ist es auch dem grossen Manne gegangen, dessen Name diese Studie ziert. Weil es seinen persönlichen Feinden gelungen war, ihn zu Fall zu bringen, liessen ihn die Zeitgenossen unbestraft mit Koth bewerfen, und leichtfertig und urtheillos sprachen und schrieben die zünftigen Historiker nach, was seine Mörder in die Welt hinausgeschrieen haben, ihre Schandthat zu beschönigen Dass auch der ehemals freisinnige Dichter der „Censurflüchtlinge" und der „Wiener Immortellen", nachdem er einmal unter die Nationalliberalen gegangen, mit dem grossen Trosse laufen und in dasselbe Horn stossen würde, war wohl kaum anders zu erwarten, und hat er es durch den zweiten Theil seines „Neuen Plutarch" bewiesen, der eine aus seiner Feder geflossene Charakteristik Robespierre's bringt, eine Elucubration, die soviel Unrichtigkeiten und Entstellungen enthält, als sich eben unter starker Begünstigung der Phrase auf 122 Seiten Grossoctav sagen lassen. Leider aber ist bei seinen Beziehungen zu einer so namhaften Firma, wie die Brockhaus'sche, zu befürchten, dass seine Ansichten im deutschen Publicum Verbreitung finden. Dem entgegenzuwirken und der Wunsch, dem deutschen Publicum Robespierre zu zeigen, wie er wirklich war, ist es, was uns die Feder in die Hand gegeben hat. Sollte es uns gelungen sein, den Namen Robespierre auch Andern lieb und werth zu machen, dann werden wir uns für unserere Mühe mehr als entschädigt fühlen. Ist es ja doch unstreitig eine der schönsten Pflichten, verkanntes oder nicht hinlänglich gewürdigtes Verdienst in seine Rechte einzusetzen.

Elbing, im Sommer 1879.

Dr. K. B.

Vorrede zur zweiten Auflage.

Als ich im Jahre 1850 von dem Staatsrath des Kantons Freiburg in der Schweiz zum Director der Ecole supérience de garçons in Murten berufen wurde, fiel mir auch die instruction lirique an der Anstalt*) zu und erwuchs mir damit die Pflicht mich sehr eingehend mit der schweizerischen Staatsumwälzung des Jahres 1798 bekannt zu machen. So wurde ich auf das Studium der französischen Revolutionsgeschichte geführt, das seitdem meine Erholung in meinen Mussestunden geblieben ist und um dessen willen ich auch mehrmals längeren Aufenthalt in Frankreich und Paris genommen habe. Was Wunder also, wenn mir daher manches auf die französische Revolution Bezügliche bekannt wurde, was Anderen nicht zugänglich war. Als daher im Jahre 1875 der zweite Theil des Neuen Plutarch eine Biographie Maximilian Robespierre's von Rudolf von Gottschall brachte, konnte ich nicht umhin in Nr. 6 des Jahrgangs 1876 der Wissenschaftlichen Monatsblätter von Oskar Schade in Königsberg auf das mehrfache Irrige in Gottschall's Darstellung aufmerksam zu machen, liess mich auch veranlassen, vor dem hiesigen kaufmännischen Vereine eine Reihe von Vorträgen über dieses Thema zu halten. So entstand das Lebensbild, das jetzt in der zweiten Auflage erscheint. Dasselbe hat vielfach freundliche Aufnahme**) gefunden, nur Herr Dr. R. Mahren-

---

*) Wenn es interessirt Näheres über schweizerische Unterrichtsverhältnisse zu erfahren, verweise ich auf meine „Wanderungen eines deutschen Schulmeisters" Berlin. Otto Gülker und Comp. 1874.

**) Aus der Menge der mehr oder weniger anerkennenden Urtheile hebe ich nur das von Auguste Dietrich im Messager de Vienne 1880 Nr. 27, von Poestion in der Neuen freien Presse No 5897 und in der Wiener Zeitung 1880 Nr. 147, von Trauttwein von Belle in dem Magazin für die Literatur des Auslandes 49. Jahrgang Nr. 38, von Franceschini in der Wiener Allgemeinen Zeitung 1880 Nr. 189 heraus.

holz in Halle, welcher mir grollt, weil er auf Grund einer Besprechung der sechs Bändchen ausgewählter Lustspiele von Molière, die ich im Auftrage der Weidmannschen Buchhandlung 1876—77 herausgegeben habe, von der II. Strafkammer des Königl. Landgerichts zu Halle der öffentlichen Beleidigung schuldig erklärt worden ist, ist anderer Ansicht und lässt in den drei Recensionen, die er in verschiedenen Blättern veröffentlicht hat, kein gutes Haar daran, weil das Thatsächliche in meinem Lebensbilde mit der Darstellung in Hamet's hist. de Robespierre übereinstimmt, ohne uns jedoch darüber aufzuklären, wie man es anzufangen hat, um Thatsachen aus dem Leben einer Person wahrheitsgemäss darzustellen und doch dabei nicht mit denen übereinzustimmen, die dasselbe schon vor uns gethan haben.

Elbing, im Sept. 1884.

Brunnemann.

I.
Bis zum Eintritt in die Nationalversammlung.
1758—1789.

Maximilian Maria Isidor Robespierre oder richtiger Derobespierre, wie der Name der Familie eigentlich lautet, ohne dass dieselbe darum von Adel gewesen wäre, wurde am 6. Mai 1758 zu Arras im jetzigen Département Pas-de-Calais geboren. Der Vater Maximilian Bartholomäus Franz Derobespierre war, wie es auch schon der Grossvater gewesen war, Rechtsanwalt am conseil provincial d'Arras. Die Familie stammte aus Irland, war aber, streng katholisch, unter der Regierung Heinrichs des Achten oder Eduards des Sechsten wegen religiöser Verfolgung ausgewandert und hatte zu Carvin auf der Strasse von Arras nach Lille Grundbesitz erworben, wo auch noch der Vater geboren war. Treu dem Glauben der Väter, stellten sich die Derobespierre's in dem Streite zwischen den katholischen Stuarts und dem protestantischen Hause Hannover um den englischen Thron auf die Seite der ersteren, und so finden wir namentlich einen Bruder des Vaters als Obermeister der von dem Prätendenten Karl Eduard im Jahre 1757 in Arras gegründeten Schottenloge Constantia, die wie alle Schottenlogen jener Zeit politische Zwecke und zwar speciell die Wiederherstellung des Thrones der Stuarts verfolgte. Die Mutter war Jacqueline Margarethe Carrault, die Tochter eines wohlhabenden Brauers in der Vorstadt Rouville. Ausser Maximilian, dem ältesten Kinde, wurden den Eltern noch zwei Töchter, Charlotte und Henriette, und ein Sohn Augustin geboren.

Im Jahre 1765 hatten die Kinder das Unglück, die Mutter, die brustleidend war, zu verlieren. Der Vater, der schon vorher Anlagen zur Schwermuth gehabt hatte, nahm sich den Tod der Gattin dermassen zu Herzen, dass man es für rathsam fand, ihn zu seiner Zerstreuung auf Reisen zu schicken, und so durchreiste er — aber nicht Nord-Amerika, wie der auch sonst von Unrichtigkeiten aller Art strotzende Artikel Robespierre in Brockhaus Conversationslexikon 11. Auflage fälschlich angiebt, dessen Verfasser nicht einmal die richtigen Vornamen von Robespierre kennt, sondern — England und Deutschland und starb 1768 in München am gebrochenen Herzen über den Verlust der heissgeliebten Lebensgefährtin. Robespierre hatte etwas von der Schwermuth des Vaters geerbt; nach dem Tode der Eltern wurde er aber erst recht ernst und nachdenklich im Bewusstsein seiner Verantwortlichkeit den jüngern Geschwistern gegenüber. Die Erziehung der beiden Mädchen übernahmen zunächst zwei unverheirathete Schwestern des Vaters, später that man sie zu den Klosterfrauen nach Tournay, wo sie unter den Töchtern der ersten Familien der Provinz aufwuchsen. Die Knaben nahm der Grossvater mütterlicherseits in sein Haus, Maximilian fuhr aber fort das collége in Arras zu besuchen, wo er allgemein für einen Musterschüler galt. Statt seine Erholung im Spiel mit den andern Knaben zu suchen, trieb er in seinen Mussestunden Vogel-, namentlich Taubenzucht.

Sein Fleiss und sein Wohlverhalten verschafften ihm schon mit elf Jahren eine Freistelle im collége Louis-le-Grand zu Paris als Stipendiat des Abtes von Saint-Waast in Arras, dem die ungemeine Begabung des Knaben aufgefallen war. In Paris hielt Robespierre, was er in Arras versprochen hatte, namentlich vertiefte er sich in das Studium des Alterthums, für das er durch den Unterricht des Professors der Rhetorik, des hochgelehrten Hérivaux, eine grosse Vorliebe gefasst hatte, der in Anerkennung seiner Leistungen es liebte, ihn seinen „Römer" zu nennen und ihn bei einem Besuch, den der König nach seiner Rückkehr von der Krönung in Rheims der Anstalt machte, zum Festredner bestellte.

Nach dem Austritt aus dem Gymnasium widmete sich Robespierre nach dem Beispiele des Vaters und Grossvaters dem Rechtsstudium, indem er, wie es in Frankreich allgemein Sitte ist, sich gleichzeitig auf dem Büreau des procureur au parlement Nolleau auch mit der Praxis vertraut machte in Gemeinschaft mit Brissot de Warville, mit dem er sich später auf einem andern Kampfplatz messen sollte. Aber über dem Rechtsstudium vernachlässigte er keineswegs seine literarische Ausbildung. Namentlich war es Voltaire, dem er seine Verehrung zuwandte, und in höherem Grade noch J.-J. Rousseau, den er auch einmal in seiner Einsamkeit in Ermenonville aufgesucht hat; leider aber ist über diese Begegnung nichts Näheres bekannt.

Nach Vollendung seiner Studien im Jahre 1781 verliess er Paris mit nachstehender ehrenvollen Anerkennung:

„Sitzung vom 19. Januar 1781.

Auf den günstigen Vorbericht des Herrn Vorstehers über die eminenten Talente des Sieur de Robespierre, Stipendiaten der Stadt Arras, der auf dem Punkte steht, seine Studien abzuschliessen, ferner wegen seiner musterhaften Führung während seines zwölfjährigen Aufenthalts in der Anstalt und auf Grund der günstigen Resultate, die er sowohl bei der Vertheilung der Preise der Universität, wie in den Prüfungen über Philosophie und Jurisprudenz erlangt hat:

hat das Büreau dem Sieur de Robespierre einstimmig eine Gratification von 600 Livres zugesprochen, die ihm von dem Herrn Grand-maître des deniers du collége d'Arras ausgezahlt und diesem gegen Einsendung gegenwärtiger Erklärung und Quittung des genannten Sieur de Robespierre gut geschrieben werden sollen"
und kehrte nach zwölfjähriger Abwesenheit in seine Vaterstadt zurück, wo er sich, also im Alter von dreiundzwanzig Jahren, als Rechtsanwalt niederliess.

Er bezog mit der älteren Schwester Charlotte (die jüngere war gleich nach seiner Ankunft in Paris im Jahre 1769 an derselben Krankheit wie die Mutter gestorben) ein kleines Haus in Arras, das ihnen von dem Besitzthum der Familie allein noch übrig geblieben war, und lebte ganz seiner Praxis, die denn allerdings in kurzer Zeit schon sehr bedeutend wurde.

Regelmässig des Morgens um sechs Uhr aufstehend, pflegte er bis 8 Uhr zu arbeiten, dann liess er sich rasiren und frisiren und begab sich auf das Gericht, seine Termine wahrzunehmen. Von dort zurückgekehrt, speiste er in der Gesellschaft der Schwester zu Mittag, aber immer höchst mässig, namentlich trank er so gut wie gar keinen Wein, dagegen war er ein grosser Freund von Früchten und von Kaffee. Nach dem Mittagessen wurde ein Spaziergang gemacht und dann arbeitete er wieder bis zum Abend. Die Abende verbrachte er im Kreise von Freunden oder bei den Tanten, zu deren grossem Leidwesen — wie alte Damen pflegen, liebten sie es, ein Spielchen zu machen — er aber niemals eine Karte anrührte; demungeachtet schwärmten sie für ihn, wie folgende Aeusserung beweist, die die eine von ihnen schon damals mit prophetischem Geiste über ihn that: „C'est un ange, aussi est-il fait pour être la dupe et la victime des méchants." „Es ist ein Engel und daher wird es ihm auch beschieden sein, von den Schlechten betrogen und ihr Opfer zu werden." Namentlich besuchte er sehr regelmässig die Zusammenkünfte der Gesellschaft der Rosati, einen Verein junger Männer, welche die Gemeinsamkeit des Geschmacks an der Poesie und an den Freuden der Geselligkeit zusammengeführt hatte, und in die sich Robespierre 1782 hat aufnehmen lassen. Hier lernte er auch seinen späteren Collegen im Wohlfahrtsausschuss, den Organisator der Siege der republikanischen Heere, Carnot, kennen, der damals als Ingenieuroffizier in Arras stand.

Charakteristisch und sehr bezeichnend für Robespierre, insofern er sich nämlich schon in dieser Zeit dadurch als den Beschützer der Unterdrückten und den Rächer der verfolgten Unschuld documentirt, was er Zeit seines allerdings nur kurz bemessenen Lebens geblieben ist, ist eine Reihe von Processen, deren Führung er gleich in der ersten Zeit übernahm. So rettete er einer alten Dienstmagd seines Freundes Carnot eine Erbschaft, die derselben von einer vornehmen und sehr einflussreichen Partei streitig gemacht wurde; einer armen Näherin nahm er sich mit Erfolg gegen einen Mönch aus dem mächtigen Kloster St. Sauveur zu Auchin an; zu Gunsten der katholischen Verwandten eines Mannes, der protestantisch geworden war und aus diesem Grunde seinen gesetzlichen Erben sein Vermögen vorenthalten wollte, um es einer sogenannten frommen Stiftung zuzuwenden, griff er im Geiste der Duldsamkeit und Toleranz dieses Testament an; endlich verhalf er noch einem Manne, den das Gericht von St. Omer zur Wegnahme eines von ihm auf seinem Hause angebrachten Blitzableiters verurtheilt hatte, trotz des Unwillens der bigotten Ortsbewohner, die in der Aufstellung eines Blitzableiters eine Profanirung der göttlichen Weisheit erblicken wollten, zu seinem Rechte; mit einem Worte, Dubois des Fosseux übertreibt nicht, wenn er ihn 1784 so ansingt:

Dans mes bras vole avec assurance,
Appui des malheureux, vengeur de l'innocence,
Tu vis pour la vertu, pour la douce amitié,
Et tu peux de mon cœur exiger la moitié.

„In meine Arme fliege mit Vertrauen, Stütze der Unglücklichen, Rächer der Unschuld, Du lebst für die Tugend, für die süsse Freundschaft, und Du kannst die Hälfte meines Herzens fordern."

Unterstützt wurde dieser humane, echt menschenfreundliche Sinn, der ihn diesen mühevollen Arbeiten sich ohne alle Aussicht auf äusseren Lohn unterziehen liess, durch eine hinreissende, Alles gewinnende Beredtsamkeit, die in edelster Sprache von der Richtigkeit seiner Ansichten zu überzeugen verstand.

Ah! redoublez d'attention!
J'entends la voix de Robespierre,
Ce jeune émule d'Amphion
Attendrirait une panthère.

„Ach, verdoppelt Eure Aufmerksamkeit! Ich vernehme die Stimme Robespierre's. Dieser junge Nebenbuhler Amphion's wäre im Stande, einen Tiger weich zu stimmen" sang ein Genosse aus der Rosatengesellschaft von ihm.

Dass eine solche gleich hohe geistige und gemüthliche Begabung namentlich auch auf das weibliche Geschlecht ihren nachhaltigsten Eindruck nicht verfehlen konnte, würden wir glauben, wenn es uns auch nicht noch ausdrücklich von den Zeitgenossen bezeugt würde, und er stand denn auch in der That mit den ersten Damen der Stadt in geselligem und schriftlichem Verkehr. Ein fein gedachtes Madrigal ist uns von ihm aus dieser Zeit erhalten:

Crois-moi, jeune et belle Ophélie,
Quoi qu'en dise le monde et malgré ton miroir,
Contente d'être belle et de n'en rien savoir,
Garde toujours ta modestie!

> Sur le pouvoir de tes appas
> Demeure toujours alarmée,
> Tu n'en seras que mieux aimée
> Si tu crains de ne l'être pas.

„Glaube mir, jungendliche schöne Ophelia, was auch die Welt dazu sagt und trotz Deines Spiegels, zufrieden, hübsch zu sein und nichts davon zu wissen, bewahre Dir stets Deine Bescheidenheit! Bleibe wegen der Macht Deiner Reize immer in Sorgen, Du wirst nur noch mehr geliebt werden, wenn Du fürchtest, es nicht zu sein."

Von Seiten des Bischofs von Arras verschaffte ihm sein Ruf als Rechtsanwalt eine gut besoldete Anstellung als Richter bei dem bischöflichen Patrimonialgericht, die er aber schon einige Zeit darauf seiner Ueberzeugung wieder zum Opfer brachte, als er einen überwiesenen Verbrecher nach dem damaligen Gesetze hätte zum Tode verurtheilen müssen; denn er war schon damals ein Gegner der Todesstrafe.

Am 21. April 1784 wurde er in die im Jahre 1738 begründete Akademie von Arras, eine freie Vereinigung literarisch gebildeter Männer, als Mitglied aufgenommen. Sehr bezeichnend für ihn ist wieder das Thema, das er für seine Antrittsrede wählte, sur l'origine, l'injustice et les inconvénients du préjugé qui fait rejaillir sur les parents des criminels l'infamie attachée à leurs supplices, „über den Ursprung, die Ungerechtigkeit und die üblen Folgen des Vorurtheils, welches die an der Leibesstrafe haftende Schande auf die Verwandten der Verbrecher zurückfallen lässt," welche später von der Société royale de Metz mit einer Medaille im Werthe von vierhundert Livres gekrönt wurde. Ein Passus in derselben ist namentlich zu bezeichnend für Robespierre's Auffassung von der Aufgabe der Gesetzgebung, um denselben nicht hier wörtlich anführen zu sollen: Toute loi injuste, toute institution cruelle qui offense le droit naturel, contrarie ouvertement leur but qui est la conservation des droits de l'homme, le bonheur et la tranquillité des citoyens, „jedes ungerechte Gesetz, jede grausame Anordnung, welche das natürliche Recht verletzt, widerspricht offen ihrem Zweck, welcher kein anderer ist, als die Aufrechterhaltung der Menschenrechte und die Glückseligkeit und die Ruhe der Bürger." O, möchten doch überall die gesetzgebenden Körperschaften diese Worte in goldenen Lettern über den Präsidentenstuhl geschrieben stets vor Augen haben!

Im Jahre 1785 bewarb sich Robespierre mit einem Éloge de Gresset*) um einen von der Académie d'Amiens ausgesetzten Preis. Das Hauptlob für Gresset fand er darin, dass er inmitten von Paris ehrbar und rein blieb. „Tu fus un grand poète! Tu fus beaucoup plus, tu fus un homme de bien! En vantant tes ouvrages, je ne serai point obligé de détourner mes yeux de ta conduite!" „Du warst ein grosser Dichter! Du warst noch mehr, Du warst ein Biedermann! Wenn ich Deine Werke lobe, habe ich nicht nöthig, meine Blicke von Deiner Aufführung abzuwenden." Aber der Akademie wollte diese Ansicht, den Biedermann über den Dichter zu stellen, nicht zusagen; Robespierre erhielt den Preis nicht, auch mochte er dadurch Anstoss erregt haben, dass er sich gegen die Klassiker zu Gunsten des bürgerlichen Schauspiels aussprach.

Nicht weniger Epoche machend als seine Antrittsrede, weil er damit wieder tief eingewurzelten Vorurtheilen entgegentrat, war eine Rede, welche er am 27. April 1786 über die Rechte unehelicher Kinder in der Akademie hielt, sowie seine Rede über den Vortheil der Frauenaufnahme, mit der er Herrn de Courcet und Mlle. de Kéralio bei ihrer Aufnahme in die Akademie im Auftrage derselben begrüsste;

---

*) Jean-Baptiste-Louis Gresset zu Amiens geboren 1709 und gestorben 1777, Dichter, Verfasser eines komischen Epos Vert-Vert, sowie verschiedener poetischer Episteln und Theaterstücke, seit 1748 Mitglied der Académie française.

eine dritte Rede über Strafgesetzreform ist leider verloren gegangen. Eine so thätige Theilnahme an den Arbeiten der Akademie belohnte dieselbe mit seiner Wahl zum Vorsitzenden für das Jahr 1789, als welcher er im Namen derselben den Herzog de Guines als Gouverneur von Artois*) zu begrüssen hatte, gegen den er die Erwartung aussprach, er werde ein gouverneur-citoyen sein.

Mittlerweile waren die Wahlen zu den Generalstaaten herangekommen, deren Einberufung sich die Regierung nicht länger entziehen konnte. Obwohl die Bastille noch stand und lettres de cachet noch ganz an der Tagesordnung waren, richtete Robespierre einen Aufruf an das Volk von Artois, in welchem er auf die Nothwendigkeit der Verschmelzung der drei Stände zu einer Versammlung hinwies; sonst wäre zu fürchten, sie gäben sich zu willenlosen Werkzeugen der Regierung her, wie das erst wieder die Stände von Artois im Jahre 1787 gethan hätten, als sie zu der Steuerlast von acht Millionen noch eine Kontribution von 300,000 Livres hinzufügten, um die Tochter des Gouverneurs auszustatten, während das Volk fast dem Hunger erlag. Seine Kandidatur wurde daher von den Privilegirten mit Wuth und Erbitterung bekämpft, gegen deren Angriffe er sich in einem zweiten Aufruf an das Volk vertheidigte. Als es ihm nun noch gelang, einen gewissen Dupord, den man willkürlich ins Gefängnis geworfen hatte, weil er Anspruch auf die Theilnahme an einer Erbschaft machen konnte, aus dem Gefängnis zu befreien, da war an seiner Wahl nicht mehr zu zweifeln.

In der Zeit vom 27. bis 30. März fanden in der Stadt Arras die Urwahlen für vierundzwanzig Wahlmänner statt, bei welcher Gelegenheit Robespierre mehrmals mit grosser Energie das Wort nahm. Die aus diesen Urwahlen in der

---

*) Ehemalige Provinz, aus der die Arrondissements Arras, Béthune, St. Pol, St. Omer und zum Theil Montreuil im Département Pas-de-Calais gebildet sind.

ganzen Provinz hervorgegangenen Personen hatten eine doppelte Aufgabe: einmal wählten sie neunundvierzig Kommissäre zur Redaktion des cahier, d. h. zur Aufstellung der Wünsche und Beschwerden, die bei den Generalstaaten zur Sprache gebracht werden sollten, und zweitens die 184 Wahlmänner, denen dann, also in dritter Linie, die Wahl der Deputirten zu den Generalstaaten oblag. Robespierre's Name ging nicht nur schon am 3. April als der dreizehnte bei der Wahl der Wahlmänner aus der Urne hervor, sondern Robespierre wurde auch von den neunundvierzig Kommissären, zu denen er gleichfalls gehörte, mit der Abfassung des cahier betraut.

Am 20. April traten die Wahlmänner unter dem Vorsitz des Bischof von Arras zur Wahl der Deputirten zusammen. Die Wahlen der Deputirten des dritten Standes dauerten vom 24. bis 28. April. Robespierre wurde am 26. als der fünfte von acht gewählt, die mit den je vier aus den Reihen der Geistlichkeit und des Adels am 1. Mai in der gemeinschaftlichen Versammlung aller drei Stände, wie es Robespierre gewollt hatte, den Eid leisteten und sodann nach Versailles abreisten. Für Robespierre zerschlug sich damit ein Plan, den die eine der Tanten, welche noch in vorgerücktem Alter einen Notar Namens Deshorties, einen Wittwer, heirathete, entworfen hatte, ihm dessen Tochter erster Ehe Anaïs zur Frau zu geben.

Kurz vorher hatte Robespierre noch ein Éloge du président Dupaty veröffentlicht, des Verfassers der Lettres sur l'Italie, eines freisinnigen Juristen, das für Robespierre's Denkweise wieder zu charakteristisch ist, als dass wir uns versagen könnten, wenigstens eine Stelle daraus anzuführen: „Er sorgte für jene Klasse von Bürgern, welche in der Gesellschaft für nichts gerechnet werden, während sie für dieselbe ihren Schweiss und ihre Arbeit verschwenden; auf welche das Geldprotzenthum mit Verachtung herabblickt; welche der Hochmuth die Hefe des Volks nennt; der aber die Gerechtigkeit um so mehr ihre Sorge zuwenden muss, als sie ihre einzige Stütze ist."

Fassen wir noch einmal in einigen Strichen das Bild zusammen, das vor unsern Augen von Robespierre enstanden ist: sanft und gut, voll Hingabe für die Seinen, leutselig gegen Jedermann, immer bereit den Unglücklichen zu helfen, allgemein beliebt und schon durch Wort und Schrift die wahren socialen Principien verbreitend, zu deren Triumph mitzuwirken er zur Aufgabe seines Lebens machte, unzugänglich jeder Art Bestechung, widmete er sich einzig den Interessen des Vaterlandes und dem Gemeinwesen.

II.
In der Nationalversammlung.
1789—1791.

Robespierre hatte in Versailles mit seinen Kollegen seine Wohnung in einem bescheidenen Gasthause, dem Hôtel du Renard, in der rue Ste. Élisabeth genommen, die jetzt einen Theil der rue Duplessis ausmacht. Am 4. Mai 1789 begaben sie sich in die Kirche Notre-Dame, um zusammen mit den übrigen Deputirten die Messe veni creator anzuhören, und zogen dann mit diesen in feierlicher Procession in die Kirche St. Louis, wo der Bischof von Nancy die Festpredigt über das Thema: „Die Religion macht die Macht der Staaten und das Glück der Völker" hielt, welche die Anwesenden trotz der Gegenwart des Königs zu einem wahren Beifallssturm mit fortriss.

Die Eröffnung der Generalstaaten erfolgte am 5. Mai in der salle des Menus bei 1177 Anwesenden (293 Mitgliedern der Geistlichkeit, 289 vom Adel und 595 des dritten Standes), die Zahl wuchs aber später — die vierzig Pariser Deputirten konnten beispielsweise erst am 25. Mai eintreten — auf 1214 an, also die grösste parlamentarische Körperschaft, die wohl je zusammengetreten. Bekanntlich erhob sich sofort ein Streit darüber, ob die Vollmachten in gemeinschaftlicher oder von jedem der drei Stände in besonderer Sitzung geprüft werden sollten, und der seine Entscheidung erst am 17. Juni dadurch fand, dass der dritte Stand sich auf den Antrag des Abbé Sieyès mit 491 gegen 90 Stimmen als Nationalversammlung constituirte.

Robespierre's Stellung zu der Frage ist uns schon von Arras her bekannt, und so war er auch dagegen, dass man mit dem Adel auch nur in Unterhandlungen träte, um ihn zum Beitritt zu vermögen, „er verdiene kaum die Ehre, dass man von ihm spräche, die Parlamenter (d. h. die Mitglieder der höchsten Gerichtshöfe) in demselben nähmen nicht Anstand, das gesammte Menschengeschlecht der Erhaltung der Macht der Parlamente zu opfern, die grossen Herren vom Hofe hätten sämmtlich die Gefühle, die von dem Stolze der Aristokraten und von der servilen Niedrigkeit der Höflinge eingegeben würden, und selbst die wenigen verständigen Leute unter ihnen, wie Lafayette und Orléans, seien nicht frei von Vorurtheilen und flössten ihm Mistrauen ein"; dennoch ging der Antrag durch, obwohl Robespierre's Ansicht von Mirabeau getheilt und befürwortet wurde, der ihm übrigens in keiner Weise imponirte, „il est nul parce que son caractère lui a ôté toute confiance, er ist von keiner Bedeutung, weil ihn seine Charakterlosigkeit um alles Zutrauen gebracht hat." Erwähnung verdient auch die Antwort, welche er dem Bischof von Aix ertheilte, als dieser den Versuch machte, durch eine Schilderung des Volkselends die Mitglieder des dritten Standes dazu zu verleiten, mit der Geistlichkeit gemeinsam über die Mittel zur Abhilfe zu berathen: „Entlasst Eure Bedienten, verkauft Eure Carossen und Möbel und verwendet Euren Ueberfluss, der mit den Traditionen der ersten Christen im Widerspruch steht, zu Almosen an die Unglücklichen!" Bei der am 19. Juni vorgenommenen Organisation der Bureaux wurde er dem fünfzehnten zugewiesen.

Der Schwur im jeu de Paume in der rue St. François am 20. Juni entschied den Sieg des dritten Standes, zwei Tage darauf schon schlossen sich hundert acht und vierzig Geistliche und zwei vom Adel an, denen am 25. Orléans mit sechs und vierzig Anderen folgte; die Erstürmung der Bastille am 14. Juli gab ihnen eine Garantie, dass jeder Versuch von Seiten des Hofes, die Versammlung mit Waffengewalt unterdrücken zu wollen, vergeblich sein würde; und unbesorgt um ihre persönliche Sicherheit konnten sie jetzt an die Lösung der selbstgestellten Aufgabe, dem Lande eine Verfassung zu geben, gehen. In der Deputation, die den König am 16. nach Paris begleitete, befand sich auch Robespierre, den namentlich die Einrichtung der Nationalgarde entzückte, so dass er sofort die Einrichtung einer solchen auch seinen Mitbürgern in Arras dringend an's Herz legte, denen er zugleich Vorwürfe darüber machte, dass sie es bis jetzt unterlassen hätten, wie andere Städte in einer Adresse an die Nationalversammlung ihre Uebereinstimmung mit dem, was bis dahin geschehen, auszusprechen. Wie wenig bekannt übrigens Robespierre damals noch war, geht am besten daraus hervor, dass seine eigenen Kollegen nicht einmal seinen richtigen Namen wussten und Mirabeau in seinem „Courrier de Provence" ihn beispielsweise Robertspierre nennt, während Prudhomme in seinen „Révolutions" denselben Robert-Pierre und Andere Robert (Pierre) schrieben.

Es kann natürlich nicht in unserer Absicht liegen, die Entstehungsgeschichte der Verfassung von 1791, wie man das Werk der Nationalversammlung zu bezeichnen pflegt, zu erzählen, wir werden uns vielmehr damit begnügen müssen, immer nur Das hervorzuheben, bei dem Robespierre thätig mit eingriff, um zu zeigen, wie er von Anfang an in dem Staate nur eine Institution erblicken wollte, dazu geschaffen, die Wohlfahrt Aller und jedes Einzelnen zu fördern; er hatte sich aber damals noch nicht davon überzeugt, dass auch die constitutionelle Monarchie dies so wenig zu leisten im Stande sei, wie die absolute, das sogenannte ancien régime, und glaubte daher noch im Jahre 1789 an die constitutionelle Monarchie.

Am 20. Juli, also bloss vier Wochen nach dem Schwur im jeu de Paume und sechs Tage nach dem Bastillesturm, stellte Lally-Tollendal schon einen Antrag auf Erlass einer Abwiegelungsproclamation an die Bevölkerung von Paris, in welcher die Revolution für geschlossen erklärt werden sollte. Unbeirrt um den Spott der Herren vom Adel trat Robespierre diesem Antrage entgegen: „Man soll den Frieden lieben, aber man muss auch die Freiheit lieben. Zergliedern wir aber den Antrag, so enthält er zunächst eine Bestimmung gegen Diejenigen, welche die Freiheit vertheidigt haben. Giebt es aber etwas, was rechtmässiger wäre, als sich gegen eine Verschwörung zu erheben, die den Zweck hat, die Nation in's Verderben zu stürzen?" Und er erreichte wenigstens, dass der Antrag an die Bureaux gewiesen wurde.

Am 27. Juli handelte es sich um die Frage, ob bei der Verhaftung von Castelnau, der mit dem damals schon emigrirten Grafen von Artois offenkundig conspirirte, auf Veranlassung des Maire von Paris mit Beschlag belegte Briefe erbrochen werden sollten, um von dem Inhalte derselben Kenntnis zu nehmen. Robespierre nahm nicht Anstand, sich dafür auszusprechen: „Kann und darf die Versammlung Schriftstücke zurückweisen, die von der öffentlichen Meinung denuncirt werden, die der Maire der Hauptstadt als wesentlich und unentbehrlich für die Aufdeckung der unheilvollsten Verschwörung, die je geplant worden ist, eingeschickt hat? Ich glaube nicht. Rücksicht auf Verschwörer nehmen, heisst einfach Verrath an der Nation begehen."

Am 31. Juli, als die Freunde von Besenval, der mit

anderen Contrerevolutionären auf Befehl des Pariser Gemeinderaths verhaftet worden war, Maassregeln gegen dergleichen Verhaftungen in Vorschlag brachten, um seine Freilassung herbeizuführen, äusserte Robespierre: „Ich mache die Principien, welche der Nation verdächtige Personen exemplarischen Strafurtheilen zu unterstellen verlangen, in aller ihrer Strenge geltend. Sie wollen das Volk beruhigen? Dann sprechen Sie zu ihm die Sprache der Gerechtigkeit und der Vernunft. Man gebe ihm eine Garantie dafür, dass seine Feinde der Rache des Gesetzes nicht entgehen werden, und die Gefühle der Gerechtigkeit werden an die Stelle des Hasses treten."

Am 3. August machte die reactionäre Partei neuerdings Versuche, ihre politischen Freunde gegen Maassnahmen der Versammlung zu schützen, indem sie dieser das Recht absprechen wollten, auf Berichte ihrer Commissionen hin Beschlüsse zu fassen. „Ich antworte darauf," war Robespierre's Entgegnung, „dass es für die Executivgewalt, um über eine Sache zu urtheilen, allerdings einer unzweifelhaften Gewissheit bedarf, dass es aber für die gesetzgebende Gewalt vollkommen ausreicht, wenn sie amtlich von den Thatsachen Kenntnis erhalten hat; und zum Ueberfluss rühren die Briefe, die dem Comité des rapports vorgelegen haben, von Personen her, die gerade so gut eine officielle Stellung einnehmen, wie eine Behörde." Dagegen war in seinen Augen jede willkürliche Verhaftung ein Attentat gegen die Nation, und auf seine Anregung wurde in die Erklärung der Grundrechte eine Bestimmung aufgenommen, welche jeden Beamten mit strafrechtlicher Verfolgung bedroht, welcher Willkürbefehle erlassen oder ausführen würde. So stand er damals ziemlich vereinzelt in der Versammlung da, der würdige Schüler von J.-J. Rousseau, indem er sich mit seiner Ueberzeugung wie mit einem undurchdringlichen Schilde deckte und dem cynischen Mirabeau die Aeusserung abnöthigte: „Cet homme ira loin, car il croit tout ce qu'il dit (der Mann wird Grosses ausrichten, denn er glaubt Alles, was er sagt)."

Am 24. August brach er eine Lanze für die unbeschränkteste Freiheit der Presse, gegen welche die Opportunitätshelden Restriktionen in Vorschlag gebracht hatten: „Es ist freien Männern nicht erlaubt, ihre Rechte in zweideutiger Weise zu verklausuliren; der Despotismus hat die Beschränkung der Pressfreiheit erdacht, und dadurch ist er nach und nach dazu gekommen, auch alle übrigen Rechte zu kassiren, die Pressfreiheit ist ein unabtrennbarer Theil der Freiheit, seine Gedanken auszudrücken"; und am 26. für unbedingtes Steuerbewilligungsrecht und beantragte: „Da jede Steuer ein Theil des Eigenthums der Bürger ist, den diese zusammenlegen, um die Kosten für die Erhaltung der allgemeinen Wohlfahrt zu decken, so haben auch sämmtliche Bürger einzig und allein das Recht, sich Steuern aufzuerlegen und ihre Natur, ihren Betrag, ihre Verwendung und ihre Dauer zu regeln."

Am 28. August nahm die eigentliche Berathung der Verfassung ihren Anfang, vorher jedoch versuchte es Robespierre, wenn auch vergeblich eine Aenderung in der Geschäftsordnung herbeizuführen, um die Minorität dagegen zu schützen, dass sie nicht von der Majorität brutal niedergestimmt würde. „Ich verlange, dass man, ehe in die Berathung über die Verfassung eingetreten wird, ein Mittel adoptire, das dem Gewissen Genüge leistet, ich will sagen, eine friedliche Berathung ermöglicht, so dass ein Jeder ohne Furcht vor dem Murren der Versammlung den Tribut seiner Meinung darbringen kann." Was die Verfassungsberathung selber anbetrifft, so verfehlte Robespierre nicht, in allen Fragen, welche die Freiheit und die Principien der Volkssouveränität berührten, das Wort zu ergreifen; bei Fragen, die für ihn von untergeordnetem Werthe waren, verhielt er sich still.

Er war, wie wir das auch von ihm nicht anders erwarten

— 17 —

können, selbstverständlich für das Einkammersystem und für kürzeste Dauer der Legislaturperioden („in einem grossen Staate kann das Volk seine Souveränität nur in der Weise ausüben, dass es Repräsentanten ernennt, es ist daher eine Forderung der Gerechtigkeit, dass es dieses Recht so oft als möglich ausüben kann"), sowie gegen jedes Veto des Königs („hat die Nation noch einen anderen Willen nöthig, als den ihrigen?"). Mit grosser Energie trat er daher auch wieder am 5. Oktober auf, als der König sich geweigert hatte, zu den Grundrechten seine Zustimmung bedingungslos zu ertheilen: „Die Antwort des Königs vernichtet nicht nur die ganze Verfassung, sondern auch das Recht der Nation, überhaupt eine Verfassung haben zu können. Man nimmt die constitutionellen Artikel nur unter Bedingungen an; derjenige, der einer Verfassung eine Bedingung auferlegen kann, hat das Recht, die Verfassung zu verhindern, er stellt seinen Willen über den Willen der Nation. Aber man sagt Ihnen, dass Ihre constitutionellen Artikel nicht alle an die Idee absoluter Vollkommenheit hinanreichen. Darf es der Executivgewalt zustehen, die gesetzgebende Gewalt zu kritisiren, von der sie gewissermaassen nur ein Ausfluss ist? Keiner Macht der Erde steht das Recht zu, sich über die Nation zu erheben und ihren Willen zu censiren. Ich betrachte also die Antwort des Königs als den Rechten des Volkes und der Verfassung zuwider." Dem entsprechend war er auch nur für einjährige Bewilligung der Steuern, indem er in dieser Bestimmung nicht eine blosse Finanzmaassregel erblickte, und sprach er sich auch gegen die alte aus der Zeit des Despotismus sich herschreibende Formel in der Gesetzespromulgation „von Gottes Gnaden" aus, „die Freiheit muss auch in den Worten liegen, durch welche Sie die Sache ausdrücken, und in der Form des Gesetzes, wie in dem Gesetze selber."

Ein Hirtenbrief des Bischofs von Rouen, durch den derselbe auf seine Diöcese zu Ungunsten der Nationalversammlung einwirken wollte und auch wirklich in der Gemeinde Tréguier im Département Côtes-du-Nord Unruhen hervorgerufen hatte, gab Clermont-Tonnerre am 20. Oktober den Vorwand, für die Erledigung ausserordentlicher Anträge ein für allemal die Ansetzung eines bestimmten — wie wir es nennen würden — Schwerinstages zu beantragen. Robespierre opponirte dem Antrage und zeigte darin wieder seinen weiten staatsmännischen Blick, indem er richtig erkannte, dass es damit nur darauf abgesehen war, das Petitionsrecht des Volkes illusorisch zu machen. „Der Antrag von Clermont-Tonnerre erfordert reiflichste Ueberlegung. Es handelt sich in demselben darum, einen heilsamen, wenn auch die Operationen der Versammlung etwas aufhaltenden Brauch aufzuheben. Er schlägt vor, die Behandlung der Petitionen auf einen bestimmten Tag in der Woche zu verlegen, während sie doch alle Tage Bedürfnis sein können. Wäre es beispielsweise zulässig, die Prüfung der Angelegenheit von Tréguier zu verschieben, wenn der Bürgerkrieg in dieser Gemeinde angefacht ist? Soll es nicht erlaubt sein, sich heute mit der Angelegenheit der Stadt Rouen zu beschäftigen, wenn dieselbe in der grössten Gefahr ist? Ich muss meine Befürchtungen freimüthig aussprechen: in demselben Augenblick, wo Unordnung in den Provinzen herrscht, wo sich das Netz der Verschwörung immer dichter um uns zusammenzieht und ich die Fäden entdecken kann, frage ich Sie, ob wir uns, wenn diese Vereinigung von Umständen unsere Befürchtungen rechtfertigt, unter dem Vorwand der Verfassung zu Aufschüben verstehen dürfen, welche den Umsturz der öffentlichen Ordnung herbeiführen können?"

Das Volk erkannte es dankbar an, wenn er sich so, obschon in der Regel vergeblich, abmühte, ihm seine Rechte den Privilegirten gegenüber zu wahren und lohnte ihm mit einer Beliebtheit, wie sie Niemand, weder vor ihm, noch nach ihm, je in dem gleichen Maasse besessen hat. Ebenso sehr hassten ihn aber auch die Privilegirten und nahmen, um ihn beim Volke anzuschwärzen, zu Verdächtigungen aller Art ihre Zuflucht, und suchten Das, was ihn in den Augen des Volkes gross machte, herabzusetzen. Sein Widerstand gegen die reactionären Tendenzen sollte Eigenliebe, seine Scharfsichtigkeit in Bezug auf die Umtriebe der Feinde des Volkes gallige, argwöhnische Reizbarkeit, sein Hass gegen die Tyrannei, seine Gleichheitsliebe niedrige Eifersucht und Neid gegen den Adel und die Wohlhabenden sein. Und leider hat man ihnen bis in unsere Tage hinein Gehör geschenkt und dadurch solche Carricaturen ermöglicht, wie vielleicht mit das Stärkste in diesem Genre. Herr Rudolf Gottschall in dem „Neuen Plutarch" geleistet hat.

Ein Brodcravall am 21. October, bei dem der Bäcker François um's Leben gekommen war, schien der tyrannie bourgeoise, d. h. der Bourgeoisie, die nun gern ihrerseits die Rolle der Privilegirten gespielt hätte und deren Seele Brissot, deren verantwortlicher Repräsentant der Maire von Paris, Bailly, und deren Arm der Commandeur der Nationalgarde, Lafayette, waren, eine günstige Gelegenheit, sich durch den Erlass eines Aufruhrgesetzes die Befugnis zusprechen zu lassen, bei Gelegenheit auf das Volk zu schiessen, das ihnen schon lange anfing unbequem zu werden. Robespierre stemmte sich dem Strome entgegen: „Nicht gewaltsame Maassregeln muss man ergreifen, sondern weise Gesetze geben und die Quelle unserer Uebel ausfindig machen, um die Verschwörung zu vereiteln, die vielleicht in dem Augenblick, wo ich davon spreche, uns keine andere Möglichkeit lässt, als uns zu opfern. Man muss ein wahrhaft nationales Tribunal einsetzen. Wir befänden uns in einem grossen Irrthum, wenn wir glaubten, dass die Repräsentanten der Nation nicht über die Verbrechen gegen die Nation Recht sprechen könnten. Gerade umgekehrt, diese Verbrechen können nur durch die Nation oder durch ihre Repräsentanten oder durch einzelne Mitglieder aus ihrem Schoosse abgeurtheilt werden. Man spreche mir nicht von der Verfassung, wenn sich Alles zusammenthut, um sie in der Wiege zu ersticken. Mordbrennerische Hirtenbriefe sind veröffentlicht worden, die Provinzen sind in Aufruhr, die Gouverneure begünstigen die Getreideausfuhr über die Grenzen. Man muss erst die Verschwörung entdecken und ersticken, dann wollen wir eine Verfassung machen, die unser und der Nation würdig ist!" und Tags darauf trat er wieder für allgemeines gleiches Wahlrecht ein und sprach Worte, die man den Anhängern der Dreiclassenwahlen nicht laut genug in die Ohren schreien kann: „Alle Bürger, wer sie auch sein mögen, haben das Recht, alle Grade der Volksvertretung für sich zu beanspruchen; nichts entspricht mehr Ihrer Erklärung der Menschenrechte, vor der jedes Vorrecht, jede Unterscheidung, jede Ausnahme verschwinden soll. Die Verfassung setzt fest, dass die Souveränität auf dem Volke, d. h. auf allen Individuen, aus denen sich dieses zusammensetzt, beruhe. Jedes Individuum hat also dasselbe Recht, sowohl beim Zustandekommen des Gesetzes mitzuwirken, als bei der Verwaltung der öffentlichen Angelegenheiten, die auch die seinigen sind. Wenn nicht, so ist es auch nicht wahr, dass Alle gleiche Rechte haben, dass Jedermann Bürger ist." Dennoch wurde von der Versammlung ein Census beliebt, der alle Bürger von der Ausübung der politischen Rechte, die sogenannten Passivbürger, ausschloss, die nicht mindestens eine Steuer zahlten, die dem Werthe der Arbeit von drei Tagen gleichkam: der spiessbürgerliche Cultus des Goldes wurde dem feudalen Cultus des Eisens substituirt.

In den Debatten über die Reorganisation des Königreiches erwies sich Robespierre als einen Anhänger der politischen Centralisation, aber er war nicht für eine übertriebene Verwaltungs-Centralisation und redete den grossen Versammlungen das Wort; für die gesetzgebende Versammlung wollte er die Mitgliederzahl auf mindestens tausend festgestellt wissen, denn je zahlreicher eine Versammlung, desto weniger sei Spielraum für die Intriguen vorhanden und in desto hellerem Glanze springe die Wahrheit hervor. Auf diesen Grundsatz der politischen Centralisation, dass also die Deputirten die ganze Nation und nicht blos ihre speciellen Wähler repräsentiren, erhielt er am 19. November noch einmal Gelegenheit zurückzukommen, als die Deputirten von Cambrésis (ehemalige Landschaft, jetzt zum Département Nord gehörig) von ihren Wahlmännern ein Mistrauensvotum erhalten hatten und der reactionäre Abbé Maury ausführen wollte, dass die Stände dazu das Recht haben müssten, ihre Deputirten abzuberufen, wenn sie sich mit den Abstimmungen derselben nicht in Uebereinstimmung befänden: „Abbé Maury befindet sich in einem faktischen Irrthum; er rechtfertigt die Stände von Cambrésis, die Niemand anklagt, es handelt sich hier einfach um eine verstärkte Commission, die sich ganz willkürlich den pomphaften Titel „Stände" beigelegt hat. Der Beschluss dieser wenigen verdächtigen Individuen flösst zunächst Unwillen ein, aber dieses Gefühl verwandelt sich in Mitleid, wenn ich näher untersuche, wer die Urheber sind, und es scheint mir dann ganz natürlich, dass dies verstärkte aristokratische Bureau sich dem thörichten Wahne hingegeben hat, es könne seine ohnmächtige Schwäche der Kraft der Nation entgegenstellen, welche die Stärke Ihrer Decrete ausmacht. Diese aristokratische Körperschaft hat den Wahnsinn so weit getrieben, die vom Volke gewählten Deputirten abberufen zu wollen, ohne das Volk um seine Meinung befragt zu haben. Es handelt auf Grund eines Auftrages, den es von einem Regiment erhalten hat, dessen Abschaffung das Volk verlangt. Man fordert auch, gegen ein ungesetzliches und verfassungswidriges Comité die Strenge der nationalen Rache walten zu lassen, man schlägt vor, die Mitglieder vor unsere Schranken zu laden. Sie sind weniger schuldig als unwissend, sie haben sich noch nicht von den gothischen Vorurtheilen frei gemacht, in denen sie gross geworden; die Gefühle von Gerechtigkeit und Ehre, Vernunft und Patriotismus sind noch nicht bis zu ihnen gedrungen. Es sind Hochmüthige, die man demüthigen, Unwissende, die man belehren muss. Unser Mitleid und unsere Gerechtigkeit verlangen nur, dass wir die Deputirten der Gemeinden dieser Provinz autorisiren, eine Adresse an die Mitglieder des verstärkten Comités von Cambrésis zu richten, um an ihrer Belehrung zu arbeiten und sie zur Vernunft und zur Vaterlandsliebe aufzurufen, welche sie gleichmässig beide verkannt haben." Welche Fülle echter Humanität und Milde bei aller Strenge der Principien!

Und noch einmal vor dem Schluss des Jahres, am 23. December, hatte er Gelegenheit, dieselben Grundsätze zu documentiren, als man die Schauspieler und die Juden von der Ausübung der politischen Rechte ausschliessen wollte: „Jeder Bürger, der die Bedingungen erfüllt, an welche Sie die Wählbarkeit geknüpft haben, hat ein Recht auf die öffentlichen Beamtungen. Ich glaube nicht, dass Sie eines besonderen Gesetzes in Bezug auf die Schauspieler bedürfen. Wer nicht ausgeschlossen ist, ist berufen. Immerhin war es jedoch gut, dass ein Mitglied dieser Versammlung zu Gunsten einer allzulange unterdrückten Klasse reclamirt hat. Die Schauspieler werden in höherem Grade die öffentliche Achtung verdienen, wenn sich ein absurdes Vorurtheil dem nicht mehr widersetzt, dass sie sie erlangen; dann werden die Tugenden der Individuen dazu beitragen, die Theaterstücke zu purificiren, und die Theater werden öffentliche Lehrstätten der wahren Principien, der guten Sitten und des Patriotismus sein. Auch über die Juden hat man Ihnen unendlich übertriebene und mit der Geschichte vielfach in Widerspruch stehende Dinge erzählt. Die Laster der Juden sind eine Folge der Erniedrigung, in der man sie hält; sie werden gut sein, wenn sie Vortheil darin finden, es zu sein. Ich denke, dass man keines der

Individuen dieser Klasse der heiligen Rechte berauben darf, die ihnen der Titel Mensch giebt." Dabei darf man nicht übersehen, dass ein hoher Grad von Muth dazu gehörte, sich damals zum Vertheidiger der Schauspieler aufzuwerfen, denn nicht lange war es her, dass sämmtliche Bezirke von Paris dagegen protestirt hatten, dass der District „des Cordeliers" Schauspieler zu Officieren in der Nationalgarde gewählt hatte, und dass François de Neufchâteau in der Liste der Advocaten als unwürdig gestrichen worden war, weil er die Tochter des Schauspielers Préville geheirathet hatte. Und mit demselben Muth, um dies gleich hier vorweg zu nehmen, trat er später auch für die Abschaffung der Sclaverei und für die absolute politische und sociale Gleichstellung der Farbigen mit den Weissen in den Colonien ein.

So ist Robespierre, wo es gilt, für Recht, Gerechtigkeit und Freiheit einzustehen, immer in erster Linie zu nennen. Keine Sitzung, in der er nicht seine Stimme erhob, wenn es galt, eine Ungerechtigkeit gut zu machen oder gegen den alten Despotismus anzukämpfen. Und wo wäre eine bündigere Logik, eine grössere Scharfsichtigkeit, eine tiefere Ueberzeugungstreue, eine reinere Uninteressirtheit zu finden? Und dabei ist er wahrscheinlich gar nicht immer in den Berichten mit Namen angeführt, und er ist es öfter gewesen, wenn es heisst, ein Mitglied oder Herr N. oder *** ergriff das Wort, weil er damals noch nicht bekannt genug war.

Nach der Uebersiedelung der Versammlung nach Paris, wo sie zunächst vom 19. October ab im Évêché tagte, bewohnte Robespierre eine bescheidene Wohnung in der rue de Saintonge au Marais, von wo er sich stets, auch nachdem die Versammlung ihren Sitz nach dem Manége in der Nähe der Tuilerien verlegt hatte, trotz der Weite des Weges und ohne Rücksicht auf die Unbill des Wetters zu Fuss in die Versammlung begab. Von den achtzehn Livres (etwas über 20 Mark nach unserem Gelde), welche die Deputirten Taggelder erhielten, behielt er nur sechs für sich, sechs schickte er seiner Schwester Charlotte nach Arras und mit dem Reste unterstützte er eine andere Person, für die er sich interessirte. Seiner alten Gewohnheit treu, lebte er auch in Paris höchst mässig, so dass ihm von dem geringen Einkommen noch immer genug blieb, stets in sauberer, anständiger Toilette aufzutreten, auch in der Zeit, wo alle Welt etwas darin suchte, so salopp einherzugehen, wie möglich.

Das Jahr 1790 beginnt mit einer ganzen Reihe von Reden, die seine demokratischen Grundsätze auf's Neue erweisen. So spricht er sich gegen eine besondere Vereidigung der Nationalgarde aus, da jeder Bürger zur Treue gegen die Verfassung verpflichtet ist; so ist er gegen den Antrag des Abbé Gouttes, die Communalbehörden von Rouen zu einer Anleihe behufs Unterstützung der unbeschäftigten Arbeiter zu autorisiren, weil es nur der Gesammtheit der Bürger zustände, darüber zu entscheiden; so unterstützt er den Antrag von Collaud de Saliette, die die Summe von 3000 Livres (3428 Mark 60 Pf.) übersteigenden Einkommen der Geistlichkeit für das allgemeine Beste einzuziehen, weil auch die geistlichen Güter dem Volke gehören, und sie zum Besten des Volkes einziehen also nichts weiter heisst, als sie ihrer ursprünglichen Bestimmung zurückgeben; so ist er für die sofortige Einverleibung der Insel Corsica, weil die dortige Bevölkerung es wünscht; so verlangt er, scheinbar im Widerspruch mit den Grundsätzen der Demokratie, für die Provinz Artois (das jetzige Département Pas-de-Calais) Aufhebung der verfassungsmässigen Bestimmung, die Ausübung der politischen Rechte von der Entrichtung einer direkten Steuer von 1 Mark Silber abhängig zu machen, weil sonst, da sich dort aller Grundbesitz in den Händen des Adels und der Geistlichkeit befindet, alle Uebrigen von der Ausübung ihrer politischen Rechte ausgeschlossen sein würden; so ist er für gleichmässige Dotirung der ehemaligen Mönche, sie mögen den

Bettelorden angehört oder sich eingekauft haben. Aber namentlich sind es zwei Reden, die es wohl verdienen möchten, wörtlich mitgetheilt zu werden. Die erste hielt er am 9. Februar gelegentlich eines Berichtes über an verschiedenen Punkten im Lande vorgefallene Ruhestörungen. „Herr Lanjuinais (wir geben die Verhandlung nach dem „Moniteur Universel" wieder) hat die Anwendung versöhnlicher Mittel in Vorschlag gebracht, ehe man mit Waffengewalt gegen das Volk einschreitet, das die Schlösser verbrannt hat."

Éprémenil (ihn unterbrechend): „Es ist nicht das Volk, es sind Räuber."

„Wenn es Ihnen recht ist, werde ich sagen, die Bürger, die man beschuldigt, die Schlösser verbrannt zu haben."

Éprémenil: „Sagen Sie Räuber!"

„Ich werde mich nur des Ausdrucks ‚Menschen' bedienen und werde sie ausreichend charakterisiren, wenn ich das Verbrechen namhaft mache, dessen man sie beschuldigt. Gegen Menschen mit Waffengewalt einzuschreiten, ist ein Verbrechen, so lange nicht nachgewiesen wird, dass es absolut nothwendig war. Das von Herrn Lanjuinais vorgeschlagene Mittel ist zweckmässiger, als die gewaltsamen Maassregeln des Abbé Maury. Wir dürfen nicht vergessen, dass wir uns in einer Zeit befinden, wo alle Gewalten aufgehoben sind, wo sich das Volk plötzlich von langjähriger Unterdrückung befreit fühlt; wir dürfen nicht vergessen, dass die berührten localen Uebelstände Menschen betroffen haben, welche das Volk mit Recht oder Unrecht der gegen dasselbe ausgeübten Unterdrückung zeiht, und denen es die Hindernisse zur Last legt, die der Entwickelung der Freiheit täglich in den Weg gelegt werden. Vergessen Sie nicht, dass durch das Andenken an ihr Unglück verführte Menschen keine Verbrecher sind, und Sie werden mir zugeben, dass sie durch Ermahnungen beruhigt und auf den rechten Weg zurückgeführt werden können. Wenn daher die Versammlung nicht ihrer Pflicht gegen die

Sache des Volks untreu werden will, so muss sie beschliessen, dass die Gemeindsbehörden alle Mittel der Ueberredung, Ermahnung und Belehrung anzuwenden haben werden, ehe die bewaffnete Macht einschreiten darf"; und die zweite am 20. Februar, als man Verschärfungen des von ihm schon im Jahre vorher bekämpften Martialgesetzes in Vorschlag gebracht hatte: „Ehe ich mich auf eine Prüfung der Ihnen gemachten Vorschläge einlasse, muss ich Ihnen auseinandersetzen, unter welchen Umständen dieselben gemacht worden sind. Vor wenigen Tagen hat die Versammlung auf den blossen Bericht über die Ereignisse in Quercy (ehemalige Provinz, jetzt zum Département Lot gehörig) die Vereinigung der Linientruppen und der Polizeiwache zu Pferde mit der Nationalgarde behufs Unterdrückung der Unruhen beschlossen. Dies erschien den Ministern noch nicht genügend, und sie stellen in einem Promemoria an Sie das Ansuchen, die Executivgewalt zum Einschreiten mit Waffen zu autorisiren. Dies Promemoria ist an die Commission gegangen, und am Sonnabend hat dieselbe Ihnen Vorschläge gemacht, die mit dem Ansinnen der Minister übereinstimmen. Man verzeihe mir, wenn ich nicht recht begreifen kann, wie man mit Maassregeln des Despotismus die Freiheit sichern will; man verzeihe mir, wenn ich mir die Frage erlaube, wie eine durch das Volk gemachte Revolution durch die ministerielle Entfaltung von Waffengewalt geschützt werden kann. Man würde mir beweisen müssen, dass das Königreich am Rande seines gänzlichen Untergangs stünde; dieser Beweis ist selbst denjenigen nothwendig erschienen, die sich dem Verlangen der Minister angeschlossen haben, weil sie versichern, dass es der Fall sei. Sehen wir, ob diese Behauptung auf Wahrheit beruht. Wir kennen die Lage des Königreichs nur aus dem, was von einigen Mitgliedern betreffs der Unruhen in Quercy gesagt worden ist, und Sie haben gesehen, dass diese Unruhen nur in dem Niederbrennen einiger Schlösser bestanden haben. Dasselbe Schicksal hat aber auch die Schlösser im Agénois (Theil von Guyenne, jetzt Département Lot-et-Garonne) betroffen. Wir erinnern uns aber mit Vergnügen, dass zwei Deputirte des Adels diesem leeren Titel die Bezeichnung „Vertheidiger des Vaterlandes" vorgezogen und Sie beschworen haben, vor diesen Ereignissen nicht zu erschrecken, indem sie dieselben Grundsätze aussprachen, die ich Ihnen heute auseinandersetze. Ausserdem sind noch Gewaltthätigkeiten in der Auvergne und in der Bretagne vorgekommen. Aber es ist notorisch, dass dieselben in der Bretagne nur gegen solche Behörden gerichtet waren, die dem Volke sein Recht vorenthalten hatten, welche Rebellen gegen Ihre Beschlüsse gewesen sind und darin beharren, Sie zu misachten. Die Deputirten der aufgeregten Länder haben mir die Versicherung gegeben, dass sich dieselben beruhigen. Sie müssen aber auch bis zu einem Punkte schon durch das Promemoria des Grosssiegelbewahrers beruhigt worden sein, das Sie mehr durch kräftige und übertriebene Ausdrücke erschreckte, als durch die Aufführung von Thatsachen, denn es macht nur eine einzige namhaft, das Unglück, das sich in Béziers (Stadt im Département Hérault) ereignet hat. Aber Sie haben gesehen, dass dasselbe nicht aus der allgemeinen Ursache herzuleiten ist, sondern dass es seine Quelle in dem Zwange hat, der bei dem Einziehen einer dem Volke verhassten Steuer ausgeübt wurde, welche das Volk für abgeschafft hält und deren Zahlung es seit dem Beginn der Revolution verweigerte. Damit uns also diese Facta weiter keine Furcht einflössen, lassen Sie mich auch von solchen Ereignissen berichten, die geeignet sind, unsere Befürchtungen zu zerstreuen. Sie wissen, welche Mittel man in der Normandie angewandt hat, um das Volk zum Aufstande aufzustacheln und die Bewohner des Landes zu verführen; Sie haben gesehen, mit welcher Aufrichtigkeit es die Unterschriften, die ihm in der Ueberraschung entlockt und unter eine Adresse gesammelt worden sind, das von den Anhängern der Aristokratie redigirte Werk des Wahnsinns, wieder desavouirt hat. Wem wäre es unbekannt, dass man in den belgischen Provinzen mordbrennerische Schmähschriften in Masse verbreitet hat, dass der Aufruhr von den Kanzeln des Gottes des Friedens gepredigt worden ist, dass man die Decrete über die Contributionen, über die Unterdrückung der Klöster und das Martialgesetz eifrig veröffentlicht, aber alle diejenigen Ihrer Decrete verheimlicht hat, welche dem Volke nicht weniger nützlich sind und ihm leicht zu begreifende Wohlthaten enthalten? Man komme mir also nicht und wolle das Volk verleumden. Ich rufe ganz Frankreich zu Zeugen auf. Mögen seine Feinde noch so sehr die Gewaltthätigkeiten übertreiben und darüber schreien, dass die Revolution durch Barbareien befleckt werde, ich rufe alle guten Bürger, alle Freunde der Vernunft zu Zeugen auf, dass nie eine Revolution so wenig Blut gekostet, so wenig Grausamkeit im Gefolge gehabt hat. Sie haben ein gewaltiges Volk als Herr seines Geschickes zur Ordnung wieder zurückkommen sehen inmitten aller zu Boden geschlagenen Gewalten, dieser Gewalten, die es Jahrhunderte lang schmählich unterdrückt hatten. Seine unverwüstliche Mässigung und seine Sanftmuth haben allein die Manöver seiner Feinde zu Schanden gemacht, und man kommt und will es bei seinen Repräsentanten anschwärzen und verklagen! Auf was zielen diese Manöver ab? Sehen Sie nicht, wie das Land getheilt ist? Erkennen Sie nicht die zwei Parteien, die des Volkes und die der Aristokraten und des Despotismus? Geben wir uns der Hoffnung hin, dass es uns gelingen werde, die Verfassung zu befestigen, aber leugnen wir auch nicht, dass noch vieles zu machen bleibt. Durch die Schuld derjenigen, die das Volk durch Schmähschriften verführt und Ihre Decrete entstellt haben, hat der öffentliche Geist noch nicht das nöthige Uebergewicht erlangen können. Sehen Sie nicht, wie man es versucht, die grossherzigen Gefühle des Volkes abzuschwächen, um es dahin zu bringen, eine friedliche Sclaverei einer mit einiger Aufregung und einigen Opfern erkauften Freiheit vorzuziehen? Was den öffentlichen Geist bilden, was ihn bestimmen wird, sich entweder der Freiheit oder dem Despotismus zuzuneigen, das ist allein die Errichtung von Selbstverwaltungsbehörden. Aber wenn die Intrigue in die Wahlen eindringt, wenn die nachfolgende Legislatur aus Gegnern der Revolution zusammengesetzt sein sollte, dann würde die Freiheit nur noch ein leerer Wahn sein, den wir Europa geboten haben würden. Die Nationen haben nur einen Augenblick, frei zu werden; es ist der, wenn das Uebermaass der Tyrannei darüber erröthen lässt, den Despotismus zu vertheidigen. Ist dieser Moment verpasst, so wird der Aufschrei der guten Bürger als ein Act des Aufruhrs denuncirt, die Knechtschaft bleibt, die Freiheit schwindet. In England bestimmt ein weises Gesetz, dass sich Truppen den Orten nicht nähern dürfen, wo Wahlen abgehalten werden, und in den ungewissen Bewegungen der Revolution proponirt man uns, der ausübenden Gewalt zuzurufen: „Schickt Truppen, wohin Ihr wollt; schüchtert das Volk ein; verhindert die Wahlen oder lasst die Waffen dabei den Ausschlag geben!" Selbst in diesem Augenblick haben die Städte ausserordentliche Besatzungen erhalten, welche durch den Schrecken, den sie einflössen, dazu dienen, der Freiheit Gewalt anzuthun und in die Behörden verkappte Feinde der Revolution hineinzuschmuggeln. Die Sache ist sicher, ich werde es beweisen und beantrage zu diesem Zweck eine ausserordentliche Sitzung. Aber kommen wir dem Unglück zuvor, machen wir die Sache durch ein Gesetz wieder gut, wie es Freiheit und Vernunft einem jeden Volke eingeben, das frei sein will, und wie sie es einer Nation eingegeben haben, die sich desselben mit ehrfurchtsvoller Beharrlichkeit bedient, um eine Verfassung aufrecht zu erhalten, an der sie nichtsdestoweniger Mängel entdeckt hat, aber proclamiren wir nicht ein neues

Martialgesetz gegen ein Volk, welches seine Rechte vertheidigt und welches sich seine Freiheit wieder erobert. Sollen wir den Patriotismus entnerven lassen dadurch, dass wir ihn Aufruhrgeist und turbulent nennen und die Sclaverei mit dem Namen Liebe zur Ordnung und zum Frieden beschönigen? Nein, man muss den Unruhen vorbeugen durch Mittel, die der Freiheit entsprechen. Wenn man den Frieden wahrhaft liebt, sind es nicht Martialgesetze, was man dem Volke bieten muss, sie würden nur dazu dienen, Unruhen herbeizuführen. Das ganze Reich ist mit Bürgern angefüllt, welche sich für die Freiheit bewaffnet haben, sie werden schon wissen, ihren Herd gegen Räuber zu vertheidigen. Geben wir dem Volke seine wahren Rechte; beschützen wir die patriotischen Grundsätze, die man an so viel verschiedenen Orten angreift; dulden wir nicht, dass bewaffnete Söldner hinziehen und die guten Bürger unter dem Vorwande unterdrücken, sie zu vertheidigen; legen wir nicht das Schicksal der Revolution in die Hände der militärischen Führer; entfernen wir aus den Städten diese Söldner, welche den Patriotismus erschrecken, um die Freiheit zu vernichten." Aber er predigte tauben Ohren, und das Gesetz wurde angenommen, auf Grund dessen die bewaffnete Bourgeoisie am 17. Juli 1791 das Blutbad auf dem Champ-de-Mars in Scene setzte, das dann seinerseits das Volk wieder glaubte rächen zu müssen; und so wird mancher Gewaltact aus 1792 und 1793 erklärlich.

Der Monat März brachte die Reden über die Aufhebung des droit de triage, d. h. des den Gutsherrschaften durch königliche Bestimmung von 1669 eingeräumten Rechts auf ein Dritttheil des Gemeindeguts, für die Freilassung aller auf Grund von lettres de cachet eingekerkerten Personen, gegen die Bestimmung, dass vor der Betheiligung an Wahlversammlungen sich ein Jeder über die Entrichtung der ausserordentlichen contribution patriotique auszuweisen habe, und gegen die commissaires royaux, die ähnlich der Stellung der Regierungsbevollmächtigten an unseren Universitäten den Gemeindsbehörden und Gerichten zu deren Ueberwachung beigesellt werden sollten. Alles dies konnte natürlich nur dazu beitragen, die Wuth der Reactionäre gegen Robespierre zu steigern, und so überschreiten denn auch ihre Organe in ihren Ausfällen gegen ihn alle Grenzen, so empfehlen beispielsweise die von Royou und Mallet du Pan, zwei fanatischen Anhängern der absoluten Monarchie, redigirten „Actes des Apôtres", es mit Robespierre und den übrigen Demagogen ebenso zu machen, wie es die Bauern auf dem Felde mit den Kröten thun, nämlich sie aufzuspiessen und an einem langsamen Feuer auf den Trümmern der Bastille zu verbrennen. Robespierre antwortete auf alle diese Liebenswürdigkeiten nur mit einem verächtlichen Schweigen, obwohl er damals ein eigenes Blatt hatte „l'Union ou le journal de la Liberté", das gleichzeitig in französischer und englischer Sprache erschien. Er achtete sich und die Pressfreiheit zu hoch, und anderer Ansicht, als jener grosse Staatsmann, der sich die Strafanträge wegen Beleidigung sogar der Zeitersparnis halber hat drucken lassen, meinte er, um der Freiheit willen müsste man auch die Ausschreitungen der Presse mit in den Kauf nehmen.

Im April begannen die Verhandlungen über die Organisation judiciaire (Gerichtsverfassung), welche die Versammlung monatelang beschäftigten. Robespierre hat vielfach in die Debatte mit eingegriffen, aber obwohl seine Reden eine Fülle der fruchtbarsten Gedanken enthalten und es wohl verdienen, zur Kenntnis unserer Leser gebracht zu werden, müssen wir uns doch, wollen wir die uns gesteckte Grenze nicht weit überschreiten, darauf beschränken, die Tendenzen anzudeuten, die sich in den bezüglichen Reden aussprechen. Robespierre ist selbstverständlich für die Einrichtung von Geschwornengerichten, in denen er die wesentlichste Basis der Freiheit erkennt, aber er will sie abweichend von den übrigen Rednern, die für das Institut das Wort ergreifen, auch für die bürgerlichen Streitigkeiten. „Welchen Unterschied will man ausfindig machen zwischen den beiden Theilen unserer Procedur? In der einen handelt es sich um die Ehre und das Leben, in der anderen um die Ehre und das Vermögen. Wenn ein Criminalgerichtsverfahren ohne Geschworene nicht genügt, um mir mein Leben und meine Ehre zu garantiren, so verhält es sich auch ebenso mit dem Civilverfahren, und ich verlange auch Geschworene für meine Ehre und mein Vermögen. Man hat gesagt, für die Civilgerichtsbarkeit sei diese Institution unmöglich. Menschen, welche frei sein wollen und das Bedürfnis dazu empfinden, sind fähig, alle Schwierigkeiten zu besiegen." Seiner Ansicht nach sollen die Geschworenen, 600 an der Zahl für das Département, von den Wahlmännern in den einzelnen Bezirken gewählt werden. Aus diesen 600 werden 8 durch das Loos bestimmt, welche die jury d'accusation (Anklagejury) bilden und sich einmal in der Woche versammeln, und 16 für die jury de jugement, die einmal im Monat zusammenkommen. Sämmtliche Geschworene kann der Angeklagte verwerfen. Eine Verurtheilung kann nur bei Einstimmigkeit erfolgen. Die Ernennung der Geschworenen muss ganz unbeschränkt sein und durch das Volk geschehen. Die Aussagen sind schriftlich niederzulegen. Kein Angeklagter kann verurtheilt werden, wenn nicht die durch das Gesetz geforderten Beweise existiren, kein Angeklagter kann auf gesetzliche Beweise hin verurtheilt werden, wenn sie nicht mit der Kenntnis oder der Ueberzeugung der Geschworenen übereinstimmen. Der unschuldig Befundene ist aus Staatsmitteln zu entschädigen. Das Recht der Anklage steht Jedem zu. Der Angeklagte hat das Recht, sich vertheidigen zu lassen, durch wen er will. Er verlangt ferner, um über Gesetz und Verfassung zu wachen, einen Cassationshof im Schoosse des gesetzgebenden Körpers mit möglichst häufiger Erneuerung. Er verlangt Kriegsgerichte zu gleichen Theilen aus Officieren und Soldaten zusammengesetzt und will jeden Unterschied in der Art der Bestrafung aufgehoben wissen. Er dringt unter sofortiger Aufhebung des Châtelet auf Einsetzung eines höchsten Staatsgerichtshofes zur Aburtheilung aller Verbrechen gegen die Nation mit seinem Sitze in der Hauptstadt des Landes, denn er hat über mächtige Personen zu Gericht zu sitzen (der Schwache conspirirt nicht gegen die Nation) und muss daher von einer nachhaltigen öffentlichen Meinung umgeben sein als Gegengewicht gegen die drohende Gefahr der Bestechung. Alle Richter sämmtlicher Instanzen gehen aus freien Volkswahlen hervor, und ist auch namentlich darauf zu achten, dass die Bestallungspatente im Namen des Königs nicht durch die Form ihrer Abfassung den Irrthum wachrufen können, als seien die Richter durch den König eingesetzt oder bestätigt worden. Mit grosser Schärfe misst er die Competenzen der neu eingerichteten Friedensgerichte und der Polizei gegen einander ab, welch letztere nur das Executivorgan der ersteren sein darf. Seine Rede gegen die Todesstrafe vom 30. Mai 1791 können wir uns aber nicht versagen, wörtlich wiederzugeben:

„Als nach Athen die Kunde gelangte, dass in Argos Bürger zum Tode verurtheilt worden wären, da eilte man in die Tempel, um die Götter zu beschwören, von den Athenern so grausame und so unheilvolle Gedanken abwenden zu wollen; ich komme nicht, um die Götter, wohl aber um die Gesetzgeber, welche die Organe und die Dolmetscher der ewigen Gesetze sein sollen, die die Gottheit den Menschen dictirt hat, zu bitten, aus dem Gesetzbuch der Franzosen diese Blutgesetze auszutilgen, welche den gesetzlichen Mord anordnen, den Ihre Sitten, sowie die neue Verfassung verwerfen. Ich will Ihnen den Nachweis führen, erstens dass die Todesstrafe ihrem Wesen nach ungerecht ist, und dass sie zweitens die Verbrechen eher vermehrt, als ihnen vorbeugt."

„Wenn ich mich ausserhalb der bürgerlichen Gesellschaft

befinde und ein erbitterter Feind einen Angriff auf mein
Leben macht, oder aber, schon zwanzigmal zurückgewiesen,
immer wieder kommt, um das Feld, das ich mit meinen
Händen bebaut habe, zu verheeren, dann muss ich, weil ich
nur meine individuellen Kräfte gegen die seinigen einsetzen
kann, entweder selber untergehen oder ihn tödten, und das
natürliche Gebot der Selbsterhaltung rechtfertigt mich und
billigt mich. Aber inmitten der Gesellschaft, wenn die Kräfte
Aller gegen einen einzigen gewaffnet sind, welches Gerechtigkeitsgefühl kann diese autorisiren, jenem den Tod zu geben?
Welche Nothwendigkeit kann sie rechtfertigen? Ein Sieger,
der seine gefangenen Feinde tödtet, wird ein Barbar genannt.
Ein erwachsener Mensch, der ein Kind tödtet, das er ent-
waffnen und züchtigen kann, erscheint uns als ein Ungeheuer.
Aber ein Angeschuldigter, den die Gesellschaft verurtheilt hat,
ist für dieselbe auch höchstens ein besiegter und ohnmächtiger
Feind; ihr gegenüber ist er kraftloser als ein Kind einem er-
wachsenen Menschen gegenüber."

„Deshalb sind diese Scenen des Todes, welche die Gesellschaft mit so grossem Gepränge anordnet, in den Augen
der Wahrheit und Gerechtigkeit nichts weiter als feige Mordthaten, als Verbrechen, die nicht von einzelnen Individuen,
sondern von der ganzen Nation unter Beobachtung gewisser
gesetzlicher Förmlichkeiten begangen werden. Wie grausam,
wie extravagant auch immerhin diese Gesetze sein mögen,
wir dürfen uns darüber nicht wundern, denn sie sind die
Erfindung einiger Tyrannen, sie sind die Ketten, mit denen
sie das Menschengeschlecht niederhalten, sie sind das Mittel,
mit dem sie sie sich unterthan machen. Sie sind mit Blut
geschrieben. „Es is nicht erlaubt, einen römischen Bürger
zu tödten," so lautete das Gesetz, das sich das Volk gegeben
hatte; aber Sylla blieb Sieger und sagte: „Wer die Waffen
gegen mich getragen hat, ist des Todes würdig!" und Octa-
vianus und seine Spiessgesellen bestätigten das Gesetz."

„Unter Tiberius war es ein todeswürdiges Verbrechen, Brutus gelobt zu haben, Calligula verurtheilte diejenigen zum Tode, die so gotteslästerlich handelten, sich vor dem Bildnis des Kaisers zu entkleiden. Als die Tyrannei die Verbrechen der Majestätsbeleidigung erfunden hatte, die entweder in gleichgültigen oder heroischen Handlungen bestanden, wer hätte es da wagen sollen zu denken, dass sie eine mildere Strafe als den Tod verdienten, wenn er sich nicht selber der Majestätsbeleidigung schuldig machen wollte?"

„Als der Fanatismus, der aus der ungeheuerlichen Vereinigung von Unwissenheit und Despotismus hervorging, seinerseits das Verbrechen der göttlichen Majestätsbeleidigung erfand, als er in seinem Wahnsinn den Plan fasste, Gott rächen zu wollen, musste er ihm da nicht Blut bieten und ihn wenigstens auf die gleiche Stufe mit den Ungeheuern stellen, die sich sein Ebenbild nannten?"

„Die Todesstrafe ist nothwendig, sagen die Anhänger dieses alten und barbarischen Herkommens, ohne sie giebt es keinen Zaum, der für die Verbrecher stark genug wäre. Woher wissen Sie das, haben Sie alle die Mittel erwogen, mit denen das Strafgesetz auf das menschliche Gefühl einwirken kann? Ach, wie viele physische und moralische Schmerzen kann der Mensch nicht vor seinem Tode erleiden!"

„Der Wunsch zu leben steht dem Stolze nach, der mächtigsten von allen Leidenschaften, die das Herz des Menschen beherrschen; die fürchterlichste von allen Strafen ist für den Menschen in der Gesellschaft die Schande, ist der niederschmetternde Beweis der öffentlichen Verachtung und Verwünschung. Wenn der Gesetzgeber den Bürger noch an so vielen empfindlichen Stellen treffen kann, wie kann er sich da nur dem Glauben hingeben, dazu gezwungen zu sein, die Todesstrafe zur Anwendung bringen zu müssen? Die Strafen sind nicht dazu gemacht, den Schuldigen zu quälen, sondern dem Verbrechen durch die Furcht vor ihnen vorzubeugen."

„Der Gesetzgeber, der dem Tode und den grausamen Strafen den Vorzug giebt vor den milderen Mitteln, die in seiner Hand liegen, der beleidigt das öffentliche Zartgefühl, der stumpft das moralische Gefühl im Volke ab, einem ungeschickten Lehrer gleich, der durch den häufigen Gebrauch grausamer Züchtigungen die Seele seines Schülers verthiert und degradirt, und nutzt die Spannfedern der Regulirung ab, indem er sie allzusehr anspannt."

„Der Gesetzgeber, der diese Strafe einführt, verzichtet auf das heilsame Princip, dass das wirksamste Mittel zur Unterdrückung und Verhütung der Verbrechen darin besteht, die Strafe dem Charakter der verschiedenen Leidenschaften, die sie hervorbringen, anzupassen und sie so zu sagen an sich selbst zu strafen. Er vernichtet die Idee, er verwirrt alle Beziehungen, er handelt offen dem Zwecke der Strafgesetze entgegen."

„Die Todesstrafe ist nothwendig, hat man Ihnen gesagt. Wenn dies der Fall ist, warum haben denn verschiedene Völker ohne sie bestehen können? Und durch welches wunderbare Verhängnis sind gerade diese Völker die weisesten, die glücklichsten und die freiesten? Wenn die Todesstrafe sich am meisten dazu eignet, den grossen Verbrechen vorzubeugen, dann müssen sie doch bei den Völkern am seltensten sein, die sie eingeführt haben und oft zur Anwendung bringen: nun ist aber gerade das Gegentheil der Fall. Betrachten Sie Japan, nirgends sonst kommen Todesstrafe und Hinrichtung so häufig vor, und doch sind nirgends die Verbrechen so häufig und so schauderhaft, ja man möchte fast sagen, die Japanesen wollen den barbarischen Gesetzen, welche sie schänden, an Wildheit den Rang ablaufen. Die griechischen Republiken dagegen, in denen die Strafen mässig waren, in denen die Todesstrafe nur selten oder absolut unbekannt war, weisen sie mehr Verbrechen und weniger Tugend auf, als die Länder, die durch Blutgesetze regiert werden? Glauben Sie, dass Rom in den schönen Tagen seines Ruhmes, als die lex Porcia die strengen Strafen, die durch die Könige und die Decemviri aufgebracht waren, beseitigt hatte, durch Verbrechen mehr besudelt wurde, als unter Sylla, der sie wieder herstellte, oder unter den Kaisern, welche dieselben, ihrer nichtswürdigen Tyrannei würdig, auf die Spitze trieben? Ist in Russland das Oberste zu unterst gekehrt, seitdem der Despot, der es regiert, die Todesstrafe ganz unterdrückt hat, als ob er durch diesen Akt von Humanität und Philosophie sein Verbrechen habe gut machen wollen, Millionen von Menschen unter dem Joch der absoluten Gewalt zu halten?"

„Hören Sie auf die Stimme der Gerechtigkeit und Vernunft: sie ruft Ihnen laut genug zu, dass menschliche Urtheile niemals unfehlbar sind, so dass der Mensch dem Menschen den Tod geben dürfte, weil er dazu von anderen Menschen verurtheilt worden ist, weil ja diese dem Irrthume gerade so unterworfen sind, wie er selber. Und hätten Sie sich das vollkommenste Gerichtsverfahren ausgedacht und hätten Sie die aufgeklärtesten und unparteiischsten Richter ausfindig gemacht, es bliebe immer noch Platz für Irrthum und Voreingenommenheit. Warum sich also die Mittel versagen, den Irrthum wieder gut zu machen? Warum sich in die Unmöglichkeit versetzen, der unterdrückten Unschuld eine hilfreiche Hand reichen zu können? Was nutzt hernach das unfruchtbare Bedauern, das sie einem leeren Schatten, einem gefühllosen Haufen Asche nachrufen? Sie sind die traurigen Beweise für die barbarische Verruchtheit Ihrer Strafgesetze. Dem Menschen die Möglichkeit nehmen, seine Unthat durch seine Reue und durch Thaten der Tugend zu sühnen, ihm mitleidslos die Rückkehr zur Tugend, zur Selbstachtung verschliessen, ihn in das Grab hinabstossen, noch ganz bedeckt mit dem frischen Makel seines Verbrechens, das ist in meinen Augen die raffinirteste Grausamkeit."

„Die erste Pflicht des Gesetzgebers besteht darin, die

öffentlichen Sitten, die Quelle aller Freiheit, die Quelle alles socialen Glücks, zu bilden und zu erhalten. Wenn er sich, um nach einem Sonderziel zu streben, von diesem allgemeinen und wesentlichen Ziele entfernt, so begeht er den grössten und verhängnisvollsten aller Irrthümer. Das Gesetz muss den Völkern immer das reinste Modell der Gerechtigkeit und Vernunft bieten. Wenn Sie an die Stelle dieser mächtigen, ruhigen, maassvollen Strenge, die das Gesetz charakterisiren soll, den Zorn und die Rachsucht setzen, wenn Sie Menschenblut vergiessen, das sie vermeiden können und nicht das Recht haben zu vergiessen, wenn Sie vor den Augen des Volkes Scenen der Grausamkeit und von dem Todesinstrument zerrissene Cadaver ausbreiten, dann fälschen Sie in den Herzen der Bürger die Idee von Recht und Unrecht, dann lassen Sie in dem Schoosse der Gesellschaft grausame Vorurtheile erstehen, die ihrerseits wieder andere erzeugen werden. Der Mensch ist dann nicht mehr für den Menschen ein so heiliger Gegenstand; man erhält eine weniger grosse Idee von seiner Würde, wenn man die öffentliche Gesellschaft mit seinem Leben spielen sieht. Die Idee des Mordes flösst weniger Schrecken ein, wenn das Gesetz selbst das Beispiel und das Schauspiel davon bietet; der Abscheu vor dem Verbrechen nimmt ab, sobald das Gesetz dasselbe nur wieder durch ein anderes Verbrechen straft. Hüten Sie sich davor, die Wirksamkeit der Strafe mit dem Uebermaass der Strenge zu verwechseln, diese ist das absolute Gegentheil von dem andern. Alles unterstützt die maassvollen Gesetze, Alles conspirirt gegen die grausamen."

„Man hat die Beobachtung gemacht, dass in den freien Ländern die Verbrechen seltener und das Strafgesetz milder sind. Alle Ideen hängen mit einander zusammen. Die freien Länder sind diejenigen, in denen die Rechte des Menschen respectirt werden und in denen dementsprechend die Gesetze gerecht sind. Ueberall da, wo sie die Menschlichkeit beleidigen durch ein Uebermaass von Strenge, da ist dies ein Beweis, dass die Würde des Menschen dort noch nicht erkannt worden ist, dass die Würde des Bürgers dort nicht existirt; es ist dies ein Beweis, dass der Gesetzgeber dort nur ein Herr ist, der über Sklaven gebietet und der sie unbarmherzig nach seiner Laune züchtigt. Ich stelle den Antrag, die Todesstrafe abzuschaffen."

Daneben lässt er sich aber auch sonst keine Gelegenheit entgehen, für die Rechte des Volkes einzustehen und gleiches Recht für Alles, was Menschenantlitz trägt, zu beanspruchen. So bricht er noch einmal gelegentlich der Unruhen, die in St. Jean-de-Luz, Département Basses-Pyrénées, bei Abhaltung der Gemeindewahlen stattgefunden haben, für Beseitigung eines jeden Census und für allgemeines, gleiches, freies Wahlrecht sehr energisch eine Lanze, denn es ist ihm eine Ungeheuerlichkeit, das Geld zum Kriterium für die politische Wahlfähigkeit machen zu wollen; und sicherlich wären der Revolution alle die Bluttaten, die sie später beflecken sollten, erspart geblieben, wenn man auf seine Stimme gehört und solche Ungleichheiten nicht gutgeheissen und in die Verfassung hineingebracht hätte, welche die grosse Masse der Besitzlosen kränken mussten. So verlangt er Jagdfreiheit für Jedermann und eine billige Entschädigung der Pächter geistlicher Güter bei Aufhebung der Pacht, wie es Klugheit und Gerechtigkeit verlangten, aber die Versammlung, weit entfernt, der arbeitenden Klasse dieselbe Aufmerksamkeit zuzuwenden, wie der besitzenden Mittelklasse, aus der sie grösstentheils selber hervorgegangen und deren Herrschaft sie an die Stelle des ancien régime setzte, ging darauf nicht ein, so wenig wie sie ihm beistimmte, als er auf die Gefahren aufmerksam machte, die ein gewaltsames Einschreiten gegen eine durch Mangel aufgeregte Menge nach sich ziehen könnte. Und dieselbe politische Scharfsichtigkeit bewies er, als er in Paris den Bezirksversammlungen das Recht wahren wollte, bis zur Befestigung der Verfassung so oft zusammentreten zu dürfen, wie sie wollten, und nachher mindestens einmal monatlich, um so der öffentlichen Meinung Gelegenheit zu geben, sich über Alles zu bilden und auszusprechen.

Am 15. Mai machte der Minister Montmorin-Saint-Hérem der Versammlung die Mittheilung, dass der König Rüstungen beabsichtige für den Fall eines Krieges zwischen England und Spanien und gab dadurch Veranlassung zu langen Debatten über die Frage: wer soll das Recht haben, Krieg zu erklären und Frieden zu schliessen? durch deren richtige Beantwortung denn allerdings auch einzig und allein die Entscheidung darüber bedingt wird, ob ein Volk wahrhaft oder nur scheinbar frei ist. Robespierre verlangt darum auch, dass die Nation ihren Vertretern aber nicht der Regierung das Recht anvertrauen muss, Krieg und Frieden zu machen. „Man muss dieses Recht demjenigen übertragen, der am wenigsten Interesse hat, es zu misbrauchen, der gesetzgebende Körper wird dieses Recht nie misbrauchen, aber der König, ausgestattet mit einer mächtigen Dictatur, kann sich dadurch furchtbar machen und Freiheit und Verfassung angreifen. Der König wird sich immer versucht fühlen, Krieg zu erklären, um seine Prärogative zu vergrössern, die Repräsentanten der Nation dagegen werden immer ein directes und oft selbst persönliches Interesse haben, den Krieg zu verhindern, denn sie treten in die Klasse der Bürger zurück, und der Krieg trifft alle Bürger. Als wenn die Streitigkeiten der Könige noch die der Bürger sein könnten?" Allein die Versammlung entschied sich zwar für die Erklärung des Krieges durch die Versammlung, aber auf den Antrag der Regierung, und als diese nun mit dem betreffenden Antrage vor die Versammlung trat, versuchte es Robespierre aus demselben Grunde noch einmal, das Land davor zu bewahren: „Jeder hat seine eigene Weise zu sehen. Wenn ich den Gang prüfe, den diejenigen eingehalten habon, welche auf unsere Berathungen Einfluss ausüben wollen, so finde ich nur Grund zum Mistrauen. Die, für welche der Krieg das erste Bedürfnis ist, weil sie in ihm das sicherste Mittel erkennen, sich der Revolution widersetzen zu können, die sie in Verzweiflung versetzt, sehen vielleicht nicht mit denselben Augen wie ich."

Mit Erfolg dagegen trat er für die Wahl der Geistlichen durch das Volk ein: „Alle öffentlichen Beamtungen haben das Glück und das Wohl der Gesellschaft zum Zweck; da die Geistlichen Beamte sind, eingesetzt zum Glück und zum Wohle der Gesellschaft, so müssen sie auch von dieser ernannt werden, und der Gesellschaft steht allein das Recht zu, das Maass ihrer Besoldung zu bestimmen." Für die Bemessung der Besoldung legte er der Versammlung an's Herz, nicht zu vergessen, dass der arme und wohlthätige Stifter unserer Religion gewollt hat, dass seine Jünger arm seien; „er wusste, dass sie durch Reichthum verderbt werden würden, er wusste, dass die reichsten nicht auch die grossmüthigsten sind."

Wie wenig sich Robespierre durch persönliche Bedenken bestimmen liess, sondern stets unentwegt die Bahn verfolgte, die ihm sein Gewissen vorschrieb, ohne Rücksicht auf die öffentliche Meinung, bewies er auf's Schlagendste dadurch, dass er sich am 25. Juni aus purer Gerechtigkeitsliebe des Deputirten Lautrec, seines politischen Gegners, annahm, der wegen contre-revolutionärer Umtriebe verhaftet worden war. Bei dieser Gelegenheit sprach sich Robespierre zugleich über die Unverletzlichkeit der Deputirten folgendermassen aus: „Was heisst Unverletzlichkeit? Es ist kein Privileg und doch ist es etwas mehr als das gemeine Recht der übrigen Bürger. Es ist selbstverständlich, dass keine Gewalt sich über die Repräsentanten der Nation erheben, keine andere Körperschaft über die Geschicke der Repräsentanten entscheiden darf. Aber, wird man mir sagen, wenn sie schuldig sind, müssen sie doch bestraft werden! Ohne Zweifel, ja; aber man muss die Frage auf diesen Punkt zurückführen: darf es einen Gerichtshof geben, der die Repräsentanten des Volkes schuldig erklären kann? Wenn man diese Frage mit Ja beantwortet, so ist es klar, dass dieser Gerichtshof über ihr Geschick entscheiden kann. Wenn er nicht über ihr Geschick ohne die Förmlichkeit einer Procedur entscheiden kann, so wird er es mit einer ungerechten Procedur und durch ungerechte Urtheile können. Und ist die Unverletzlichkeit aufgehoben, so existirt die Unabhänigkeit der Vertreter der Nation nicht mehr. Damit sie ihre Unverletzlichkeit geniessen können, dürfen sie durch keine andere, von ihnen abgesonderte Gewalt angegriffen werden können, und keine Entscheidung darf sie treffen, die nicht von einer Gewalt ausgeht, welche der ihrigen gleich ist, eine solche giebt es aber nicht. Es giebt nur eine Gewalt, die höher steht, das ist die Nation selber. Wenn sie sich als Körperschaft versammeln könnte, so würde sie ihr wahrer Richter sein. Wenn Sie diese Principien nicht anerkennen, so machen Sie den gesetzgebenden Körper von einer der bestehenden Gewalten abhängig, die, um Sie aufzulösen, nur einen jeden von Ihnen einzeln zur Untersuchung zu ziehen haben würde und Sie so zur Nichtigkeit führen könnte, und alle diese so grossen und wahren Ideen von Unabhängigkeit und Freiheit würden nur noch Chimären sein."

Im Jahre 1781 hatten einige freiheitsliebende Männer im Schweizer Canton Freiburg den Versuch gemacht, das Joch des Patriciats von sich abzuschütteln, ihr Versuch war aber gescheitert und vier von ihnen, Rossier, Chappuis, Sudan und Huguenot, zu Galeerenstrafe im Bagno zu Brest verurtheilt worden*). Die beiden ersten waren dort ihren Leiden erlegen, Sudan und Huguenot dagegen hatte die Nationalversammlung die Freiheit geschenkt. Auf ihrer Rückkehr hatten sie derselben dafür ihren Dank abstatten wollen, aber so gross waren

---

*) Vgl. des Verf. „Drei Schweizer Freiheits-Märtyrer des vorigen Jahrhunderts". Frauenfeld. J. Huber. 1861.

noch die Vorurtheile der Majorität der Versammlung, dass ihnen ihr Gesuch trotz der warmen Fürsprache Robespierre's abgeschlagen wurde, weil eine alte Bestimmung es nicht zuliess, dass ein Galeerensträfling sich dem Orte nähere, wo sich der Hof aufhielt, Robespierre aber brachte seine Vorurtheilslosigkeit von Seiten eines reactionären Blattes, des „Ami du Peuple", den ihn nur ehrenden Beinamen avocat des galériens ein. Ein anderes Pamphlet glaubte ihn dadurch zu beschimpfen, dass es ihn für einen Verwandten von Damiens, der im Jahre 1757 das Attentat auf Ludwig XV. beging, ausgab, weil dieser zufällig die Vornamen Robert Pierre führte. Robespierre antwortete nicht darauf, ihm war die Presse die Lanze des Achilles, welche die Wunden wieder heilt, die sie schlägt, und jede Beschränkung der Pressfreiheit ein Knebel für den freien Gedanken. Aber auf der andern Seite wurde er auch wieder für seinen glühenden Patriotismus, seine erprobte Uneigennützigkeit und seine Liebe zur Menschheit und oft in recht drastischer Weise hoch gepriesen: „Sein unbesiegbarer Muth hat der Sache der Unglücklichen zum Siege verholfen und den Heulern das Maul gestopft. Fahre fort, unerschrockener Robespierre, Dich von den Schlechten hassen zu lassen, Deine Rache ist in ihren Herzen, sie sind gezwungen, Dich zu bewundern." Ein anderes volksfreundliches Blatt „Point du jour" nennt ihn „immer streng, wie die Principien der Vernunft", und Camille Desmoulins „den lebendigen Commentar der Menschenrechte und den gesunden Menschenverstand in Person"; ja selbst Mirabeau konnte sich dem nicht verschliessen und erkennt es offen an, indem er sagt: „Alle Parteien stimmen darin überein, Robespierre das Recht werden zu lassen, dass er niemals die Principien der Freiheit verleugnet hat, und es giebt nicht viele Mitglieder in der Versammlung, zu deren Lobe man dasselbe sagen könnte"; und die Freunde der Verfassung (das war die officielle Bezeichnung des Jacobinerclubs) in Marseille ehrten seinen Eifer für die allgemeine Sache und seine Volksfreundlichkeit durch eine enthusiastische Dankadresse.

So wuchs seine Popularität in's Ungeheure, und wenn sich in unseren Tagen Jemand mit einer schon an Frivolität anstreifenden Unverfrorenheit gerühmt hat, der bestgehasste Mann in Deutschland zu sein, so konnte Robespierre umgekehrt stolz sein auf den Titel des bestgeliebten Mannes in Frankreich. In allen Schaufenstern sah man sein Bild mit folgenden Versen darunter:

> Du superbe oppresseur ennemi redoutable,
> Incorruptible ami du peuple qu'on accable,
> Il fait briller au sein des viles factions
> Les vertus d'Aristide et l'âme des Catons*).

Ja, in der That, Robespierre bildete eine Partei für sich, die Partei der Ueberzeugungstreue.

Aber noch einer ganzen Reihe von Reden aus dem Jahre 1790 haben wir Erwähnung zu thun, in denen sich Robespierre immer wieder und wieder bei den verschiedenartigsten Veranlassungen als den aufrichtigsten Freund des Volkes und als den unerschrockenen Vertheidiger seiner Rechte, über die er eifersüchtig wacht, erweist. Am 21. Juli verficht er das Recht der Gemeinden, zu Gunsten der ärmeren Klasse der Bevölkerung eine Brodtaxe aufstellen zu dürfen; am 28. Juli misbilligt er einen Antrag auf vereinzeltes und voreiliges Einschreiten gegen den Minister der auswärtigen Angelegenheiten Montmorin, der österreichischen Truppen erlaubt hatte, französisches Gebiet zu überschreiten, und gegen den Prinzen Condé, und beantragt die Festsetzung eines Tages zur Berathung der Mittel, alle Feinde des Volkes gleichzeitig unschädlich zu machen; am 1. August, als man beschlossen hatte, den König durch eine Deputation der Anhänglickeit der Ver-

---

*) Des stolzen Unterdrückers furchtbarer Feind, des Volkes, welches man niederdrückt, unbestechlicher Freund, lässt er im Schoosse der käuflichen Parteien die Tugenden eines Aristides und die Seele eines Cato erglänzen.

sammlung an seine Person zu versichern, verlangt er gleichzeitig die Absendung einer Deputation, um der Todtenfeier beizuwohnen, die man für diejenigen vorbereitete, die bei dem Bastillesturm für die Freiheit gefallen waren. Er spricht sich gegen eine Petition einer Deputation aus Béarn (dem jetzigen Département Basses-Pyrénées) aus, Pau, wo Henri IV. geboren, nicht zu verkaufen, weil die Petition an den König und nicht an die Versammlung gerichtet ist, und um nicht die königlichen Domänen sich vermehren zu lassen; er verwendet sich für eine Erhöhung der Gehälter der Briefträger, die in einem auffälligen Misverhältnis zu der enormen Besoldung der höheren Postbeamten stünden; er will die Geistlichkeit von der Bekleidung von Richterstellen ausgeschlossen wissen, weil sie Beamte sind und weil mehrere Aemter nicht ohne Gefahr für die Freiheit in eine und dieselbe Hand gelegt werden können; er spricht sich gegen die Erneuerung des Familienpactes mit Spanien aus; er will nichts von einem besonderen Eide der Priester auf die Verfassung und von einer bestimmten Kleidung derselben ausser dem Amte wissen, als unnützen Formalitäten, aus denen aber die Geistlichkeit gefährliche Waffen schmieden könnte, um die Zahl ihrer Anhänger zu vermehren. Er vertheidigt die Gemeindsbehörden von Soissons, die nicht eingeschritten sind, als das Volk, um seine eigene Nahrung besorgt, sich der Ausfuhr von Getreide widersetzt hat; er spricht sich gegen das Tabaksmonopol wie gegen alle indirecten Steuern aus, die wenig lästig für den Reichen, um so schwerer auf dem Armen lasten; er ist für den sofortigen Anschluss von Avignon, weil die Bevölkerung es verlangt: „Man hat uns gesagt, Avignon sei das Eigenthum des Papstes. Gerechter Gott, die Völker Eigenthum eines Menschen! Und auf der Rednerbühne der französischen Nationalversammlung wagt man solche Blasphemie! Man hat gesagt, Sie hätten durch ein Decret auf alle Eroberungen verzichtet. Hat der freie Anschluss eines Volkes etwas mit Eroberungen zu thun? Ist Eroberung nicht die Unterdrückung eines Volkes, dem der Eroberer Fesseln angelegt? Hier laden die Bürger selber zu einem freien Vertrage ein"; er will nur diejenigen Beamten entschädigt wissen, die selbst oder deren Vorgänger auf Grund sogenannter Brevets de retenue (königlicher Gnadenbriefe, die einem Beamten einen Abzug vom Gehalte des Nachfolgers zusichern) wirklich Zahlungen an den Schatz geleistet haben; er nimmt sich der Soldaten in Nancy an, die ihren Officieren den Gehorsam aufgesagt, weil man auf einen blossen Bericht des Ministers hin noch lange nicht wissen könne, wer eigentlich die Schuld an dem bedauerlichen Vorfall trage: mit einem Worte, wir sehen ihn immer nur einschreiten, wo etwas gegen das Recht, gegen die Billigkeit und gegen die ewige Gerechtigkeit geplant wird und verstösst; daher auch seine milde Beurtheilung, als der Minister die strafrechtliche Verfolgung des Parlaments (höchsten Gerichtshofes) in Toulouse beantragte, weil dasselbe gegen die neue Gerichtsorganisation protestirt hatte: „Dieser Schritt ist ein Act des Wahnsinns, der nur Verachtung verdient. Die Versammlung muss den Mitgliedern des Parlaments erklären, dass ihnen erlaubt sei, fortzufahren, schlechte Bürger zu sein."

Sehr erfreut wurde er durch die Wahl zum Mitgliede des Tribunals in Versailles, weil er darin eine Anerkennung seiner Bestrebungen sehen zu dürfen glaubte. Als Curiosum sei noch aus dem Jahre 1790 angeführt, dass er am 29. December der Trauung seines alten Schulkameraden vom Lycée Louis-le-Grand her, Camille Desmoulins, mit Lucile Duplessis in der Kirche St. Sulpice in Paris, durch ihren ehemaligen Lehrer Abbé Bérardier, der gleichfalls Mitglied der Nationalversammlung war, als Trauzeuge beiwohnte.

So war das Jahr 1791 herangekommen. Hatte Robespierre die Jahre vorher mit eifersüchtiger, nie ermüdender Sorge über die Volksinteressen gewacht und dieselben sowie die Sache der Freiheit, ohne je zurückzuweichen, vertheidigt, so geschah dies in noch höherem Grade in diesem Jahre, als die Zahl der Streiter für Freiheit und Recht immer kleiner wurde, denn die Einen machten Halt aus Ermüdung, Andere, weil sie erreicht hatten, was sie in ihrem Eigennutze hatten haben wollen, die Aufbauung der Herrschaft der Bourgeoisie auf den Trümmern des absoluten Königthums und der Adelsherrschaft. Gegen diesen reactionären Geist, wie er sich in den Constitutionellen mit Barnave an ihrer Spitze aussprach, und wie er sich selbst eines Theiles der Linken, die sich vor dem Volke fürchtete, bemächtigt hatte, war Robespierre die Seele und der Träger der Opposition, und weil er der wahrste Repräsentant und der energischste Vertheidiger der anfänglich von der Versammlung aufgestellten Grundsätze war, so richtete ganz Frankreich sein Auge auf ihn als den Rettungsanker der öffentlichen Freiheit. Deshalb war der Hass dieser Deserteure der Volkssache gegen ihn gross, und sie machten gemeinschaftliche Sache mit einem Malouet und den Anderen, deren erbittertste Gegner sie noch vor Kurzem gewesen waren, und kein Mittel war ihnen zu schlecht, ihn anzuschwärzen und zu verleumden; ja selbst das Wort suchten sie ihm abzuschneiden, und Robespierre sah sich genöthigt, sich mit einem offenen Sendschreiben an die Nation zu wenden: „On me force à défendre à la fois mon honneur et ma patrie, je remplirai cette double tâche (man zwingt mich zu gleicher Zeit meine Ehre und mein Vaterland zu vertheidigen, ich werde diese doppelte Aufgabe erfüllen)." Und er hat sie erfüllt, diese Aufgabe, er ermüdete nicht, das Vaterland in des Wortes verwegenster Bedeutung zu vertheidigen, aber leider fehlt es uns an Raum, ihm Tag für Tag auf die Rednerbühne zu folgen; wir müssen uns auch für das Jahr 1791 wieder damit begnügen, das Remarkabelste aus seinen Reden hervorzuheben.

Er spricht sich für absolute Theaterfreiheit („die öffentliche Meinung darf der einzige Richter darüber sein, was den guten Sitten conform"), für unbeschränktes Petitionsrecht („je elender Jemand ist, desto mehr Grund hat er zu petitioniren"), für unbedingte Press- und Redefreiheit aus, auch wenn er selber darunter persönlich zu leiden hat, wie er sich zum Beispiel auf's Wärmste eines Mannes annahm, den man aus dem Jacobinerclub ausschliessen wollte, weil er ihn geschmäht, und den Abbé Raynal vertheidigte, der wegen seiner histoire philosophique des deux Jndes unter dem alten Régime verbannt worden war und jetzt, zurückgekehrt, sich eine respectwidrige Kritik der Beschlüsse der Nationalversammlung erlaubt hatte, auch sich gegen die Zulässigkeit einer strafrechtlichen Verfolgung wegen Beamtenbeleidigung aussprach; er erkennt in der allzugrossen Ungleichheit der Vermögen ein Unglück für die Gesellschaft („Législateurs, vous n'avez rien fait pour la liberté, si vos lois ne tendent pas à diminuer par des moyens doux et efficaces l'extrême inégalité des fortunes!" „Gesetzgeber, Ihr habt nichts für die Freiheit gethan, wenn Eure Gesetze nicht durch sanfte und wirksame Mittel darauf abzielen, die ausserordentliche Ungleichheit der Vermögen zu vermindern"), deshalb ist er für Gleichstellung aller Erbberechtigten und will durch ein besonderes Gesetz bestimmt wissen, in welchen Fällen ein Erbe vor den anderen durch den Testator bevorzugt werden darf; deshalb verlangt er für die Ministergehälter, welche die Versammlung auf 150000 resp. 100000 Livres normirt hatte, Herabsetzung auf mindestens die Hälfte; er protestirt, obwohl er selbst in der demokratischen Partei mit seiner Ansicht ziemlich allein stand, energisch gegen die Ausnahmegesetze, auf Grund deren ähnlich unseren famosen Maigesetzen die Geistlichen gerichtlich verfolgt werden sollten, welche sich durch Rede oder Schrift vergingen: „Es ist kein Unterschied zu machen zwischen einem Geistlichen und einem anderen Bürger. Es ist daher absurd, gegen die Geistlichen ein Gesetz machen zu wollen, das man nicht gewagt hat, gegen alle Bürger zu erlassen. Sondererwägungen dürfen nie den Sieg über die Principien der Freiheit und Gerechtigkeit davontragen. Ein Geistlicher ist so gut Staatsbürger wie jeder Andere." Er tritt für die Unverletzlichkeit des Briefgeheimnisses ein, „eine Verletzung desselben sei ein Attentat auf die foi publique (öffentliche Treu' und Glauben)"; in Sachen der Politik stellt er den Grundsatz auf: „rien n'est juste que ce qui est honnête, rien n'est utile que ce qui est juste (nichts ist gerecht, was nicht ehrenhaft, nichts ist nutzbringend, was nicht gerecht ist)", und misbilligt daher die Geheimniskrämerei des comité diplomatique, das darin dem Beispiele der Regierung folgt; er tadelt die Sucht der Franzosen, dem Staate, d. h. der obersten Verwaltung, den Ministern, Alles zu überlassen, und will denselben es unmöglich gemacht wissen, über die Schranken der Verfassung hinaus sich Eingriffe in Anderer Machtbefugnisse zu gestatten oder wohl gar die öffentlichen Freiheiten zu gelegener Zeit ganz zu confisciren; darum will er die untergeordneten Verwaltungsbehörden nicht bedingungslos den höheren und durch diese den Ministern unterstellt wissen, und den Ministern die Befugnis entziehen, sie unter dem Vorwande des Ungehorsams gegen höhere Weisung ihrer Functionen entheben zu dürfen; darum verlangt er die Ernennung der Schatzbeamten nicht durch den Minister, sondern durch die Vertreter der Nation; endlich ist es Robespierre, der zum ersten Male den Grundsatz der allgemeinen Wehrpflicht aufstellt und Volksbewaffnung verlangt unter Entlassung und Entfernung aller vorhandenen Officiere.

Am 21. Juni des Morgens wurde es in Paris bekannt, dass die königliche Familie in der Nacht die Tuilerien heimlich verlassen hätte und geflohen wäre. Natürlich war die Bestürzung in allen Kreisen gross und überall wurde auf das lebhafteste die Frage ventilirt, was nun werden solle. Indessen kam es nirgends zu Ruhestörungen, und am Morgen des folgenden Tages waren die Pariser Spiessbürger nicht wenig erstaunt, aber zu gleicher Zeit auch hoch erfreut, dass

sie auch ohne König die Nacht so gut geschlafen hätten. Die Nationalversammlung beschäftigte sich wiederum mit der Berathung über die zu ergreifenden Maassregeln und hatte gerade beschlossen, eine Proclamation an die Nation zu erlassen, in der von einer Entführung der königlichen Familie die Rede ist, als um 9½ Uhr ein Courier die Meldung machte, dass die Flüchtlinge in Varennes angehalten worden seien. Auch das directoire des Département von Paris hatte sich schon am 21. unter dem Vorsitz des Herzogs von La Rochefoucauld in Permanenz erklärt, um die Schritte zu berathen, die wegen dieser Reise zu ergreifen wären. Hier berichtete am 22. Abends 10 Uhr der Chirurg Magnin aus Varennes, der also die Strecke von Varennes bis Paris (228 Kilometer) in etwa zwanzig Stunden zurückgelegt haben musste, über die Arretirung der königlichen Familie. Da dieser Bericht, er rührt von einem Augenzeugen her, von den sonstigen Darstellungen des Vorfalls mehrfach abweicht, ihm aber der Vorzug der Unmittelbarkeit zur Seite steht, während die übrigen nachträglich in bestimmter Absicht gemacht worden sind, so wollen wir uns erlauben, ihn nach den Protocollen des conseil général vom 22. hier mitzutheilen:
„Heute gegen ein Uhr Morgens traf in Varennes (District Clairmont, Département de la Meuse) eine Kutsche ein, von der man weit entfernt war, zu vermuthen, dass sie den König und die königliche Familie berge. Dieselbe wurde von einem Détachement Lauzun-Husaren escortirt und war von mehreren Personen begleitet, die Courierdienste versahen. Der Postmeister von St. Menehould, dem der Wagen verdächtig vorgekommen, war demselben bis Clairmont gefolgt, wo die Couriere erklärten, sie gingen nach Verdun, er bemerkte jedoch, dass sie den Weg nach Varennes einschlugen, er eilte daher dem Wagen voraus und forderte die Leute auf, den Wagen anzuhalten, der gleich durchkommen müsste. Zwei junge Leute, Paul Leblanc und Joseph Pontant, die sich zufällig

noch auf der Strasse befanden, widersetzten sich daher der Weiterfahrt, die Couriere schlugen auf die Pferde und Postillone; aber als die beiden jungen Leute erklärten, sie würden in den Wagen schiessen, wenn nicht sofort gehalten würde, wurde Befehl zum Halten gegeben. Während dessen machten einige Personen, die hinzugekommen waren, Lärm, im Augenblick war die Nationalgarde auf den Beinen, und man forderte die Personen, die in dem Wagen sassen, auf auszusteigen, was sie auch ohne Widerrede thaten. Die Lauzun-Husaren liessen sich von der Nationalgarde arretiren, ohne dass sie es versucht hätten, Widerstand zu leisten. Der Procureur der Gemeinde liess die Personen bei sich eintreten, wo sie Erfrischungen verlangten; man erkannte jetzt den König, die Königin und den Dauphin, Mme. Royale und Mme. Élisabeth. Ich gehe wieder auf die Strasse und verkündige allen meinen Mitbürgern, dass es der König und die königliche Familie wären. Sie legen alle den grössten Eifer an den Tag, sich der Weiterreise zu widersetzen und einige Husaren- und Dragoner-Officiere auseinander zu jagen, die den Versuch machen wollten, sie zu erzwingen. Die gute Haltung der Nationalgarde und die Festigkeit der Gemeindebeamten lassen jeden Versuch scheitern. Mit zwölf meiner Mitbürger werfe ich mich auf's Pferd und wir eilen von Dorf zu Dorf, Unterstützung heranzuziehen, und in weniger als einer Stunde hatten wir 4000 Mann Nationalgarde bei einander, ohne die Husaren und Dragoner zu rechnen, die sich uns anschlossen und als gute Patrioten erwiesen."

Nach der Rückkehr der königlichen Familie am 25. Juni begannen in der Nationalversammlung die Berathungen über die Folgen der Flucht, an denen Robespierre einen hervorragenden Antheil nahm. Gleich nach dem Bekanntwerden der Flucht hatte Robespierre namentlich in dem Jacobinerclub von dem Mährchen einer gewaltsamen Entführung des Königs gegen seinen Willen nichts wissen wollen, an das die Constitutionellen zu glauben heuchelten, aber er stand mit seiner Ansicht in der Versammlung ziemlich allein, so dass bei siegreicher Rückkehr des Königs sein Kopf jedenfalls zuerst gefallen wäre; dagegen hatte er sich gegen eine Petition um échéance (Verlust der Krone) ausgesprochen, weil er fürchtete, sie könnte der Majorität der Versammlung die längst gesuchte Gelegenheit bieten, den Club zu verfolgen und einen lang gehegten Plan gegen denselben zur Ausführung zu bringen. Als am 26. der Antrag gestellt wurde, den König und die Königin durch Deputirte der Versammlung vernehmen zu lassen, protestirte Robespierre dagegen, „die Königin sei Bürgerin wie jede andere Französin und der König nichts weiter als der erste Beamte der Nation, mithin dem Gesetze unterworfen", und warnte vor Ueberstürzung in der Angelegenheit, „es heisse nicht das Wohl der Nation wollen, wenn man Ueberstürzung an die Stelle ruhiger Ueberlegung und die Ueberraschung an die Stelle der Regeln der Weisheit treten lasse." Gegen die Ansicht der Majorität, welche den König mit der in der Verfassung ihm zugesprochenen Unverletzlichkeit schützen wollte, führte er aus, dass von Unverletzlichkeit für den König nur die Rede sein kann, wo die Ministerverantwortlichkeit eintritt, mithin sei der König in dem vorliegenden Fall schuldig. „Als solcher wahrt er sich entweder sein Ansehen, oder die Zügel werden in seinen Händen schlaff. Im ersteren Falle wird er es dazu misbrauchen, die öffentliche Freiheit zu verfolgen, im anderen fallen sie in die Hände einiger Aufrührer. Uebrigens wenn der König nicht schuldig ist, giebt es auch keine Mitschuldigen; wenn einen Schuldigen laufen lassen, weil er mächtig ist, ein Beweis von Schwäche ist, so ist es eine Feigheit, einen schuldigen Schwachen aufzuopfern: entweder richtig bestrafen oder richtig freisprechen." Deshalb verlangt er in erster Linie Appellation an das Volk, in zweiter aber stellt er den Antrag, sich nicht durch die Verfolgung vorgeschobener Mitschuldiger zu besudeln. Würde aber ein Verfahren gegen die Mitschuldigen eingeleitet, so will er es in jedem Falle auch auf des Königs Bruder ausgedehnt wissen. „Hüten Sie sich, einen mächtigen Verschwörer zu schonen; vergessen Sie nicht, dass der einzige Mensch, der der Revolution zum Opfer gefallen ist (er meint den Marquis de Favras, der wegen Hochverraths gehängt wurde), von geringem Range war, und dass er eben diesem Menschen zum Opfer gebracht worden ist, der die Flucht ergriffen hat. Wenn die Versammlung solche Inconsequenzen begehen will, werde ich mich genöthigt sehen, zu Gunsten des ewigen Gesetzes, das mir die Vertheidigung der Interessen der Nation zur Pflicht macht, in ihrem Namen feierlichst zu protestiren."

Sonntag, den 17. Juli, fand das bekannte Blutbad auf dem Champ-de-Mars statt. Tausende wehrloser Bürger mit ihren Weibern und Kindern, die sich in den Nachmittagsstunden dort eingefunden hatten, theils um von ihrem verfassungsmässigen Rechte Gebrauch zu machen und eine Petition an die Nationalversammlung zu unterschreiben, theils auch blos um sich mit den Ihrigen im Freien zu ergehen, wurden plötzlich von der bewaffneten Bourgeoisie, aus der sich nach dem unglücklichen Gesetze über die Organisation der Volksbewaffnung, welches die Passivbürger davon ausschloss, die Nationalgarde allein zusammensetzte, unter der Führung von Lafayette und Bailly und auf Befehl von Ch. Lameth, dem Präsidenten der Nationalversammlung, der sich dessen noch im Jahre 1832 in der chambre des députés öffentlich gerühmt hat, angegriffen, und nach wenigen Salven bedeckten Hunderte von Todten und Verwundeten den Platz.

Eine solche Misachtung und Verletzung der constitutionellen Freiheiten musste noch weitere Gewaltthaten von Seiten der Machthaber befürchten lassen. Deshalb bot Maurice Duplay Robespierre beim Hinausgehen aus dem Club der Jacobiner Abends 11 Uhr ein Asyl in seiner Wohnung Rue

St. Honoré für die Nacht an. Nach einigem Sträuben nahm Robespierre das Anerbieten an.

Frau Duplay empfing ihn wie einen Sohn. Als er sich am nächsten Morgen von ihnen verabschieden wollte, um in seine Wohnung zurückzukehren, beschwor sie ihn, wenigstens noch einen Tag vorübergehen zu lassen. Daraus wurde für ihn, entzückt von der Liebenswürdigkeit der Familie, ein dauernder Aufenthalt, indem er sich bei derselben gegen Zahlung einer Pension in Kost und Logis gab; vorher hatte er seine Mahlzeiten in einem kleinen Restaurant à 30 Sous (1 Mark 20 Pf.) eingenommen.

Duplay war zu St. Didier im Département Haute-Loire um's Jahr 1735 geboren und jung nach Paris gekommen, wo es ihm unter der Protection von Mme. Geoffrin, der bekannten geistreichen Freundin der Encyclopädisten, glückte, in vierzigjähriger angestrengter Arbeit ein Vermögen von 15000 Livres Jahresrente, das grösstentheils in Häusern angelegt war, als entrepreneur en menuiserie (Bau- und Möbeltischlerei) zu erwerben, doch da er seine Häuser in Folge der Revolution nicht vermiethen konnte, hatte er sein Geschäft wieder aufgenommen; er hat sich also jedenfalls nicht in der Hoffnung auf Vortheil der Bewegung angeschlossen. Duplay hatte einen Sohn von zwölf Jahren und vier ältere Töchter, Éléonore, Sophie, Victoire und Élisabeth, von denen die zweite schon damals an den Advocaten Auzat in Issoire, Département Puy-de-Dôme, verheirathet war.

Die Familie bewohnte einen in der Tiefe des Hofes gelegenen Pavillon, der im Erdgeschoss das Speisezimmer, den Salon und das Zimmer der jungen Mädchen enthielt, im ersten Stocke befanden sich das Schlafzimmer der Töchter, ein Toilettezimmer und das Zimmer, welches an Robespierre abgetreten wurde. Dasselbe hatte ein einziges Fenster nach dem Hofe heraus. Die Möbel bestanden in einer Nussbaumbettstelle mit Vorhängen aus blauem Damast mit weissen

Blumen, einigen Strohsesseln und einem einfachen Schreibtisch, über dem ein Bücherbrett an der Wand angebracht war; aber Robespierre benutzte, wie das auch heute noch in Frankreich allgemein Sitte ist, wenn man sich bei einer Familie in Pension gegeben hat, auch zum Empfange seiner Besuche den Salon im Erdgeschoss, der denn allerdings mit einem mit Utrechter carmoisinrothen Sammet überzogenen Mahagoni-Meublement versehen war und in dem auch später sein lebensgrosses Bildniss, von Gérard gemalt, aufgehängt wurde. Und daraus hat man das elegante Gemach gemacht, in welchem der Schüler Rousseau's „mitten unter den plastischen Bildern, Oelgemälden und Kupferstichen sass, die sein Selbst vervielfältigten und abspiegelten."

Im August schritt man zu einer nochmaligen Revision der Constitutionsacte, die jedoch keine wesentlichen Aenderungen ergab, und es ist fast rührend mit anzusehen, wie Robespierre, obwohl er von vorn herein von der Nutzlosigkeit seiner Bemühungen überzeugt sein musste, Tag für Tag seine Stimme erhebt, um für die Rechte des Volkes und die grossen Principien der Freiheit und Gleichheit einzutreten. Die Einwohner von Paris bewiesen ihm ihre Dankbarkeit dafür dadurch, dass sie ihn ohne sein Wissen und Zuthun und trotz der Intriguen seiner Gegner und namentlich Duport's, der es gern selber werden wollte, zum accusateur public (Staatsanwalt) wählten. Obwohl seinem ganzen Naturell die ruhige Stellung eines Richters in Versailles mehr zugesagt hätte, nahm er die Wahl doch an. „Je suis appelé à une destinée orageuse, schreibt er an seinen Freund Boissart, il faut en suivre le cours jusqu'à ce que j'aie fait le dernier sacrifice que je pourrais faire à ma patrie."

Am 30. September, nach dem Schluss der Arbeiten der Nationalversammlung durch ihren Präsidenten Thouret, wurden Robespierre und Pétion beim Herauskommen von den Umstehenden mit dem damals gebräuchlichen Rufe: „Vive la liberté! Vive la nation!" empfangen. Robespierre, der kein Freund von solchen Demonstrationen war, warf sich mit Pétion in eine Droschke, die er jedoch augenblicklich wieder verliess, als man Miene machte, die Pferde auszuspannen, wobei er das Volk ermahnte, den Respect vor sich selber nicht aus den Augen zu setzen und gegen alle Anwandlungen von Dankbarkeit Einzelnen gegenüber mistrauisch zu sein, und er konnte darauf ruhig seines Weges gehen, nur begleitet von dem unaufhörlich wiederholten tausendstimmigen Ruf: „Voilà les véritables amis du peuple, les législateurs incorruptibles!"

So endete der glücklichste und am wenigsten bekannte Abschnitt aus dem Leben Robespierre's. Wer könnte an diesem Leben voll Hingebung und Verleugnung etwas auszusetzen finden? Bis jetzt hat man immer den friedlichen Gesetzgeber über den Mann der That vergessen, und der gewaltige Kämpfer des Convents hat in den Augen der Nachwelt dem Philosophen der constituirenden Versammlung einigermaassen Unrecht gethan. Es ist daher die Pflicht der Geschichtsschreibung, diesen allzusehr in Vergessenheit gerathenen Abschnitt seines Lebens in das rechte Licht zu stellen, und wir rechnen auf die Billigung unserer Leser, wenn wir dies mit einiger Ausführlichkeit gethan haben.

Was die Versammlung Gutes gethan, ist grösstentheils sein Werk; das, worin sie den grossen Principien von 1789 wieder untreu wurde (Unterscheidung von Activ- und Passivbürgern, Beibehaltung der Sclaverei, Beibehaltung der Armee mit den alten Officieren), geschah gegen seine Bemühungen. Wäre man ihm gefolgt, wahrscheinlich hätten alle späteren Revolutionen nicht stattgefunden.

Dadurch erklärt sich seine ungeheure Popularität, die seinen Namen von Stadt zu Stadt, von Dorf zu Dorf wie ein Symbol der Freiheit und Gerechtigkeit nennen liess. Die Volksvereine, die Zeitungen tönten täglich wieder von seinem

Lobe, selbst in den Theatern brachte man ihn auf die Bühne und überlieferte seine Person den enthusiastischen Beifallsbezeugungen der Bürger, er war in ihren Augen der Apostel, der Messias. Man muss in Wahrheit das menschliche Geschlecht nur wenig kennen, wenn man sich dem Glauben hingeben will, ein Mensch, der eine solche Macht auf ein ganzes Volk ausübte, sei ein Mann von mittelmässigem Werthe gewesen. Andere — nomina sunt odiosa — zwingen oder verführen die Völker durch das Genie der brutalen Gewalt, Robespierre drängte sich der Liebe der grossen Masse durch die Stärke seines Charakters, durch die Kraft seiner Tugenden, durch die Grösse seines Talentes, durch seine Unbestechlichkeit auf. Niemals hat er auch nur einen einzigen Soldaten zur Verfügung gehabt. In seiner Seele fühlte das Volk die eigene pulsiren; wie er, wollte auch die grosse Majorität des Volkes die Freiheit für Alle. Wenn er sich mit aller Kraft seines unwilligen und empörten Gewissens gegen das Martialgesetz erhob, welches das Leben von Tausenden von Bürgern in die Discretion argwöhnischer, engherziger Gemeindsbehörden legte; wenn er die Abschaffung der Todesstrafe verlangte; wenn er gegen die widersinnige Unterscheidung von Activ- und Passivbürgern donnerte; wenn er der Abschaffung der Sclaverei und der Emancipation der Farbigen das Wort redete; wenn er jede Einschränkung der Pressfreiheit und des Versammlungsrechtes bekämpfte; dann gab er nur den geheimen Wünschen der grossen Masse des Volkes Ausdruck. Und diesen unsterblichen Principien ist er stets treu geblieben. Und wenn er auch später, als es sich für die Revolution allein noch darum handelte, entweder zu siegen oder unterzugehen, zu strengen Massregeln glaubte greifen zu müssen, um das Vaterland zu retten, das im Innern durch Parteiungen zerrissen, auf allen Grenzen durch die coalirten Könige bedroht und angegriffen wurde, so bleibt er doch immer das Ideal eines Mannes der Ordnung, der weiss, dass ohne Ordnung die Freiheit nur eine Fiction ist, und der sich bemüht, die Mitte zu halten zwischen den beiden gleich gefährlichen Klippen Contrerevolution und revolutionäre Uebertreibung.

III.
Während der Assemblée Législative.
(1791—1792.)

Sonnabend, den 1. October 1791, trat die Assemblée Législative, 730 Mitglieder zählend, in dem Manége zusammen, einer Reitbahn in der Nähe der Tuilerien und zu diesen gehörig, in der auch schon die Assemblée Nationale die letzten Monate getagt hatte. Die neue Versammlung — bekanntlich waren alle Mitglieder der Nationalversammlung auf Robespierre's Antrag von der Wahl in dieselbe ausgeschlossen gewesen — hatte eine wesentlich andere Physiognomie als ihre Vorgängerin. Zunächst fiel gleich die Jugendlichkeit der neuen Gesetzgeber auf; bei der provisorischen Besetzung des Bureau's stellte es sich heraus, dass sie nicht weniger als sechzig Mitglieder unter sechs und zwanzig Jahren zählte. Sodann hatte sich auch die Parteistellung total verschoben: die Constitutionellen, die in der Nationalversammlung die Linke gebildet hatten, bildeten in der neuen Versammlung, etwa hundert und zwanzig Mann stark, die Rechte; ihnen gegenüber standen in beinahe doppelter Stärke die Novateurs oder Réformistes, die sich namentlich aus den Deputirten des Département Gironde und denen der Stadt Paris zusammensetzten und später im Nationalconvent die ersteren den Grundstock zu der Partei der Girondisten und letztere zu der Bergpartei oder den Jacobinern hergaben, jetzt aber noch zusammengingen und sich in dem Jacobinerclub gemeinsam ihre Inspirationen holten. In der Mitte standen die Timides oder le Ventre, wie in allen Versammlungen bei den Abstimmungen den Ausschlag gebend.

Robespierre war im allgemeinen mit der Zusammensetzung der Versammlung, die ja fast durchweg aus Patrioten — so wurden damals die Liberalen in Bausch und Bogen genannt — bestand, zufrieden, nur wollte ihm, wie er im Jacobinerclub klagte, die Anwesenheit so vieler Mitglieder der Nationalversammlung unter den Zuhörern nicht gefallen, welche sich herausnahmen, den Gesetzgebern Weisungen zu ertheilen, wie sie stimmen sollten; und er reiste unbesorgt nach Arras, um nach mehr als zweijähriger Abwesenheit die Vaterstadt einmal wiederzusehen. Bis Bapaume*) waren ihm die Geschwister mit Madame Boissart, der Frau seines Freundes, entgegengekommen. Die dortige Nationalgarde, sowie die Freiwilligen aus Paris, deren mangelhafte Bewaffnung er nicht ohne tiefe Betrübnis wahrnahm, liessen es sich nicht nehmen, ihm eine couronne civique (Bürgerkrone) zu überreichen, und die Gemeindebehörden boten ihm ein Bankett an.

Von Bapaume glich die Weiterreise einem wahren Triumphzuge. Arras war bei seinem Einzuge illuminirt. Dem Versuche, die Pferde auszuspannen, entging er wieder nur dadurch, dass er ausstieg und sich zu Fuss in die Wohnung der Geschwister begab, begleitet von dem tausendstimmigen Ruf: „Vive le défenseur du peuple!" Am andern Tage brachte ihm die Nationalgarde des Département de l'Oise ihre Huldigungen dar, wodurch er bestimmt wurde, sich in ein Landhaus in der Umgegend zu einer befreundeten Familie zurückzuziehen; es mochte dazu wohl aber auch der kalte Empfang beigetragen haben, der ihm von Seiten seiner alten Freunde in der Stadt zu Theil wurde, die, sämmtlich zur Bourgeoisie gehörig, es nicht begreifen wollten, wie er in der Nationalversammlung so weit über ihre Wünsche hatte hinausgehen können.

Unterwegs hatte er viele Emigranten angetroffen, auch hatte er mehrfach Gelegenheit gehabt, die Umtriebe der Geist-

---

*) Stadt im Département Pas-de-Calais.

lichkeit mit eigenen Augen zu sehen, namentlich empörte es ihn, wie sie die Leute in Arras hatten glauben machen wollen, es seien Wunder geschehen und ein Lahmer hätte durch sie den Gebrauch seiner Beine wieder erhalten. Ende November kehrte er nach Paris zurück.

Die Girondisten hatten während dieser Zeit bei der allerdings mehr als misslichen Lage Frankreichs die Initiative zu den lois terribles (Schreckensgesetzen) ergriffen, die man später der Bergpartei und namentlich Robespierre hat zur Last legen wollen, und dem Grundsatze Isnard's, eines der Ihrigen, huldigend: „ramener les coupables par la crainte ou les soumettre par le glaive, die Schuldigen durch die Furcht auf die rechte Bahn zurückführen oder durch das Schwert des Henkers zum Gehorsam bringen", den Tod bestimmt für Alle, welche am Jahresschluss noch im Heere der Emigranten selber dienen oder für dasselbe anwerben, sowie langwierige Haft für die Geistlichen, die durch Wort oder Schrift gegen die Verfassung aufwiegeln würden. Wir kennen Robespierre schon aus der Nationalversammlung als den entschiedensten Gegner aller Ausnahmegesetze. Als sich daher die girondistische „Chronique de Paris" für diese Gewaltthaten gegen die Geistlichkeit auf einen Brief Robespierre's berufen wollte, hatte er unter dem 6. November in einem Schreiben an den Jacobinerclub von Arras aus dagegen protestirt und sich dadurch die Feindschaft des girondistischen Blattes zugezogen, das ihn von nun ab, um ihn lächerlich zu machen, nie anders als den prêtre (Priester) nannte, während es noch kurz vorher eine Ovation, die man ihm gelegentlich seines Besuches bei einer Freundin der Schwester in Béthune*) dargebracht, ganz natürlich und im höchsten Grade lobenswerth gefunden hatte. Auch Brissot im „Patriote français" war damals noch voll des Lobes für Robespierre.

---

*) Stadt im Département Pas-de-Calais, an der Brette.

Bei seinem ersten Erscheinen nach seiner Rückkehr am 25. November im Jacobinerclub wurde er mit ungeheurem Enthusiasmus empfangen und ihm sofort der Vorsitz als Ehrenpräsident übertragen. Damals hatte gerade die Debatte über den Krieg in der Assemblée Législative ihren Anfang genommen, den eigentlich alle Welt, wenn auch aus verschiedenen Gründen und in verschiedener Weise wünschte, nur Robespierre war nach wie vor dagegen. Der König wollte ihn von aussen her ohne sein Zuthun, die Constitutionellen mit dem Minister Narbonne an ihrer Spitze wünschten einen Krieg gegen die kleinen deutschen Fürsten am Rhein und gegen die Emigration in Coblenz, die Girondisten ersehnten einen allgemeinen Krieg zur Ausbreitung ihrer Ideen über Europa, nur Robespierre allein erkannte richtig die ungeheure Gefahr, die jeder Krieg für die Volksfreiheit in sich trägt, und ahnte, dass er früher oder später dem Lande das zweifelhafte Geschenk eines Napoleon bringen müsste. Sollte aber der Friede Europa's wirklich aus genügenden Gründen gestört werden müssen, dann wollte er dem Kaiser von Deutschland den Krieg erklärt wissen, nachdem vorher die Nationalgarde und die übrige Bevölkerung im ganzen Lande bewaffnet und militärisch organisirt worden wäre.

Bei den Jacobinern gelang es ihm, einen Umschwung in der Stimmung bezüglich des Krieges heibeizuführen, und daher stammt auch die Wuth der Girondisten, namentlich die Louvet's, der sich ganz besonders auch dadurch verletzt fühlte, dass ihm, dem gewiegten Parlamentarier, auf Veranlassung Robespierre's bei folgender Gelegenheit wegen unparlamentarischer Aeusserungen bei den Jacobinern das Wort entzogen wurde. Der Correspondenz-Ausschuss, der fast durchweg aus Girondisten bestand, hatte in einem an die affilirten Gesellschaften in den Départements gerichteten Rundschreiben ganz unbefugter Weise gesagt: „Le système de la guerre est celui qui domine dans la société, in dem Jacobinerclub ist die Majorität für den Krieg". Von Robespierre deshalb zur Rede gestellt, wollte Louvet das Comité rechtfertigen und bediente sich dabei einer Sprache, die ihm zunächst einen Ordnungsruf zuzog, schliesslich aber, da er sich nicht fügen wollte, für ihn die Entziehung des Worts zur Folge haben musste. Aber noch wagten sie sich nicht an ihn, und selbst seine erbittertsten Gegner wurden, wie Barère, ihm immer noch gerecht, wenn sie die nöthige Nüchternheit wiedergefunden hatten, um die Lage der Dinge vorurtheilsfrei zu betrachten: „Robespierre war ein grosser Mann und die Nachwelt wird ihm diesen Titel lassen. Er war gross, als er ganz allein in der Nationalversammlung den Muth hatte, die Volkssouveränität zu vertheidigen; er war gross, als er später allein die Kriegserklärung gegen Deutschland zweifelhaft machte."

Aber die Verschiedenheiten der Ansichten in Bezug auf den Krieg waren es nicht allein, was die zwischen Robespierre und den Girondisten immer grösser werdende Kluft hervorbrachte, die Differenz ist eine tiefer gehende, principielle. Gewissensfreiheit, Gedankenfreiheit, Unverletzlichkeit des häuslichen Heerdes, Tugend und Intelligenz über die Vorrechte der Geburt gestellt, mit einem Wort, das Recht des Individuums war das politische Dogma, auf welches die Girondisten schwuren; die Freiheit dagegen aufgefasst als die Möglichkeit für den Schwächeren, auch frei zu werden, und die Gerechtigkeit als die Regel für die Freiheit definirt, das Recht auf Arbeit als eine nothwendige Folge des Rechts zu leben, das Recht jedes Einzelnen als eine Schuld gegen Alle betrachtet, die Amtsbefugnisse in Pflichten verwandelt, das Band, das die Bürger eines Staates aneinander knüpft, auf alle Völker der Erde ausgedehnt, die Pflicht aller freien Völker, die unterdrückten Völker zu schützen, das heist die Ideen, die das sociale Recht bilden, machen das politische Glaubensbekenntnis Robespierre's aus, oder mit anderen Worten, in Robespierre und den Girondisten standen sich die Principien der Brüderlichkeit und des Individualismus, zwischen denen die Welt noch heute hin und her schwankt, die Philosophie der Empfindung, die einander nähert, und die Philosophie der reinen Vernunft, welche trennt, J.-J. Rousseau und Voltaire einander gegenüber. Daher nahmen die Girondisten nur ihre eigenen Interessen, das heisst die Interessen der Bourgeoisie wahr, der Klasse der Besitzenden, die sich von der grossen Menge abheben und über dieselbe stellen wollen und mit dem Geburts-Adel in gleichem Range zu stehen trachten, der sie jedoch seinerseits nur verachtet und blos auf die günstige Gelegenheit wartet, sie zu demüthigen; Robespierre aber wollte Gleichheit für Alle und strebte die Verschmelzung der besitzenden und intelligenteren Minorität mit der grossen Masse zu einem freien Volke an. Den Triumph der Revolution wollten auch die Girondisten, aber sie verbanden mit der Liebe zum Vaterlande ehrgeizige Zwecke und schreckten zur Erreichung ihrer Ziele selbst vor Compromissen mit den Constitutionellen und mit dem Hofe nicht zurück, Alles Dinge, die Robespierre ein Gräuel waren.

Leider müssen wir es uns versagen, Robespierre in alle Sitzungen des Jacobinerclubs, der ihm in Folge des Ausschlusses der Mitglieder der Nationalversammlung von der Wahl in die neue Versammlung die einzige Gelegenheit bot, durch sein Wort auf den Gang der Dinge einzuwirken, zu begleiten, und können eben wiederum nur andeuten, in welchem Sinne er in die Verhandlungen eingriff, um ihn auch daraus wieder einerseits als den recht eigentlichen Mann des Gesetzes und der Ordnung und anderseits als den unermüdlichen Vorkämpfer für die Rechte des Volkes kennen zu lernen. So spricht er sich mit grosser Entschiedenheit gegen jede Empfehlung von Candidaten für die Municipalwahlen von Seiten des Clubs aus, weil man den Wählern in jeder Beziehung freie Hand lassen müsse; so ist er gegen die Permanenz der Sectionen als nach den Beschlüssen der Nationalversammlung ungesetzlich; so will er von einer Anklage des Directoriums (Verwaltungsbehörde des Départements) auf Grund einer reactionären Petition desselben nichts wissen, weil demselben das Petitionsrecht ebenso gut zustehe wie dem einzelnen Bürger, und tritt gegen den Vorschlag, die Bevölkerung über den Krieg abstimmen zu lassen, sowie gegen die Uebertragung der Dictatur an die Assemblée Législative als unconstitutionell auf.

Im Gegensatz zu den gewaltthätigen Auslassungen eines Isnard und Guadet erkannte er das geeignetste Mittel, das Vaterland zu retten, in der Reorganisation der Armee, in der Entlassung aller bisherigen Officiere, in der Wiedereinreihung der wegen ihres patriotischen Sinnes ausgestossenen Soldaten und Unterofficiere, in der Bewaffnung der gesammten Nation ohne jeden Unterschied, in der Wiederherstellung der Sectionen zur Ueberwachung und Controlle der Behörden, in einer Conféderation civique fraternelle (Verbrüderung) aller Nationalgarden in ganz Frankreich, in der Vorbeugung von Unruhen im Innern durch strenge Bestrafung der Anstifter der Emeute in Avignon, in der Verlegung der haute cour nationale (des Staatsgerichtshofes) nach Paris, in der Bestrafung aller volksfeindlichen Mitglieder der Départementsverwaltungen und selbst der Assemblée Législative, in der Aufhebung des Martialgesetzes und der Gesetze betreffend Beamtenbeleidigung, in der Anklage der augenblicklichen Minister und strenger Ueberwachung der neuen (die aber besser nicht aus den Reihen der Jacobiner zu nehmen wären, denn er würde deshalb nicht mehr Vertrauen in den Patriotismus des Hofes, aber weniger in die Tugenden der Gewählten haben), in der Oeffentlichkeit der Verhandlungen aller Behörden ohne Ausnahme, in der Aufstellung bestimmter Regeln für die Ernennung der Beamten, in der Verhinderung von wucherischem Aufkauf der Lebensmittel, Börsenwucher und Geldexport, in der Gewinnung der Armee für die Sache der Revolution durch Erhöhung des Soldes der Gemeinen und Unterofficiere und die Möglichkeit für den Soldaten, zum Officier befördert zu werden, in dem Schutz der persönlichen Freiheit, in der Erlassung eines freisinnigen Unterrichtsgesetzes, in der Besiegung von Coblenz durch die Besiegung der Despoten und der Contrerevolutionäre in Frankreich, nicht aber wollte er die Geissel des Krieges über die Völker bringen, welche die französische Nation nicht angriffen. „Le mal est aux Tuileries, alles Uebel hat seine Quelle in dem Hofe," war der Ausspruch, den er dem girondistischen „le mal est à Coblentz, alles Uebel kommt von den Emigrirten in Coblenz" in Brissot's Munde entgegenstellte.

Am 15. Februar 1792 wurde das tribunal criminel installirt, an das Robespierre durch die Wahl seiner Mitbürger als accusateur public (Staatsanwalt) berufen worden war. Dasselbe setzte sich aus dem Präsidenten und drei Richtern zusammen, die ebenfalls sämmtlich aus freien Wahlen hervorgingen und denen zur Beantwortung der Schuldfrage ein jury de jugement von zwölf durch das Loos aus der aus freien Wahlen hervorgegangenen Liste von zweihundert Bürgern bestimmten Personen zur Seite stand, während eine jury d'accusation, in derselben Weise zusammengesetzt, vorher darüber zu entscheiden hatte, ob ein Verfahren einzuleiten sei oder nicht. Der auf vier Jahre gewählte accusateur public war ganz unabhängig und nicht etwa der Disciplinargewalt des Justizministers unterstellt, so dass das tribunal criminel dem Angeklagten die annähernd grösste Sicherheit einer unparteiischen Rechtsprechung gewährte.

Bei dieser Gelegenheit legte Robespierre seine Grundsätze über die Stellung und Aufgabe des Beamten klar, die es wohl werth sind, mitgetheilt zu werden: „Die erste Pflicht des Beamten ist meiner Ansicht nach beständige Fühlung mit dem Volke. Sie ist für mich geradezu ein Bedürfnis.

Wenn es wahr ist, dass wir auf dem Wege zur Herrschaft der Gerechtigkeit einen Schritt vorwärts gethan haben, so ist es auch an der Zeit, dass sämmtliche öffentliche Beamte, auch den nicht ausgenommen, den man den ersten von allen nennt, sich nicht als eine Macht, sondern als die Geschäftsträger der Nation und als mit ihren Mitbürgern in jeder Beziehung gleich betrachten. Naturgemäss und vom Standpunkt der Vernunft betrachtet, sind die öffentlichen Beamtungen nicht eine Ehre und noch weniger ein Besitzthum, sondern eine Pflicht."

„Man nennt mich einen unversöhnlichen Feind der Aristokraten. Für mich als Bürger bezeichnet das Wort Aristokrat schon lange nichts mehr, ich kenne nur gute und schlechte Bürger; als Beamter des Volks kenne ich weder Aristokraten noch Patrioten, noch Gemässigte, ich kenne nur angeklagte Menschen, Bürger; ich denke nur daran, dass ich der Rächer des Verbrechens und die Stütze der Unschuld bin. Der glücklichste Tag meines Lebens würde der sein, an dem ich meinen erbittertsten Feind, denjenigen, der am meisten der Sache der Menschheit schadet, denn das ist der einzige Mensch, in dem ich meinen Feind sehen möchte, in Gefahr sehe durch Voreingenommenheit für ein Verbrechen, an dem er unschuldig ist, geopfert zu werden, und ich, das Licht der strengen und unparteiischen Wahrheit über seine Angelegenheit ausbreitend, ihn dem Tode und der Schande entreissen könnte."

Von der Nothwendigkeit der republikanischen Verfassung für Frankreich war Robespierre auch damals noch nicht überzeugt, wie die nachfolgende Erklärung beweist, die er bei den Jacobinern abgab, als durch Réal und Carra die Candidatur des Herzogs von Braunschweig auf's Tapet gebracht worden war: „Auch ich liebe die Republik, denn ich weiss, dass in den Republiken alle die grossen Seelen, alle edlen und grossherzigen Gefühle grossgezogen werden, aber ich erachte es für den Augenblick für passend, laut zu erklären, dass wir entschiedene Freunde der bestehenden Verfassung sind, bis der durch eine reiche Erfahrung aufgeklärte allgemeine Wille auf ein grösseres Glück Anspruch macht. Ich erkläre, dass ich das Individuum, das uns der Zufall, die Geburt, die Umstände zum König gegeben haben, allen Königen vorziehe, die man uns wird geben wollen"; und bei einer späteren Gelegenheit: „Ich will lieber ein Repräsentantenhaus und Bürger frei und geehrt mit einem Könige, als ein Sclavenvolk und erniedrigt unter der Zuchtruthe eines aristokratischen Senats oder eines Dictators; mir ist Cromwell nicht weniger verhasst als Karl der Erste, und ich vermag es nicht, das Joch der Decemvirn leichter zu tragen als das des Tarquinius. Liegt in den Worten Monarchie und Republik die Lösung des grossen socialen Problems? Machen die von den Diplomaten erfundenen Definitionen das Glück oder Unglück der Nationen aus? Alle politischen Constitutionen sollen im Interesse der Völker gemacht werden; alle diejenigen, in denen dieses für nichts gilt, sind daher nur ein Attentat auf die Menschheit." Und in derselben Weise vertrat er bei hundert und aber hundert Gelegenheiten die Sache des gesunden Menschenverstandes, die Gesetzlichkeit, die Mässigung, die Gerechtigkeit. Wir beschränken uns jedoch auf die Mittheilung einiger weniger Beispiele.

Als sich die königliche Familie an einer Sammlung zum Besten der Soldaten des Schweizer Regiments Châteauvieux, die von Bouillé wegen durch das tactlose Benehmen der Officiere herbeigeführter Insubordination zu schweren Leibesstrafen verurtheilt worden waren, gleichfalls zweihundert Livres gezeichnet hatte und Danton durchaus das Geld ausschlagen wollte als beleidigend für die Opfer von Bouillé, äusserte sich Robespierre dahin: „Alles das geht uns nichts an, wir sind nur die Depositare der Summen, die man in unsere Hand niederlegt. Was der König als Individuum thut, ist nicht unsere Sache; wenn er als öffentlicher Beamter das Gute thut, wollen wir ihn segnen; wenn er es nicht thut, wollen wir ihm die Rechte des Volkes vorhalten und dieselben gegen ihn vertheidigen."

Als sich die Girondisten für das Tragen der phrygischen Mütze ereiferten, weil sie die Physiognomie hebe, offener und sicherer mache, den Kopf bedecke ohne ihn zu verdecken, indem sie der natürlichen Würde Anmuth hinzusetze und aller Art Verschönerung fähig sei, bezeugte er sein höchstes Misfallen an solchen Aeusserlichkeiten: „die Revolution müsse in den Herzen sein und die Freunde derselben sich an den Worten der Vernunft erkennen, aber nicht an äusseren Zeichen, die könnten auch die Aristokraten und Verräther anlegen"; und eine ihm beim Erscheinen Dumouriez's im Jacobinerclub aufgesetzte Mütze warf er sogar entrüstet auf den Boden.

Uebrigens flösste ihm auch das girondistische Ministerium, zu dem der König sich schliesslich am 23. März hatte bequemen müssen, weil er sich nicht anders zu helfen wusste, nicht mehr Vertrauen ein, als das vorausgegangene aus Constitutionellen und Feuillants: er glaubte „es schiene so, als liebten sie die Verfassung, aber zum Glück hinge das Geschick der Nation und die Freiheit nicht von einigen Menschen ab; sie beruhten auf festerem Grunde, auf der Gerechtigkeit und Weisheit der Gesetze, auf der öffentlichen Meinung, der Einsicht des Volkes, auf dem Mistrauen selbst den Freunden der Verfassung gegenüber"; immerhin aber wollte er die neuen Minister erst am Werke sehen, ehe er sie lobte. Die Girondisten dagegen, die sich jetzt in der Gewalt wussten und fühlten, begannen jetzt ganz offen ihre Angriffe auf ihn, und da sie sich bald überzeugen mussten, dass sie in Paris damit nichts ausrichteten, suchten sie ihn wenigstens in den Départements zu verdächtigen und anzuschwärzen. Die erste günstige Gelegenheit dazu bot sich ihnen, wie sie thörichterweise glaubten, als Robespierre bei den Jacobinern eine Adresse an die affilirten Gesellschaften in den Départements über die allgemeine Lage in Vorschlag gebracht hatte, welche die Worte enthielt: „Trotz des unerschütterlichen Muthes der Bürger, trotz der unbesiegbaren Ausdauer und des erhabenen Charakters des Volkes, hätte auch der festeste Mann an dem öffentlichen Wohle verzweifeln mögen, als die Vorsehung, die immer viel besser über uns wacht als unsere eigene Weisheit, die Pläne unserer Feinde dadurch für einige Zeit zu Schanden zu machen schien, dass sie Leopold mit einem unerwarteten Schlage traf" und durch die sich Guadet zu folgender Kritik kinreissen liess, in welcher der krasse Rationalismus der Girondisten im Gegensatz zu der warmen Gefühlsrichtung Robespierre's so recht grell hervortritt: „Ich habe in dieser Adresse mehrfach das Wort Vorsehung wiederholen hören; ich glaube, dass darin gesagt ist, die Vorsehung habe uns trotz unser selbst gerettet. Ich gestehe, da ich kein Verständnis für die Idee der Vorsehung habe, dass ich niemals geglaubt haben würde, dass ein Mann, der drei Jahre lang mit so viel Muth daran gearbeitet hat, das Volk aus der Sclaverei des Despotismus zu befreien, später dazu mitwirken könnte, es wieder unter die Sclaverei des Aberglaubens zu bringen." Mit mehr Feuer als gewöhnlich erwiderte ihm Robespierre: „Der erste Einwurf, den man gegen die Adresse gemacht hat, bezieht sich darauf, dass ich das schwere Unrecht begangen haben soll, das Volk zum Aberglauben zurückführen zu wollen, nachdem ich so lange den Despotismus bekämpft. Freilich ist der Aberglaube eine Hauptstütze des Despotismus, aber heisst es die Bürger zum Aberglauben verführen, wenn man den Namen der Gottheit ausspricht? Ich verabscheue so stark wie irgend Jemand anders diese gottlosen Secten, welche sich über die Erde verbreitet haben, um den Ehrgeiz, den Fanatismus und alle schlechten Leidenschaften zu begünstigen, indem sie sich mit der geheimen

Macht des Ewigen decken, der die Natur und die Menschen geschaffen hat, aber ich bin weit entfernt, ihn mit diesen Thoren zu verwechseln, auf die sich der Despotismus stützt. Ich halte diese ewigen Principien aufrecht, auf die sich die menschliche Schwäche stützt, um sich zur Tugend emporzuschwingen. Es ist dies in meinem Munde ebenso wenig eine eitle Sprache wie in dem Munde aller der berühmten Männer, die darum nicht weniger Moral hatten, dass sie an die Existenz Gottes glaubten!" und nach einer Unterbrechung fortfahrend: „Ja, den Namen der Vorsehung anrufen und die Idee eines ewigen Wesens aufstellen, welche wesentlichen Einfluss auf die Geschicke der Nationen ausüben, und die mir in ganz eigenthümlicher Weise über die französische Revolution zu wachen scheinen, ist durchaus keine Extravaganz, sondern ein natürliches Gefühl meines Herzens, ein Gefühl, das für mich geradezu nothwendig ist. Und wie sollte es für mich nicht nothwendig sein, der ich in der Nationalversammlung allen Leidenschaften, allen niedrigsten Intriguen preisgegeben, umgeben von so vielen, zahlreichen Feinden, mich allein mit meiner Seele aufrecht erhalten habe? Wie würde ich Arbeiten haben aushalten können, welche die menschlichen Kräfte weit übersteigen, wenn ich nicht meine Seele zu Gott erhoben hätte? Ohne diese ermuthigende Idee allzu tief ergründen zu wollen, dies göttliche Gefühl hat mich vollauf entschädigt für alle die Vortheile, die denjenigen zufielen, welche das Volk verrathen wollten. Was enthält denn eigentlich die in Rede stehende Adresse? Eine edle und rührende Reflexion. Ich nenne Vorsehung, was Andere vielleicht lieber Zufall nennen möchten, aber das Wort Vorsehung entspricht besser meinen Gefühlen. Man hat auch gesagt, ich hätte die sociétés populaires (Volksvereine) beschimpft. Ach, fürwahr, meine Herren, ich rufe Sie sämmtlich zu Zeugen auf; wenn es einen Vorwurf giebt, den ich nicht verdiene, so ist es der, welcher mir zur Last legt, das

— 71 —

Volk beschimpft zu haben, und der darin bestehen soll, dass ich demselben die Vorsehung und Gott citire. Ich weiss, dass alle diejenigen, die über dem Volke gestanden, gern für diesen Vortheil auf jede Idee der Gottheit verzichtet haben würden, aber heisst es die Pariser Bevölkerung und die affilirten Gesellschaften beschimpfen, wenn man ihnen eine Idee von der Gottheit giebt, welche nach meinem Gefühl uns so glücklich gedient und augenscheinlich genutzt hat? Ja, ich bitte alle diejenigen um Verzeihung, die aufgeklärter sind als ich, wenn ich zu der Zeit, als ich so viele Feinde sich gegen die französische Revolution erheben, so viele verrätherische Menschen geschäftig sah, das Werk des Volkes zu zerstören, wenn ich zu der Zeit, als ich sah, dass das Volk selber nicht handeln konnte und gezwungen war, sich den verrätherischen Menschen hinzugeben, mehr als vordem an die Vorsehung geglaubt habe; und ich habe weder das Volk und die sociétés populaires beleidigen können, wenn ich, wie ich es gethan, von den Maassregeln sprach, die man in Bezug auf den Krieg oder den Frieden ergreifen muss, noch durch das, was ich über das gesagt habe, was bis jetzt geschehen ist!" Als der Vorsitzende, der Bischof von Paris, zum Zwecke der Abstimmung noch einmal die Ansichten der Redner zusammenfasste, versuchte ein Girondist, Santhonax, dadurch die Lacher auf seine Seite zu bringen, dass er den Vorsitzenden durch die Worte unterbrach: „Nur keine Kapuzinerpredigt, Herr Präsident!" und das girondistische Ministertum schämte sich nicht, ihn für diese Heldenthat durch eine Mission als Civilcommissär nach St. Domingo zu belohnen.

In demselben Grade wie die Exaltirtheit der Girondisten war ihm auch das Hervordrängen einzelner Frauen zuwider, da er das Weib, ohne es ihm gerade untersagen zu wollen, gleichfalls über die Lösung der grossen politischen, literarischen und philosophischen Probleme nachzudenken, wie er das seiner Zeit bei der Aufnahme von Mlle. de Kéralio in die Akademie von Arras schon ausgesprochen, überzeugt, dass ihre Stelle nicht auf dem öffentlichen Platze wäre, lieber als Wächterin der häuslichen Tugenden zu Hause ihren Einfluss geltend machen und ihre Talente anwenden sehen wollte. Es empörte ihn daher nicht wenig, als eine Deputation aus dem Faubourg St. Antoine darüber bei den Jacobinern Beschwerde führte, dass auf sein, Collot d'Herbois und Santerre's Anstiften Théroigne de Méricourt, ein überspanntes Frauenzimmer aus Belgien, einen Frauenclub gegründet habe, durch den ihre Frauen von ihrer Häuslichkeit abgezogen würden, und mit Entrüstung wies er diese Anschuldigung von sich, wodurch sich Théroigne bestimmen liess, im Café Hottot auf der Terrasse des Feuillants öffentlich zu erklären, Robespierre habe ihre Achtung verloren, was in der Versammlung ein homerisches Gelächter erregte, so dass sie wüthend von der Frauengallerie auf die Rednerbühne herabsprang und dadurch den Vorsitzenden zur Schliessung der Versammlung nöthigte, auch von da ab sich auf die Seite seiner Gegner schlug.

Noch eines, wenn auch scheinbar unbedeutenden Vorfalls aus dieser Zeit möchten wir des Gegensatzes mit der Gegenwart wegen, wo alle Welt für Mausergewehr und Kruppkanonen schwärmt, hier Erwähnung thun, weil sich auch darin wieder sein humaner Sinn so recht documentirt. Bei den Jacobinern war, von den kriegliebenden Girondisten befürwortet, der Antrag gestellt worden, die Mittel zu bewilligen zur Anstellung von Versuchen mit einem neu erfundenen Geschütz, mit dem man fünfundzwanzig Schuss in der Minute thun könnte. Robespierre sprach sich im Interesse der Humanität dagegen aus, wie er auch schon früher in Bezug auf eine carabine à neuf coups, eine Art Revolvergewehr, gethan hatte, weil es als Mittel zur Knechtung der Völker benutzt werden könnte.

Mitte April legte Robespierre sein Amt als accusateur

public trotz des hohen Gehalts von achttausend Livres und trotz des grossen Einflusses, den ihm diese Stellung verlieh, nieder. „Ich will keine andere Stellung haben als die, in der es mir möglich sein wird, den Verrath und den Macchiavellismus zu bekämpfen, der gegen die Rechte des Volkes conspirirt. Auf diesem Posten werde ich immer zu finden sein, und mit wieviel Bayonetten mich die Tyrannen auch umstellen, sie werden mir keine Furcht einflössen!" und zu diesem Zwecke gründete er ein Blatt, den „Défenseur de la Constitution (Vertheidiger der Verfassung)".

Die Girondisten honnten natürlich nicht umhin, ihm unlautere Motive unterzuschieben. „Die Handlungen, die das Criminalgericht zu verfolgen hat," meinte Roucher im „Journal de Paris", „gehen in der Regel nicht von der Klasse aus, die etwas besitzt oder die arbeitet, und wenn man sich aus Instinct, Sympathie oder Berechnung zum Vertheidiger der Klasse aufwirft, die nichts besitzt und die nicht arbeitet, so darf man natürlich nicht, will man nicht etwa die Tugend bis zum Heroismus treiben, das Schwert der Gerechtigkeit gegen seine Clienten und Bundesgenossen anrufen"; und ähnlich Condorcet in der „Chronique der Paris", Brissot im „Patriote français", Mercier und Carra in den „Annales patriotiques", Gorsas im „Courier des Départements", Prudhomme in den „Révolutions de Paris", namentlich aber Louvet in der „Sentinelle", denn im Besitze der Majorität der Versammlung und der Ministerplätze, fehlte es ihnen nicht an dem benöthigten Reptilienfonds, um sich die Presse dienstbar zu machen. „Wühler, Tribun, der allen guten Ruf für sich in Beschlag nehmen will, um die Herrschaft an sich zu reissen, Volksschmeichler, Tyrann der Unterdrückten, der das Gift des Mistrauens destillirt, intriganter, unsinniger, wüthender Schwätzer, scheinheiliger Patriot, Denuncianten-Jupiter, Masaniello" sind so eine kleine Blumenlese der Liebenswürdigkeiten, mit denen sie ihn Tag für Tag aus Wuth über seine täglich wachsende Popularität überschütteten, ja selbst — risum teneatis — Bezahlung aus der Civilliste warfen sie ihm vor; aber schliesslich ging Robespierre doch als Sieger aus diesem Kampfe hervor, weil ihnen der wahre demokratische Glaube fehlte, ihr Gegner aber „la conscience de la révolution (das Gewissen der Revolution)" war. Für Robespierre oder vielmehr „für die Sache des Volkes, der Gleichheit der Verfassung, welche man in Dir angreift" traten Desmoulins und Fréron in der „Tribune du peuple" und Marat in seinem „Ami du peuple" auf, Letzterer, obwohl er sehr wohl wusste, dass er Robespierre nicht sympathisch war und ihn persönlich so wenig kannte, dass er in seinem Blatt den Namen immer Roberspierre schreibt. Es würde aber den Leser ermüden, wollten wir alle die Minen aufdecken und bloslegen, durch welche die Girondisten Robespierre zu sprengen dachten, und wollten wir immer wieder zeigen, wie es ihm stets gelang, alle ihre Machinationen dadurch zu Schanden zu machen, dass er ihr Treiben einfach an die Oeffentlichkeit zog; wir wollen nur noch Robespierre's Antheil resp. Nichtantheil an den drei Ereignissen, die gewissermassen die Signatur des Jahres 1792 sind, an der Emeute vom 20. Juni, an dem Tuileriensturm vom 10. August und an den Gefängnismorden am 2. und 3. September klarlegen.

Das girondistische Ministerium erwartete alles Heil von der von Servan, der Ende Mai in's Ministerium eingetreten war und das Portefeuille des Krieges übernommen hatte, vorgeschlagenen Zusammenziehung von 20,000 Fédérés, d. h. Nationalgarden aus der Provinz in der Nähe von Paris. Aber Dumouriez gelang es, den König zu bestimmen, sowohl gegen dieses Decret, das übrigens auch Robespierre für unnütz und gefährlich erklärte, „die 20,000 Fédérés gehören an die Grenze, aber nicht vor Paris", wie auch gegen das Priestergesetz, nach dem jeder Priester auf das Zeugnis von zwanzig Activbürgern als Ruhestörer mit Deportation oder zehnjährigem

Gefängnis bestraft werden konnte, sein Veto einzulegen, trotz einer Petition mit achttausend Unterschriften um Annahme desselben; und nachdem der Minister Roland in Folge dessen den berühmten Brief seiner Frau an den König gerichtet hatte, der mit den Worten anfängt: „die Freiheit ist nunmehr die Religion der Völker", erhielten die girondistischen Minister Roland, Clavière und Servan ihre Entlasssung am 13. Juni, um zweien von Dumouriez empfohlenen Reactionären Platz zu machen. Natürlich schnoben jetzt die Girondisten — wer sieht es denn auch gleichgültig mit an, wenn die ihm lieb gewordene Macht seinen Händen wieder entwunden wird? — Wuth und Rache und erklärten das Vaterland in Gefahr, wenn sie die ihnen entrissenen Ministerportefeuilles, koste es, was es wolle, nicht wieder in ihre Hände bekämen. Auch Robespierre stellte keineswegs die Gefahr in Abrede, er hielt aber die Personenfrage für höchst gleichgültig und für vollkommen irrelevant und ist gegen jede partielle Insurrection: „wenn sich dagegen der König offen gegen die Revolution erklären würde, müsse das ganze Volk aufstehen"; dagegen verlangte er, man solle Lafayette, mit dem die Girondisten bisher geliebäugelt hatten, und der, wahrscheinlich dadurch ermuthigt, sich erfrecht hatte, der Assemblée Législative in einem Schreiben an dieselbe in sehr derben Worten den Text zu lesen, unter Anklage stellen.

Dennoch setzten die Girondisten am 20. Juni die bekannte Emeute in Scene, durch die sie aber ihren Zweck, die Wiedereinsetzung eines girondistischen Ministeriums, nicht erreichten, vielmehr erwies sich diese partielle Insurrection, wie es Robespierre ihnen richtig vorausgesagt hatte, für sie selber gefährlich und nachtheilig, denn das täglich in das reactionäre Fahrwasser mehr hineinsteuernde directoire (Départements-Verwaltung) suspendirte den Maire Pétion, der sich denn allerdings auch für die Insurrection hatte gewinnen lassen, weil er sich einbildete, das girondistische Ministerium sei sein Werk gewesen; und Lafayette trieb die Frechheit so weit, unaufgefordert in der Assemblée Législative zu erscheinen und auf die Bestrafung der Anstifter des 20. Juni zu dringen, und die Girondisten mussten es, ohne es hindern zu können, mit ansehen, wie ihm die eingeschüchterte Versammlung die honneur de la séance (die Ehre, als Ehrenmitglied an der Sitzung theilnehmen zu dürfen) zu Theil werden lässt, und wie sich in Paris eine Petition gleichfalls um strafrechtliche Verfolgung des 20. Juni mit 28,000 Unterschriften bedeckt.

Nur Robespierre, unerschüttert wie ein Fels im Meer inmitten der Brandung, wiederholte bei den Jacobinern sein Verlangen, Lafayette unter Anklage zu stellen und gleichzeitig alle unsicheren Officiere durch Patrioten zu ersetzen und setzte eine Adresse durch, in welcher die Fédérés vor den Verführungen des modérantisme (dem sogenannten gemässigten Regierungssystem oder der Lauwasser-Politik) gewarnt wurden, rief aber zu gleicher Zeit den alten Groll der Girondisten, der sich in Folge der letzten Ereignisse ein wenig gelegt, gegen sich wieder wach, da er darin erklärte: „ein blosser Wechsel in den Personen der Minister sei nicht genug!"

Sie verfielen daher auf ein anderes Mittel, sich wieder in den Besitz der Gewalt, deren Verlust sie nun einmal nicht verschmerzen konnten, zu setzen, sie versuchten es nämlich mit dem Hofe. Mögen sie es nachher auch noch so viel leugnen und in Abrede stellen wollen, im Monat Juli haben in einem Hause in der Nähe des Pont-Tournant zwischen Vergniaud und einem Agenten des Hofes, dem Maler Boze, Unterhandlungen stattgefunden, in denen sie ein Ministerium aus ihren Reihen, die Sanctionirung der oben angeführten Decrete, Entfernung der fremden Heere von der Grenze und Ernennung eines Gouverneurs für den Dauphin aus ihrer Mitte zur Bedingung ihrer Unterstützung machten, und erst als der Hof ihre Propositionen definitiv zurückgewiesen hatte, da halfen sie am 10. August mit den Sturm auf die Tuilerien in Scene setzen, der dem Königthum ein Ende machte; denn so viel Mühe sie sich auch später gaben, den Ruhm des Tages sich allein zu vindiciren, Robespierre hat gerade so viel Antheil daran gehabt, wie sie.

Nach dem Bekanntwerden des berüchtigten Manifestes des Herzogs von Braunschweig vom 25. Juli war nämlich das Wort Déchéance (Absetzung des Königs) in Aller Munde, und auch Robespierre hatte sich am 29. bei den Jacobinern dafür, sowie für die directe Wahl einer neuen Versammlung durch alle Bürger ohne Unterschied auf ein Jahr, jedoch mit dem Rechte der jederzeitigen Abberufung der Vertreter durch die Wähler und mit Ausschluss sämmtlicher Mitglieder der Assemblée Nationale und der Assemblée Législative ausgesprochen, da er durch die Ereignisse eines besseren belehrt, allmählich von seinem Irrthum, als liessen sich Volkswohlfahrt und Monarchie in Einklang bringen, immer mehr zurückgekommen war; die Girondisten dagegen, die immer noch hofften, unter der Monarchie ihre Machtstellung wieder gewinnen zu können, machten jetzt ganz entschieden Front gegen republikanische Bestrebungen und liessen durch einen der Ihrigen, La Source, einen Antrag auf Entfernung der Fédérés stellen, weil sie von ihnen Schritte zur Ausführung der Déchéance befürchteten.

Zur Einleitung der vorbereitenden Schritte trat bei den Jacobinern ein Comité d'insurrection (Insurrections-Comité) zusammen, bestehend aus folgenden Personen: Veaugeois, Debessé, dem Professor Guillaume aus Caen, dem Journalisten Simon aus Strassburg, Gallinot, Kienlin, Layrey, Garin und dem Maire von Metz, Anthoine, der gleichfalls bei Duplay in der Rue St. Honoré wohnte und der auch in der Sitzung vom 29. den Antrag von La Source bei den Jacobinern bekämpft hatte.

Mittlerweile waren 516 Mann Fédérés aus Marseille eingetroffen, die aber zunächst, von den Girondisten beeinflusst, von einer Insurrection nichts wissen wollten, jedoch am 4. August, da die Girondisten nach dem Scheitern ihrer Unterhandlungen mit dem Hofe ihren Widerspruch aufgegeben hatten, sich gleichfalls bereit erklärten; die Ausführung wurde jedoch für's Erste noch vertagt. Am 8. August fiel der Antrag, Lafayette unter Anklage zu stellen, in der Assemblée Législative mit 406 Stimmen gegen 224, und gleichzeitig rückten 990 Mann Schweizertruppen in Paris ein und besetzten den Tuilerienpalast, während der Gouverneur desselben, Champcenetz, zweitausend schriftliche Aufforderungen an ci-devant Adlige ergehen liess, von denen aber nur etwa hundert und zwanzig der Aufforderung Folge leisteten. Selbst mitgekämpft hat Robespierre am 10. August nicht, wie grossen Antheil man ihm aber als dem intellectuellen Urheber zuschrieb, wird aus dem Wortlaut des Begleitschreibens ersichtlich, das der Secrétaire-greffier de la Commune (Stadtschreiber) Coulombeau ihm im Auftrage des Gemeinderaths unter Zusendung der Erinnerungs-Medaille zugehen liess: „Je m'empresse de vous envoyer la médaille des hommes du 10. août, et je me félicite d'avoir à rendre cet hommage à l'incorruptible Robespierre (ich beeile mich, Ihnen das Erinnernngszeichen an den 10. August zuzusenden und fühle mich glücklich, dem unbestechlichen Robespierre diese Huldigung darbringen zu können)."

Die nächsten Folgen des Tuileriensturmes waren die Suspendirung, nicht Déchéance, wie Robespierre gewollt hatte, des Königs und Tags darauf die Einsetzung eines Conseil exécutif aus fünf Girondisten, Roland, Clavière, Servan, Monge und Lebrun, und aus Danton, die visites domiciliaires (Haussuchungen) bei allen verdächtigen Personen und die Ausschreibung neuer, aber wiederum indirecter Wahlen, jedoch mit Aufhebung des Unterschiedes zwischen Activ- und Passivbürgern.

An demselben Tage war Robespierre von seiner Section Vendôme in die neue Gemeindeverwaltung, die Commune révolutionnaire, mit pleins pouvoirs de sauver la patrie gewählt worden, deren Sitzungen vom 12. bis zum 26. August er regelmässig beiwohnte. Dagegen lehnte er die Wahl in den ausserordentlichen Gerichtshof, weil solche Maassnahmen seiner Natur widerstrebten, für die Verfolgung der Vertheidiger der Tuilerien am 10., sowie die Mitgliedschaft in dem Conseil de justice, der dem Ministerium zur Seite gestellt wurde, ab.

In der Nacht des 29. hatten die Haussuchungen ihren Anfang genommen, und es waren auf Danton's Befehl etwa dreitausend Personen als verdächtig verhaftet, doch Tags darauf durch die Commune grösstentheils wieder auf freien Fuss gesetzt worden. Dieses Vorgehen der Commune erregte die Eifersucht der von den Girondisten terrorisirten Assemblée Législative, und auf einen Antrag von Guadet wurde daher die Wahl einer neuen Gemeindeverwaltung decretirt, jedoch auf die Vorstellungen einer Deputation, deren Wortführer Tallien war, am 31. ein Aufschub bewilligt. Robespierre hatte sich in der Commune für die sofortige Niederlegung ihres Mandats ausgesprochen, um dem Volke Gelegenheit zu geben, sich für oder gegen sie zu erklären: „Dans ces circonstances difficiles il ne se présente à mon esprit aucun moyen de sauver le peuple que de lui rendre le pouvoir que le conseil général a reçu de lui (unter so schwierigen Umständen kann ich kein anderes Mittel ausfindig machen, das Volk zu retten, als die Gewalt, welche der conseil général vom Volke erhalten hat, in die Hände desselben wieder niederzulegen)"; jedenfalls die allein richtige Ansicht, wie auch der Royalist Beaulieu in der Biographie Universelle zugiebt, wenn er in dem Artikel Robespierre sagt: „Wenn sein Vorschlag würde angenommen worden sein, hätten die Morde sicherlich nicht stattgefunden, man kann also Robespierre nicht beschuldigen, der Anstifter gewesen zu sein, weil er umgekehrt ein Mittel vorschlug, ihnen vorzubeugen."

Damals befand sich Frankreich in einer Krise, wie sie weder vorher noch nachher wieder in der Geschichte dagewesen ist. Schon am 1. September verbreitete sich in Paris das Gerücht von der Einnahme von Verdun, und die Furcht, die Feinde könnten in spätestens drei Tagen vor Paris stehen, war allgemein. In solchen Augenblicken — wir wollen nicht entschuldigen, sondern erklären — ist die aufgeregte und geängstigte Menge jeder That fähig, und es ist daher noch sehr die Frage, ob Roland, selbst wenn er als Minister des Innern eine grössere Energie entwickelt hätte, als er in Wirklichkeit that, im Stande gewesen wäre, den Mordscenen in den Gefängnissen Einhalt zu thun; jedenfalls aber ist es das schwerste Unrecht von Seiten der Girondisten, ohne den leisesten Anhalt die intellectuelle Urheberschaft immer wieder und wieder den Jacobinern und namentlich Robespierre zur Last legen zu wollen. Fast möchte es Einen bedünken, als hätten sie das eigene böse Gewissen mit der immer wieder und wieder hervorgesuchten Anschuldigung Anderer beschwichtigen wollen, denn die Gewalt hatten s i e damals factisch in Händen, und in Aussprüchen, wie dem von Vergniaud: „Es ist nicht mehr Zeit zu berathen, wir müssen unseren Feinden das Grab graben, oder jeder Schritt, den sie vorwärts thun, gräbt uns das unsrige; darum das Grab unserer Feinde vor uns gegraben wie in unserem Rücken!" dürften die Vollstrecker der Volksjustiz eher eine Ermuthigung als eine Misbilligung ihres blutigen Thuns erblicken. Aber folgen wir Robespierre auf Schritt und Tritt an diesen unheilvollen Tagen.

Am 2. September Vormittags meldete Manuel officiell in der Commune die Einnahme von Verdun. Sofort erliess dieselbe einen Aufruf an alle waffenfähige Mannschaft, sich unverzüglich auf dem Champ-de-Mars einzufinden, um in der Stärke von 60,000 Mann sofort ausmarschiren zu können, und setzte zu diesem Zwecke ein Comité militaire permanent aus acht Mitgliedern ein, wie sie auch zwei Commissäre an die Assemblée Législative abordnete, welche die getroffenen Maassregeln billigt und den Tod decretirt für Diejenigen, welche sich weigern oder den getroffenen Maassregeln entgegenwirken würden. Während dieser Zeit von neun Uhr bis ein Uhr Nachts präsidirte Robespierre der Versammlung der Wahlmänner, die, weil sie in dem früheren Wahllocale, dem Évêché — es waren nämlich aus der Stadt Paris und den dazu gehörigen cantons ruraux (ländlichen Bezirken) zusammen 992 — nicht Platz hatten, bei den Jacobinern zusammengetreten waren.

Um ein Uhr dreissig Minuten hatte sich der Conseil général (die Commune) vertagt, um um vier Uhr unter dem Vorsitz von Huguenin die Sitzung wieder aufzunehmen. Kaum ist dies geschehen, so meldet ein Officier der Nationalgarde, dass Gefangene auf dem Wege zur Conciergerie getödtet worden wären, und dass das Volk anfinge, die Gefängnisse zu stürmen. Es werden darauf sechs Commissäre zum Schutz der Civilgefängnisse bezeichnet und zwei, Caron und Nouet, nach der Abbaye abgeordnet, von denen jedoch der Eine bald darauf wieder zurückkommt mit der Meldung, dass die Mannschaften nicht eher ausrücken wollten, bevor sie sich nicht durch die Bestrafung der Attentäter vom 10. August den Rücken gedeckt hätten; darauf werden vier Commissäre an die Assemblée Législative abgesandt, welch' letztere nach Anhörung des Berichtes der Commissäre auf den Antrag von Bazire, während sich die Girondisten ganz schweigsam verhalten, sechs ihrer Mitglieder beauftragt zum Volke zu sprechen und dasselbe zu beruhigen. Robespierre, der sich aus der Wahlversammlung nach Hause begeben hatte, erschien in dem Conseil général in dem Augenblick, als Billaud-Varenne eine Verschwörung zu Gunsten des Herzogs von Braunschweig denuncirte.

Robespierre unterstützte diese Denunciation, wobei er wohl an Carra und Brissot gedacht haben mag, jedenfalls war aber seine Vermuthung begründet, Carra hatte in der That in den Annales patriotiques für Braunschweig Propaganda gemacht. Da erscheint Manuel und berichtet, dass es weder ihm und seinen Collegen, noch auch der Commission der Assemblée Législative gelungen wäre, dem Gemetzel in den Gefängnissen Einhalt zu thun, und es wird beschlossen, noch einmal in alle Gefängnisse Commissarien abzusenden „pour tâcher de calmer les esprits et pour éclairer les citoyens sur leurs véritables intérêts (um den Versuch zu machen, die Gemüther zu beruhigen und die Bürger über ihr wahres Interesse aufzuklären)", auch starke Truppenabtheilungen sowohl zum Schutze des Temple, wo die königliche Familie untergebracht worden war, wie der übrigen Gefängnisse aufzustellen. Desgleichen schickte der conseil général Commissäre nach dem Palais-Bourbon, wo die Schweizer untergebracht worden waren, ging über einen Antrag der section des Quatre-Vingt (Tod für alle Verschwörer) zur Tagesordnung über und beauftragte auf die Meldung, dass auch *der Temple bedroht wäre, Deltroy, Robespierre und Manuel mit dem Schutze desselben*, denen sich auf ihr Verlangen noch sechs Commissäre aus der Assemblée Législative anschlossen, während Robespierre wieder um zehn Uhr den Vorsitz in der Wahlversammlung übernahm, der er, wie aus den Protocollen derselben erhellt, bis zwei Uhr dreissig Minuten präsidirte.

Also einen Antheil an den Septembertagen hat Robespierre nicht gehabt und auch, wie wir gezeigt haben, nicht haben können, man wolle ihm denn nicht etwa die Eigenschaft der Ubiquität beilegen. Und selbst zwei Hauptreactionäre, die sogar beide erst nach Robespierre's Sturz am 9. Thermidor geschrieben haben, auf den sie übrigens nicht wenig stolz sind, Méhée de la Touche, der damals secrétaire-adjoint de la Commune (Stadtschreibergehülfe) war, und Roch

Marcaudier, erwähnen in ihrer Darstellung der Vorgänge in den Gefängnissen Robespierre's mit keiner Sylbe. Wenn man ihm also einen Vorwurf machen will, so kann es höchstens immer nur der sein, dass er nicht, nachdem er in der Versammlung der Commune von dem Vorgefallenen Nachricht erhalten hatte, auf eigene Hand persönlich den Versuch gemacht hat, in die Gefängnisse einzudringen und mit Gefahr seines Lebens die Blutscenen zu inhibiren. Dass es ihm freilich nur schwerlich gelingen würde, musste ihm von vornherein der gesunde Menschenverstand sagen.

Am 4. September ging Robespierre's Name, wie es auch in seinem Heimaths-Département Pas-de-Calais der Fall war, als der erstgewählte mit 328 Stimmen aus der Wahlurne hervor, Pétion, der girondistische Gegencandidat, hatte 136 Stimmen erhalten. Bis zur Beendigung der Wahlen am 19. September betheiligte sich Robespierre nicht mehr an den Verhandlungen in dem Conseil général der Commune und nahm erst am 20. seine politische Wirksamkeit, und zwar im Nationalconvente, wieder auf.

IV.
Während des Nationalconvents.
(1792—1794.)

Die Eröffnung des Nationalconvents erfolgte Donnerstag den 20. September unter dem Vorsitze des Alterspräsidenten Faure bei Anwesenheit von 371 Mitgliedern in einem der Säle des Tuilerienschlosses, jedoch siedelte die Versammlung schon Tags darauf wieder in's Manége über und constituirte sich daselbst durch die Wahl von Pétion zum Vorsitzenden und von sechs Secretären, unter denen sich nicht weniger als fünf Girondisten, darunter Vergniaud, Brissot und Cordorcet befanden. Natürlich schwoll ihnen in Folge dessen der Kamm nicht wenig, namentlich als nach dem Rücktritt von Danton, der in den Convent gewählt worden war, und daher, wenn er hier seinen Sitz einnehmen wollte, aus dem Ministerium ausscheiden musste, auch noch die sechste Stelle in demselben mit einem Girondisten Garat besetzt worden war, und sie nahmen sofort ihre Angriffe gegen Robespierre wieder auf. Ihre Taktik bestand zunächst darin, ihn des Strebens nach der Dictatur zu beschuldigen, und sie wurden aufs Beste darin durch die ihnen ergebenen Blätter, den Patriote français, den Courrier des 83 départements, die Annales patriotiques, das Bulletin des Amis dé la vérité, die Sentinelle, die Chronique de Paris u. s. w., die Roland sämmtlich auf Staatskosten massenhaft in den Départements vertreiben liess, secundirt. In der Versammlung machte sich Barbaroux zu ihrem Wortführer und veranlasste dadurch Robespierre's Philippica vom 25. September, die einerseits wieder für ihn selbst so charakteristisch ist, und anderseits uns so tiefe Einblicke in das Treiben der Girondisten innerhalb und ausserhalb der Versammlung thun lässt, dass wir es uns nicht versagen können, sie dem Wortlaute nach mitzutheilen, zumal sie auch als oratorische Leistung alle Achtung verdient:

„Wenn ich diese Tribüne betrete, um auf eine gegen mich vorgebrachte Anschuldigung zu antworten, so ist es nicht meine eigne, sondern die öffentliche Sache, die ich vertheidigen will. Wenn ich mich also jetzt rechtfertigen werde, so geben Sie sich nicht dem Glauben hin, dass ich mich mit mir selber, sondern mit dem Vaterlande beschäftige. Bürger, der Sie den Muth gehabt haben mich in Gegenwart der Vertreter der Nation an diesem Orte, wo ich so oft die Rechte des Volkes vertreten habe, zu beschuldigen, dass ich ein Feind meines Landes sein will, ich danke Ihnen; ich erkenne in diesem Acte den Bürgersinn, der die berühmte Stadt kennzeichnet, die Sie deputirt hat. Ich danke Ihnen, denn wir können sämmtlich bei dieser Anklage nur gewinnen. Die Heftigkeit, mit der man sich gegen eine bestimmte Partei erhoben hat, musste in Allen den Wunsch rege machen zu wissen, wer der Führer derselben ist. Ein Bürger ist aufgetreten, ihn zu bezeichnen, und er hat mich genannt."

„Bürger, es ist ohne Zweifel nicht leicht, auf eine Anschuldigung zu antworten, die gegen Niemand persönlich gerichtet ist; es ist nicht leicht, auf die vagste, chimärischste Anklage zu antworten, die man sich nur denken kann; und dennoch werde ich darauf antworten. Es giebt Menschen, welche unter dem Gewicht der Anklage nach der Tyrannis zu streben, zusammenbrechen würden, aber ich, dank meinen Feinden, dank allem dem, was ich für die Freiheit gethan habe, fürchte dies Unglück nicht. Drei Jahre lang habe ich in der Nationalversammlung alle Factionen bekämpft, ich habe gegen den Hof Front gemacht und seine Geschenke verachtet, ich habe die Liebkosungen einer verführerischen Partei zurückgewiesen, die sich unter der Maske des Patriotismus erhoben hatte, um die Freiheit zu unterdrücken."

„Bürger, glauben Sie nicht, dass derjenige, welchen man beschuldigt hat, ein Verräther an seinem Lande zu sein, das Recht habe, dieser vagen Anschuldigung sein ganzes Leben gegenüberzuhalten? Wenn Sie es nicht glauben, so befinde ich mich hier nicht in dem Heiligthum der Volksvertreter. Ich führe etwas an, was mir von Herzen kommt, und Sie unterbrechen mich, wo ich mich rechtfertigen will. Darin vermag ich weder den Bürger der Stadt Marseille, noch den Vertreter der französischen Nation zu erkennen. Ja, es hat vielleicht etwas zu bedeuten, drei Jahre lang einen unwiderleglichen Beweis seines Patriotismus gegeben und Verzicht geleistet zu haben auf die Eingebungen der Eitelkeit und des Ehrgeizes. Mein Name ist mit den Namen aller derer verknüpft, welche mit Muth die Rechte des Volkes vertheidigten. Ich habe nicht nur der Wuth der Aristokraten getrotzt, welche sich auf dieser Seite bewegten, sondern auch der Treulosigkeit der Heuchler, die auf jener dort dominirten. Ich habe, dem freiheitsmörderischen Geschrei der Einen Trotz bietend, den Lameth und allen den Intriganten, die ihnen glichen, die Maske vom Gesicht gerissen. Aber damit nehmen auch meine Verbrechen ihren Anfang, denn ein Mann, welcher so lange gegen alle Parteien mit hartem und unbeugsamem Muthe ankämpfte, ohne eine einzige zu schonen, der setzte sich dem Hohne und den Verfolgungen aller Ehrgeizigen und aller Intriganten aus. Wenn man ein System der Unterdrückung begründen will, dann muss man zuerst diesen Mann beseitigen."

„Ohne Zweifel haben verschiedene Andere die Rechte des Volkes besser vertheidigt als ich, aber ich bin derjenige, der die Ehre hat sich mehr Feinde und mehr Verfolgungen zugezogen zu haben, und dies System der Verfolgungen hat in dem Augenblick seinen Anfang genommen, als gegen das Ende der Laufbahn der Nationalversammlung das Volk von Paris mich mit dem Manne, der hier den Vorsitz hat, nach Hause geleitete, ein rührender und süsser Beweis seiner Anhänglichkeit, dessen Erinnerung mich für so vieles Bittere entschädigt. Aber weil ich diese ehrenvolle Mission zu Ende geführt hatte, darum durfte ich jetzt nicht die Sache der Gleichheit und der Gerechtigkeit im Stiche lassen, der ich meine ganze Liebe zugewandt habe."

„Wenn es nicht leicht war Jemand in der öffentlichen Meinung zu schädigen, so ist es derjenige gewesen, den ich Ihnen so eben mit allen seinen Fehlern und guten Eigenschaften geschildert habe, derjenige, der sich selbst in der Nationalversammlung auf immer den Weg zu den Ehrenposten und zur Macht verschlossen hat; derjenige, der den

Beschluss veranlasste, dass kein Mitglied Minister werden, noch vor Ablauf von zwei Jahren durch die Executivgewalt eine Anstellung erhalten könne." (Unterbrechung.)

„Von allen Pflichten, die mir diejenigen auferlegt haben, die ich die Ehre habe zu repräsentiren, ist die erste die, die Freiheit der Meinungen zu beanspruchen und zu verhindern, dass sich Stimmen erheben, welche das Gerechtigkeitsgefühl der Versammlung compromittiren, indem sie einen Bürger um sein gutes Recht bringen, sich, wo er angeschuldigt wird, zu vertheidigen. Was! Man will mich zwingen meine Vertheidigung auf die einfachen Worte zu beschränken, ich hätte weder die Dictatur noch das Triumvirat vorgeschlagen? Nein, ich beanspruche das Recht, mich mit allen Mitteln zu rechtfertigen, die in meiner Macht stehen. Wenn ich übrigens die Rednerbühne bestiegen habe, um auf die Beschuldigungen zu antworten, die man gegen mich vorgebracht hat, so glauben Sie nur nicht, dass ich die Absicht habe Sie öfter zu belästigen, hören Sie mich aber wenigstens heute an, Ihr Charakter und Ihr Gerechtigkeitsgefühl befehlen es Ihnen. Ich sagte, dass die beiden Decrete, welche dem Ehrgeize der Repräsentanten des Volkes alle Hoffnung genommen haben, die ihnen für die Zeit von zwei Jahren alle Gewalt vorenthielten, nach der sie streben konnten, ich sagte, dass ich es bin, der — —. Wenn die Versammlung mich nicht mehr hören will, so mag sie mir ihren Willen durch einen Beschluss kund thun, ich fange an es überdrüssig zu werden, mich jeden Augenblick unterbrechen zu sehen. Ich werde mich kurz fassen, aber ich werde Sie zwingen, mich bis ans Ende zu hören."

„Ich wage es, Sie an die eigene Würde zu erinnern. Es genügt nicht, einen Angeklagten zu hören, man muss ihn sofort hören, man muss ihn hören, ohne ihn zu unterbrechen, ohne ihn zu verhöhnen, und weil ich es Ihnen denn sagen muss, ich betrachte mich nicht als einen Angeklagten, sondern als einen Vertheidiger der Sache des Patriotismus. Ich er-

kläre Ihnen, dass die Lage, in welcher ich mich befinde, derartig ist, dass ich mich für verpflichtet halte, die Gerechtigkeit der Majorität des Conventes gegen einige Mitglieder anzurufen, die meine Feinde sind." (Unterbrechung.)
„Eins von den Mitgliedern, die mich unterbrochen haben, hat gemeint, dass ich einfach auf die Frage zu antworten hätte, die man an mich richtet, ob ich das Triumvirat oder die Dictatur in Vorschlag gebracht hätte oder nicht. Ich sage, ich würde dadurch, dass ich mit Nein antworte, noch nichts gethan haben. Ich sage, dass ich gar nicht angeklagt bin. Ich sage, dass diese Anklage ein Verbrechen ist. Ich sage, dass diese Anklage nicht darauf ausgeht, mich, sondern die öffentliche Sache zu schädigen. Ich verlange, dass diejenigen, die mir durch Lachen oder Murren antworten, sich zusammenthun und mich verurtheilen; es würde der ruhmreichste Tag meines Lebens sein. Ja, es war sogar höchst thöricht, mich beschuldigen zu wollen, weil ich, nicht zufrieden damit, als wahrer Patriot die Pflichten zu erfüllen, welche mir meine Committenten aufgetragen hatten, mich auch noch alles dessen entkleidet habe, was ich als die Belohnung meines Patriotismus betrachten konnte. Die beste Antwort auf solch vage Anschuldigungen ist die, den Nachweis zu führen, dass man stets das Gegentheil davon gethan hat; ja, weit davon entfernt selber ehrgeizig zu sein, habe ich im Gegentheil stets die Ehrgeizigen bekämpft. Ach, wenn ich mich hätte einer der Parteien anschliessen wollen, die mich mehr als einmal zu verführen versuchten; wenn ich mit meinem Gewissen, mit der Sache des Volks hätte unterhandeln wollen, dann würde ich mir nicht den Hass dieser durch ihren Einfluss gefährlichen Menschen zugezogen haben; dann würde ich den Vortheil gehabt haben, mit dem Rufe des Patrioten alle die Annehmlichkeiten, alle die Belohnungen des Patriotismus zu verbinden, der es versteht sich zu Acten der Gefälligkeit herzugeben; und seit einem Jahre, dass ich

gegen Personen kämpfe, deren Patriotismus ich übrigens nicht in Zweifel ziehen will, hat man mir oft die Hand des Friedens geboten, ja, ich habe selbst den Friedenskuss angenommen, aber ich habe mir trotzdem meine Ansichten bewahrt, die man mir nehmen wollte."

„Paris ist die Arena gewesen, wo ich diese politischen Kämpfe gegen meine Neider ausgefochten habe, Paris kann man in Betreff meiner nicht täuschen, denn hier wohnte man den Verhandlungen der Nationalversammlung, den Debatten der politischen Vereine bei, aber anders verhält es sich mit den Départements, und ich beschwöre Sie, Repräsentanten der Nation, die Sie die Gefühle der Brüderlichkeit gegen Ihre Collegen hierher mitbringen sollten, mich anzuhören — anders verhält es sich mit den Départements, dort kennt man die Verhandlungen nur aus den Zeitungen. Nun wohl, diese Zeitungen haben grösstentheils die Wahrheit verdreht, je nach dem Interesse der Klique, zu der diejenigen gehören, die ich so eben als meine Feinde bezeichnet habe, und wir, die wir nun einmal eine diesem Systeme entgegengesetzte Ansicht hatten, wir hatten ihnen keine Zeitungen entgegenzustellen, und die Verleumdung hat in den Départements ungestraft ihre Verwüstungen anrichten können. Sie haben unheilvolle Vorurtheile gegen einige Personen mit hierher gebracht. Ich beschwöre Sie im Namen der öffentlichen Sache, machen Sie sich von diesen unheilvollen Eindrücken frei, hören Sie mich unparteiisch an! Wie die Verleumdung unter allen Verfolgungen am meisten zu fürchten ist, so ist sie auch diejenige, welche dem öffentlichen Wesen am meisten schadet. Man hat uns überall angeklagt, ehrgeizige Pläne gegen die Freiheit unsers Landes zu schmieden, aber wir haben nur zahlreiche bestimmte Facta eines nur dem Interesse einer Partei oder eines Parteiführers allein nützlichen aristokratischen Systems enthüllt. Man hat uns in nichtssagenden Ausdrücken angeklagt, aber wir haben positive Denunciationen vorgebracht, und in dem Augenblick, wo wir die Schuldigen bekämpften, das heisst, als ich schon vor dem Kriege die Absetzung von Lafayette verlangte, hat man es gewagt zu sagen, dass ich Conferenzen mit der Königin und mit der Lamballe gehabt hätte; hat man die vielleicht unüberlegten Phrasen eines allzu eifrigen Patrioten und die Zeichen von Vertrauen, die er Männern gab, deren Unbestechlichkeit er seit fünf Jahren kennen gelernt hatte, uns zum Verbrechen angerechnet, und diese perfiden Combinationen, man erneuert sie seit der Eröffnung des Konvents; sie sind selbst seiner Eröffnung vorausgegangen, weil diejenigen, welche in Wahrheit die Absicht hatten, die Freiheit zu unterdrücken, dachten, man müsse damit anfangen, in der öffentlichen Meinung diejenigen Bürger zu ruiniren, die geschworen haben bis zum Tode zu kämpfen und keine Factionen, keine Parteien zu schonen."

„Ohne jeden Beweis hat man uns vorgeworfen: ihr strebt nach der Dictatur! und wir hatten doch nur auf Grund von Thatsachen die Vermuthung ausgesprochen, dass unsere Ankläger uns eine unsern Sitten, unsern Gleichheitsprincipien fremde Regierung geben wollten; wir hatten nur unserm Verdachte Ausdruck gegeben, dass man damit umzugehen scheine, aus der französischen Republik einen Haufen Föderativrepubliken zu machen, die unaufhörlich dem Bürgerkriege oder der Wuth der Feinde zur Beute fallen würden. Ich weiss nicht, ob die Indicien begründet sind, aber wir haben geglaubt, diesen Verdacht adoptiren zu müssen nach der Affectation einiger Personen, diejenigen zu verleumden, welche die ganze Freiheit hatten haben wollen. Wir haben diesen Verdacht schöpfen müssen, als wir die Commune beschuldigen hörten, als wir sagen hörten, das Agrargesetz sei in der Versammlung der Wahlmänner gepredigt worden, da wir als Mitglieder dieser Versammlung doch wussten, dass dort keine Frage in Bezug auf das Eigenthum besprochen worden ist; als wir sahen, dass man die Streiche, welche gegen die verruchtesten Menschen geführt wurden, als Verbrechen darstellte, indem man ihnen alle Charakterzüge der Revolution nahm. Als wir dies Alles gegen die constituirten revolutionären Gewalten in Paris unternehmen sahen, da haben wir schliesslich glauben müssen, dass ein Plan existire, eine Föderativ-Republik begründen zu wollen."

„Ich komme nunmehr auf mich zu sprechen. Sie glauben also, dass ich gegen die Freiheit meines Landes conspirirt habe? Geben Sie sich keinen Illusionen hin! heisst es etwa einen Bürger angeklagt haben, wenn man zu ihm sagt: Du strebst nach der Dictatur? Wo sind die Facta, auf die man sich beruft? Wo sind Ihre Beweise? Ach, Sie haben von allem dem nichts beigebracht, sondern sich eingebildet, es würde diese leere Behauptung ausreichen, mich zum Gegenstande einer Verfolgung zu machen. Sie wissen also nicht, wie gross die Macht der Wahrheit, wie gross die Energie der Unschuld ist, wenn dieselbe mit unerschüttertem Muthe vertheidigt wird? Sie haben mich angeklagt, aber ich lasse Sie nicht so leichten Kaufes davon; Sie sollen Ihre Anklage unterzeichnen; Sie sollen sie motiviren; dieselbe soll vor den Augen der ganzen Nation abgeurtheilt werden; man soll es erfahren, ob wir Verräther sind, ob wir Absichten gegen die Freiheit, gegen die Rechte des Volkes haben, dem wir nie geschmeichelt haben, denn man schmeichelt dem Volke nicht, man schmeichelt nur den Tyrannen; einer Vereinigung von fünfundzwanzig Millionen schmeichelt man eben so wenig, wie man der Gottheit schmeichelt."

„Ich habe von dieser meiner Anschuldigung nur schon zuviel gesprochen, ich komme auf die Propositionen, die gemacht worden sind: die erste ist die, die Todesstrafe über jeden zu verhängen, der die Dictatur, das Triumvirat oder eine andere Autorität in Vorschlag bringen würde, die dem von der französischen Republik adoptirten System der Freiheit zuwider ist. Ich sage, diese Proposition können nur Solche beseitigen wollen, welche das System aufstellen, alle Plätze und die öffentliche Meinung für sich zu accapariren, oder welche sich durch die fremden Mächte unterstützt glauben. Ohne Zweifel streben wir alle danach, die Coalition der Despoten aufzuhalten, aber wenn diese Menschen sich dem Siege so nahe wähnten, um die Dictatorkrone zu erstreben, sie würden morgen nicht mehr am Leben sein, das Volk würde ihr Todesurtheil gesprochen haben. Die andere Proposition ist die, zu erklären, dass die französische Republik nur einen einzigen Staat bilden soll. Was liegt denn für eine grosse Wichtigkeit in solcher Erklärung? Wird die Nothwendigkeit der Einheit der Republik nicht überall anerkannt? Giebt es über diesen Punkt noch verschiedene Meinungen? Was bedeutet also dieses ewige Verlangen, die Sache an eine Commission zu verweisen? Ist es etwa nicht richtig, dass eine grosse Versammlung, beauftragt, das grosse Gebäude einer Verfassung aufzuführen, durch sich selbst Alles machen soll, was sie machen kann; dass sie die Arbeit nicht einigen Mitgliedern abtreten darf, ohne in gewisser Beziehung die Interessen des Volkes zu compromittiren? Man weise Detailgegenstände an Commissionen, das ist in der Ordnung, aber diese Proposition machen, das heisst alle Principien verletzen."

„Erklären wir also, dass die französische Republik einen einheitlichen Staat bilden soll, unterworfen übereinstimmenden constitutionellen Gesetzen. Nur die Gewissheit der stärksten Vereinigung aller Theile Frankreichs kann die Mittel bieten, die Feinde mit eben so viel Energie wie Erfolg zurückzuweisen. Ich verlange also, dass diese eben so einfachen, wie natürlichen Propositionen auf der Stelle angenommen werden und dass man Alles des gründlichsten untersuche, was gegen mich vorgebracht worden ist."

Wie wenig es übrigens Robespierre auf die Erlangung

könnten? Und wenn es hier wirklich Leute gäbe, welche dadurch, dass sie allen Anschuldigungen Beifall zollen und durch wüthendes Geschrei die Stimmen derjenigen ersticken, welche sich rechtfertigen wollen, die Versammlung mit sich fortreissen, ohne dass diese es merkt, wie sie durch eine Faction von Intriganten verführt wird, würde daraus nicht der Schluss zu ziehen sein, dass die Versammlung das gefährlichste und grausamste Verfolgungssystem ins Leben riefe, und würde nicht auch das Interesse des Staates durch das ewige Murren compromittirt werden, mit welchem man uns unterdrückt? Macht der gute Leumund eines Theils der Repräsentanten des Volkes und ihr Recht ihre Stimme abzugeben, nicht einen Theil des öffentlichen Interesses aus? Kann man, ohne die Rechte des Volkes zu schädigen, im Voraus ihre Voten vernichten und sie zum Opfer einer lange vorbereiteten Rache machen? Was! Wenn es hier auch nicht ein Einziger wagt, mich ins Gesicht anzuklagen, indem er positive Facta gegen mich vorbringt; wenn nicht ein Einziger es wagt, diese Rednerbühne zu besteigen, um mit mir eine ruhige und ernsthafte Discussion zu eröffnen — —"

(Unterbrechung.)

„Ich beanspruche die Freiheit, meine Ansichten bis ans Ende auszuführen. O, das ist nicht ein persönlicher Streit, denn wenn das System, das ich geschildert habe, die Oberhand gewönne, so würde den grössten Verschwörungen von vorne herein der Erfolg gesichert sein, und die Freiheit würde durch die Unterdrückung eines Theils ihrer Vertheidiger bald allgemein in Frage gestellt werden. Schon hat man gegen mich zwei Arten von Anklagen vorgebracht, die eine, scheinbar sehr ernsthaft, in der That aber so vage, so ohne alles Gewicht, so ungenügend unterstützt, dass sie nur vorgebracht zu sein scheint, nicht um etwas zu beweisen, sondern um einen unangenehmen Eindruck bei Ihnen zurückzulassen, denn darin besteht die grosse Kunst der Verleumdung. Die zweite ist die in dem von dem Minister des Innern mitgetheilten Briefe enthaltene: „Einige sahen nur in Robespierre alles Heil." Wenn einmal hundert Mitglieder durch ihr Gemurmel meine Stimme sollten ungestraft ersticken können, würde daraus nicht der Schluss zu ziehen sein, dass Patrioten, dass angeschuldigte Männer, wer sie auch sein mögen, nicht durch die Versammlung, sondern durch die Feinde selber gerichtet worden wären, gegen welche sie ihre Stimmen erhoben haben? Sie haben nicht die Ankläger durch Ihr Geschrei und durch Ihre Beleidigungen unterbrochen. Ich komme zur Sache, dass aus der Erlaubnis, die dem Minister gegeben worden ist, nach und nach eine Menge von Berichten vorzulesen, die sämmtlich in demselben Geiste abgefasst und namentlich gegen einen Mann gerichtet sind, welchen man kenntlich zu machen sucht, ohne ihn mit Namen zu nennen, ich sage, dass aus diesem speciell gegen mich gerichteten Anklagen sich für mich das Recht ergibt zu verlangen, dass der Konvent sich nicht daran gewöhne, jeden Augenblick und ohne Prüfung Berichte und Denunciationen der Minister in die dreiundachtzig Départements zu schicken, sondern dass er eine Discusion dieser Berichte veranlasse, dass er das Für und Wider abwäge und nicht das Geschrei unserer Feinde ihm sein Ohr der Wahrheit verschliessen lasse. (Unterbrechung.) Nehmen Sie nicht übel, was ich Ihnen da sage, die Minister werden nur um so leichteres Spiel haben, um uns zu verderben. Haben wir wie die Minister den öffentlichen Schatz, die ganze Machtfülle der Regierung, die Korrespondenz durch das ganze grosse Reich und soviele andere Mittel des Ueberflusses zu unserer Disposition? Da sie solche Mittel haben, so würden wir, wären wir auch tausendmal im Rechte, immer in allen Theilen der Republik verleumdet werden sowohl durch die ministerielle Korrespondenz, wie durch die Versammlung selber, der durch Ueberrumpelung Decrete entrissen werden, um die Schriftstücke unserer Ankläger offiziell als solche Schriftstücke in die Départements zu senden, welche das allgemeine Wohl interessiren. Ich verlange, dass, nachdem Sie meinetwegen den Druck der Denkschrift des Ministers, aber nicht den officiellen Versand derselben in die drei und achtzig Départements werden beschlossen haben, Sie auch einen Tag festsetzen, wo es erlaubt ist, diesen Bericht zu discutiren, denn diese freie Discussion wird Voreingenommenheit und Irrthümer zerstreuen und verhängnisvollen Hass ersticken, und weil ein Mitglied aufgetreten ist, mich anzuklagen, so verlange ich, dass man ihn höre, dass aber auch ich meines Theils gehört werde."

Louvet replicirte in einer zweistündigen Rede, in der er wiederum die lächerlichsten Anschuldigungen ohne den leisesten Schein eines Beweises vorbrachte, und obwohl von der Versammlung beschlossen worden war, dass Robespierre erst am 5. November in dieser Sache das Wort erhalten sollte, beging Roland doch die Perfidie, Louvet's Rede ohne Beschluss des Convents auf Staatskosten in achtzigtausend Exemplaren im ganzen Lande verbreiten zu lassen. Das ging denn selbst dem langmüthigen Robespierre über den Spaass und in der Sitzung vom 5. November, zu der der Zudrang des Publicums ein ungeheurer gewesen war, sodass Viele die Nacht vor dem Sitzungslocale zugebracht hatten, um nur einen Platz zu erhalten, schmetterte er seine Gegner in einer wahrhaft vernichtenden, mit schneidiger Ironie gewürzten Kritik ihres Gebahrens zu Boden:

„Wessen beschuldigt man mich? Conspirirt zu haben, um zur Dictatur, zum Triumvirat oder zum Tribunat zu gelangen? Die Ansichten meiner Gegner scheinen in diesem Punkt noch etwas auseinanderzugehen. Uebersetzen wir daher diese ein wenig disparaten römischen Ideen durch das Wort „höchste Gewalt", das meine Gegner wohl sonst gebraucht haben. Nun also, zunächst wird man dann zugeben müssen, dass wenn auch ein solcher Plan verbrecherisch war, er in noch höherem Grade kühn zu nennen ist, denn um ihn zur Ausführung zu bringen, musste man nicht bloss den Thron umstürzen, es musste auch die Legislatur vernichtet und namentlich verhindert werden, dass sie durch den Nationalconvent ersetzt wurde."

„Wie kommt es nun aber, dass gerade ich es war, der zuerst mündlich und schriftlich einen Nationalconvent als das einzige Mittel gegen die Leiden des Vaterlandes verlangt hat? Zwar ist dieser Vorschlag von meinen Gegnern als mordbrennerisch denuncirt worden, aber bald darauf that die Revolution vom 10. August das, was die Legislatur nicht hatte thun wollen, sie realisirte ihn. Soll ich erst noch sagen, dass es, um zur Dictatur zu gelangen, nicht genug gewesen wäre, sich in den Besitz von Paris zu setzen, dass man auch die zweiundachtzig übrigen Départements sich hätte unterwerfen müssen? Wo waren meine Schätze, meine Armee, die grossen Stellen, die ich bekleidete? Alle Macht befand sich umgekehrt gerade in den Händen meiner Gegner. Die geringste Consequenz, die ich aus allem dem, was ich gesagt habe, ziehen könnte, ist die, dass man, bevor die Anklage einen Schein von Wahrscheinlichkeit erlangen könnte, vorher den Beweis führen müsste, dass ich vollständig närrisch war; und noch sehe ich nicht einmal recht ein, was meine Gegner mit dieser Voraussetzung gewinnen könnten, denn es bliebe alsdann immer noch zu erklären, wie sich unter solchen Umständen vernünftige Menschen die Mühe geben konnten, so viele schöne Reden zu halten, so viele schöne Plakate anschlagen zu lassen und so viele Mittel anzuwenden, um mich vor dem Nationalconvent und vor ganz Frankreich als den fürchterlichsten Verschwörer hinzustellen."

„Gehen wir zu den positiven Beweisen über. Man identificirt mich mit Marat. Ich habe einmal einen Besuch von Marat in den ersten Tagen des Sommers 1791 erhalten, ich tadelte seine fünf- bis sechshundert Köpfe, er ging von mir, wie er schreibt, mit der Ueberzeugung, dass mir sowohl der weite Blick wie die Kühnheit des Staatsmannes fehle. In der Wahlversammlung schlug ich ihn als den Verfasser der „Crimes des rois" und einige andere vor. Ich will es denjenigen, die mich kennen, überlassen, das wunderliche Project, das von gewissen Personen gemacht worden ist, mich um jeden Preis mit einer Person zu identificiren, die ich nicht bin, nach seinem Werthe zu beurtheilen. Hatte ich denn nicht genug persönliches Unrecht und haben mir meine Liebe zur und meine Kämpfe für die Freiheit seit dem Beginn der Revolution nicht schon Feinde genug geschaffen, als dass es noch nöthig ist, mir Excesse zu imputiren, die ich umgekehrt gerade vermieden habe?"

„Weitere Beweise im Munde von Louvet sind meine Thätigkeit bei den Jacobinern und mein Benehmen im Conseil général der Commune."

„Bei den Jacobinern übte ich, wenn man ihm Glauben schenken will, einen Despotismus der Meinung aus, der nur als der Vorläufer der Dictatur betrachtet werden kann. Zunächst weiss ich nicht, was das ist, Despotismus der Meinung, besonders bezogen auf eine Gesellschaft von freien Männern, die wie Sie selber sagen, aus fünfzehnhundert Bürgern besteht, die für die wärmsten Patrioten gelten, wenn es nicht etwa die naturgemässe Herrschaft der Grundsätze ist. Nun wohl, diese Herrschaft gehört nicht einem gewissen Menschen, der dieselben ausspricht, sie gehört der Gesammtvernunft und allen Menschen, die ihre Stimme hören wollen; sie gehört meinen Collegen in der Nationalversammlung, den Patrioten in der Assemblée Législative und allen Bürgern, welche die Sache der Freiheit unablässig vertheidigten. Auf welche Zeitepoche beziehen Sie das Unrecht, welches Sie mir vorwerfen? Etwa auf die Zeit nach dem 10. August? Von dieser Zeit ab bis zu dem Augenblick, in dem ich spreche, bin ich keine sechs Mal bei den Jacobinern gewesen."

„Seit dem Monat Januar, haben Sie gesagt, seien dieselben von einer wenig zahlreichen, aber mit Verbrechen und Unmoralität beladenen Partei beherrscht worden, deren Führer ich wäre, während alle weisen und tugendhaften Menschen, wie Sie selber, in Stillschweigen und Unterdrückung seufzten, so dass, wie Sie im Tone des Mitleids hinzugefügt haben, diese durch die dem Vaterlande geleisteten Dienste so berühmte Gesellschaft jetzt nicht mehr wieder zu erkennen sei."

„Aber wenn die Jacobiner dennoch seit dem Monat Januar das Vertrauen und die Achtung der Nation nicht verloren haben, und nicht aufgehört haben der Freiheit nach wie vor zu dienen; wenn sie sogar seit dieser Zeit noch einen grösseren Muth gegen den Hof und gegen Lafayette entwickelt haben; wenn ihnen seit dieser Zeit die Preussen und die Oesterreicher den Krieg erklärt haben; wenn sie seit dieser Zeit die Fédérés in ihren Schooss aufgenommen haben, die gekommen waren, sich gegen die Tyrannei zu verschwören, und mit ihnen die heilige Insurrection vom 10. August ins Werk gesetzt haben: was kann man aus dem, was Sie gesagt haben, Anderes schliessen, als dass es gerade dieser Haufe von Verbrechern ist, von dem Sie sprechen, welcher den Despotismus zu Boden geschlagen hat, und dass Sie und Ihre Freunde zu weise und zu grosse Freunde der guten Ordnung waren, um sich in eine solche Verschwörung einzulassen? Und wenn es wirklich wahr wäre, dass ich bei den Jacobinern diesen Einfluss, den Sie mir ganz ohne allen Grund beimessen und den ich fern bin zuzugeben, in der That erlangt habe, was können Sie daraus gegen mich ableiten?"

„Sie haben eine sehr sichere und sehr bequeme Methode adoptirt, sich Ihre Herrschaft zu sichern, sie besteht darin, Ihren Gegnern die Namen Verbrecher und Scheusal und Ihren Freunden die Bezeichnung Muster von Patriotismus beizulegen; sie besteht darin, uns jeden Augenblick mit der

Last unserer Verbrechen und dem Gewicht Ihrer Tugenden erdrücken zu wollen! Worauf laufen jedoch im Grunde Ihre Klagen hinaus? Die Majorität der Jacobiner ging auf Ihre Ansichten nicht ein; offenbar hatten dieselben Unrecht; aber bei dem Publikum hatten Sie nicht mehr Glück. Wollen Sie nun sagen, dass ich die Schätze, die ich nicht hatte, dazu verwandt habe, Grundsätze triumphiren zu lassen, die in Aller Herzen eingegraben waren? Ich will Sie auch nicht daran erinnern, dass der einzige Punkt der Zwietracht, der uns trennte, der war, dass Sie unterschiedslos alle Thaten der neuen Minister, wir aber die Principien vertheidigten; dass Sie die Macht, wir aber die Gleichheit vorzuziehen schienen. Mit welchem Rechte wollen Sie nun den Convent das Fiasko Ihrer Eigenliebe und Ihres Systems rächen lassen? Ich will Sie nicht zu den Empfindungen republikanischer Seelen zurückrufen, aber seien Sie wenigstens so grossmüthig wie ein König, ahmen Sie Ludwig dem Zwölften nach, und möge der Gesetzgeber die Beleidigungen des Herrn Louvet vergessen. Aber nein, es ist nicht persönliches Interesse, was Sie leitet; es ist das Interesse an der Freiheit, es ist das Interesse an der Moral, was Sie gegen diese Gesellschaft wappnet, die nur eine Höhle von Factiosen und Räubern ist, welche eine kleine Zahl von anständigen Leuten in ihrer Mitte zurückhalten, die es ihnen gelungen ist zu betrügen. Jedoch diese Frage ist zu wichtig, um sie nur so nebenher zu behandeln. Ich werde den Augenblick abwarten wo Ihr Eifer Sie dahin führen wird, die Proscription dieser Gesellschaft vom Nationalconvente zu verlangen, und dann wollen wir sehen, ob Sie mehr Ueberrredungskunst besitzen und mehr Glück haben werden, als Leopold und Lafayette."

„Ich komme auf mein Benehmen im Conseil général de la Commune. Man hat mich zunächst gefragt, warum ich nach Niederlegung der Stelle des öffentlichen Anklägers den Platz eines Gemeindebeamten angenommen habe. Ich antworte darauf, dass ich im Januar 91 die lucrative und keineswegs gefährliche Stelle des öffentlichen Anklägers niedergelegt und dass ich am 10. August 1792 die Functionen eines Commissaire de la Commune übernommen habe. Man macht mir selbst ein Verbrechen aus der Art, wie ich in den Saal getreten sei, in welchem die neue Municipalität tagte. Unser Denunciant hat mir alles Ernstes vorgeworfen, dass ich sofort meine Schritte gegen das Büreau gelenkt. In jener Zeit, in welcher uns andere Sorgen drückten, war ich weit davon entfernt, vorauszusehen, dass ich eines Tages gezwungen sein würde, dem Nationalconvent davon in Kenntnis zu setzen, dass ich zu dem Büreau hingetreten bin, um meine Vollmacht prüfen zu lassen. Louvet hat nichtsdestoweniger, wie er versichert, aus dieser Thatsache geschlossen, dass der Conseil général oder wenigstens einige seiner Mitglieder zu hohen Dingen bestimmt wären. Konnten Sie überhaupt daran zweifeln? War es etwa nicht eine hohe Bestimmung, sich für das Vaterland aufzuopfern? Was mich anbetrifft, so rechne ich es mir zur Ehre an, hier ihre und meine Sache vertreten zu haben. Aber nein, ich habe die Freude, dass eine grosse Zahl von Bürgern 'der öffentlichen Sache besser gedient hat als ich. Ich will nicht Anspruch auf einen Ruhm machen, der mir nicht gebührt."

„Ich wurde erst im Laufe des zehnten August gewählt, aber diejenigen, welche, früher gewählt, in der Nacht selber, in der furchtbaren Nacht, in dem Augenblick, wo die Verschwörung des Hofes losbrechen sollte, auf dem Rathhaus versammelt waren, sie sind die wahren Helden der Freiheit! Sie sind es, die den Patrioten zum Sammelplatz dienten, sie sind es, die die Bürger bewaffneten und die Bewegungen einer tumultuarischen Insurrection leiteten, von der die öffentliche Wohlfahrt abhing, indem sie den Commandeur der Nationalgarde verhaften liessen, der sich dem Hofe verkauft hatte, nachdem sie ihn durch ein Schreiben von seiner Hand überführt hatten, den Bataillonscommandeuren Befehl ertheilt zu haben, das insurgirte Volk vorbeizulassen, um es sodann im Rücken anzugreifen — — — Bürger Volksrepräsentanten, wenn die Mehrzahl von Ihnen diese Thatsachen nicht kannten, die sich fern von Ihren Augen zugetragen haben, so ist es für Sie von Wichtigkeit, sie kennen zu lernen, wäre es auch nur, um die Repräsentanten des französischen Volkes vor dem Vorwurfe der Undankbarkeit zu bewahren, der für die Sache des Freiheit verhängnisvoll sein würde; Sie müssen sie mit Interesse anhören, damit wenigstens nicht gesagt werden kann, dass hier nur Denunciationen das Recht haben, sich vernehmen zu lassen. Ist es denn so schwer zu begreifen, dass diese so viel geschmähte Municipalität unter diesen Umständen die grossherzigsten Bürger enthalten musste? Da waren diese Männer, welche die monarchische Niedrigkeit verachteten, weil sie starke und erhabene Seelen haben. Da haben wir sowohl bei den Bürgern, wie bei den neuen Behörden Züge von Heldenmuth gesehen, welche Bürgerfeindlichkeit und Betrug sich umsonst abmühen werden, der Geschichte zu rauben. Die Intriguen verschwinden mit den Leidenschaften, die sie hervorgerufen haben. Die grossen Thaten und die grossen Charaktere allein sind bleibend. Wir kennen nicht die Namen der niedrigen Aufrührer, welche Cato auf der Rednerbühne mit Steinwürfen angriffen. Die Blicke der Nachwelt sind nur auf das Bild dieses grossen Mannes gerichtet. Wollen Sie ein Urtheil abgeben über den revolutionären Conseil général der Gemeinde Paris? Versetzen Sie sich inmitten dieser unsterblichen Revolution, die ihn ins Leben gerufen hat und deren Werk auch Sie sind!"

„Man spricht Ihnen auch beständig seit Ihrem Zusammentreten von Intriganten, welche sich in diese Körperschaft eingeschlichen haben sollen. Ich weiss, dass es in der That einige giebt, und wer hätte mehr Grund darüber zu klagen als ich? Und welche noch so reine und so zahlreiche Körperschaft wäre je ganz frei von dieser Pest gewesen? Man denuncirt Ihnen unablässig vereinzelte tadelnswerthe Handlungen, die einem paar Individuen zur Last fallen. Ich kenne diese Thatsachen nicht, ich stelle sie weder in Abrede, noch glaube ich sie, ich habe in meinem Leben zuviel verleumden hören, um den Denunciationen Glauben zu schenken, die alle aus derselben Quelle fliessen und die alle das Gepräge der Affectation und der Wuth an sich tragen. Ich will auch nicht einmal die Bemerkung machen, wie alle die gegen ihn gerichteten Streiche den Mann gar nicht treffen können, auf dessen Compromittirung man am meisten erpicht ist, und ich werde mich nicht zu der Erklärung erniedrigen, dass ich niemals einen Auftrag irgend welcher Art erhalten und mich nie in irgend einer Weise mit einer besonderen Operation befasst habe. Ich werde nicht daran erinnern, dass ich auch nicht einen einzigen Augenblick den Vorsitz geführt, dass ich nie auch nur die allergeringste Beziehung zu dem soviel verleumdeten Comité de surveillance (Ueberwachungsausschuss) gehabt habe. Denn, Alles erwogen, würde ich recht gern Alles auf mich nehmen wollen, das Gute wie das Böse, was man dieser revolutionären Körperschaft in der Absicht zur Last legt, mich persönlich anzuschuldigen. Man wirft ihr Verhaftungen vor, die man willkürlich zu nennen beliebt. Als der bekannte Consul von seiner Verwaltung dem Volke Rechenschaft ablegen sollte, schwor er, dass er das Vaterland gerettet hätte, und das Volk klatschte ihm Beifall. Ungesetzliche Verhaftungen? Darf man denn mit dem Strafgesetzbuch in der Hand wohlthätige Vorkehrungen beurtheilen, welche das allgemeine Wohl in kritischen Zeiten erheischt, die durch die Ohnmacht der Gesetze herbeigeführt worden sind? Warum werfen Sie uns vor, den Verschwörern an den Thoren dieser Stadt Halt zugerufen und die verdächtigen Bürger entwaffnet zu haben? Warum machen Sie nicht auch der Municipalität, dem Wahlkörper der Sectionen von Paris, den Urversammlungen der ländlichen Kantone und allen denjenigen den Process, die es uns nachgemacht haben? Denn alle diese Vorgänge waren ungesetzlich, so ungesetzlich wie die Revolution und der Sturz des Thrones und die Zerstörung der Bastille, so ungesetzlichlich wie die Freiheit selber. Aber, was ich als Hypothese hingestellt habe, ist nur zu wahr, hat man uns dies nicht Alles vorgeworfen? Hat man uns nicht angeklagt, Commissarien in die Départements geschickt zu haben, um unsere Grundsätze zu verbreiten und die Départements zu bestimmen sich den Parisern gegen den allgemeinen Feind anzuschliessen?"

„Was für eine Idee hat man sich von der letzten Revolution gebildet? Erschien der Umsturz des Thrones vor dem Erfolg so leicht? Handelte es sich nur um einen Handstreich gegen die Tuilerien? Musste man nicht in ganz Frankreich die Partei des Tyrannen vernichten und allen Départements die heilsame Erschütterung mittheilen, die Paris elektrisirte? Und wie konnte dies durch dieselben Behörden übersehen und vernachlässigt werden, die das Volk zur Insurrection aufgerufen hatten? Es handelte sich um das öffentliche Wohl, es handelte sich um ihre eigenen Köpfe, und man will ihnen ein Verbrechen daraus machen, Commissarien in die andern Gemeinden geschickt zu haben, um diese zu bewegen, ihnen beizustehen, ihr Werk zu befestigen und zu consolidiren! Die Verleumdung hat diese Commissarien verfolgt. Einige sind sogar eingekerkert worden. Feuillantismus und Unwissenheit haben ihre Worte auf die Goldwage gelegt und ihre Schritte mit dem constitutionellen Zirkel bemessen, um einen Vorwand zu finden, die Missionare der Revolution in Brandstifter, in Feinde der öffentlichen Ordnung zu verwandeln."

„Bürger, wollen Sie eine Revolution ohne Revolution? Welch Geist der Verfolgung hat, so zu sagen, eine Revision derjenigen vorgenommen, die unsere Fesseln gebrochen hat? Aber wie kann man dem Urtheil eines Menschen, wer er auch sei, die Wirkungen unterordnen wollen, welche diese grossen Bewegungen nach sich ziehen dürften?"

„Wer darf nachträglich den Punkt bezeichnen wollen, wo sich die Fluthen der Volksinsurrection brechen sollten? Welches Volk würde jemals um diesen Preis das Joch der Tyrannei abschütteln wollen? Denn wenn es wahr ist, dass eine grosse Nation sich nur durch eine gemeinsame Bewegung erheben, die Tyrannei aber nur durch einen Theil der Bürger getroffen werden kann, der derselben näher ist, wie werden diese es denn wagen wollen, sie anzugreifen, wenn sie nach dem Siege für die Dauer oder die Stärke des politischen Sturmes sollen verantwortlich gemacht werden können, der das Vaterland gerettet hat? Sie müssen stillschweigend als die Mandatare der ganzen Gesellschaft betrachtet werden."

„Diejenigen Franzosen, die im August dieses Jahres in Paris als Freunde der Freiheit versammelt waren, haben unter diesem Titel im Namen aller Départements gehandelt, man muss sie entweder durchweg billigen oder désavouiren. Ihnen ein Verbrechen machen zu wollen aus einigen scheinbaren oder selbst wirklichen Unordnungen, wie sie von einer grossen Erschütterung untrennbar sind, hiesse sie dafür strafen wollen, dass sie den Staat gerettet haben. Sie würden Recht haben, zu denen, die über sie zu Gericht sitzen wollen, zu sagen: „wenn ihr die Mittel misbilligt, die wir angewendet haben, um zu siegen, so lasst uns auch allein die Früchte dieses Sieges geniessen und nehmt eure Constitution und alle eure alten Gesetze zurück und gebt uns unsere Mitbürger, unsere Brüder, unsere Söhne wieder, die für die gemeine Sache gestorben sind!" Und glauben Sie nicht, dass ich diese ewigen Principien angerufen habe, weil wir nöthig haben, einige tadelnswerthe Handlungen mit einem Schleier zuzudecken. Nein, wir haben nie einen Fehler begangen, ich schwöre es bei dem umgestürzten Thron und bei der Republik, die sich auf seinen Trümmern erhebt."

Was die Septembertage anbetrifft, auf die Robespierre sodann zu sprechen kam, so hatte er schon vor dieser Zeit den Sitzungen des Conseil général nicht mehr beigewohnt, und am 2. September war er in der Wahlversammlung gewesen.

„Was den Conseil général anbetrifft, so steht es bei jedem Unparteiischen fest, dass derselbe weit entfernt davon die Ereignisse des 2. September zu provociren, vielmehr Alles gethan hat, was in seiner Macht stand, um sie zu hintertreiben. Wenn Sie mich fragen, warum er sie nicht verhindert hat, so bin ich gern bereit, es Ihnen zu sagen."

„Um sich eine richtige Vorstellung von diesen Ereignissen zu bilden, muss man die Wahrheit nicht in den verleumderischen Schriften und Reden suchen, die sie entstellt haben, sondern in der Geschichte der letzten Revolution selber. Diejenigen, welche es versucht haben, Ihnen einzureden, dass es keine Analogie zwischen der einen oder der anderen der beiden Epochen gebe, stellen sich so, als kennen sie weder die Thatsachen noch die Herzen der Menschen. Eine grosse Zahl von Bürgern hatte sich eingebildet, dass der Tag des 10. August alle Fäden der königlichen Verschwörung zerrissen hätte, und betrachtete den Krieg als beendet, als sich plötzlich in Paris die Nachricht verbreitete, dass Longwy sich ergeben hat, dass Verdun sich ergeben hat, und dass Braunschweig mit 200 000 Mann gegen Paris heranrückt. Kein fester Platz lag mehr zwischen uns und dem Feinde; unserer durch Lafayette's Verrath getheilten und fast aufgelösten Armee fehlte es an Allem; man musste gleichzeitig darauf bedacht sein, Waffen, Lagereffecten, Lebensmittel und Leute zu finden. Der Executivrath verbarg weder seine Furcht, noch seine Rathlosigkeit. Die Gefahr war gross, sie erschien noch grösser. Danton erscheint in der Assemblée Législative, schildert in lebhaften Farben die Grösse der Gefahr und die unzureichenden Hilfsmittel, und es gelingt ihm, sie einige kräftige Maassregeln treffen zu lassen und der öffentlichen Meinung einen kräftigen Impuls zu geben. Er begiebt sich aufs Rathhaus und fordert die Municipalität auf, Sturm läuten zu lassen. Der Conseil général fühlt es, dass das Vaterland nur durch ein Wunder gerettet werden kann, wie sie allein der Enthusiasmus für die Freiheit eingiebt, und dass ganz Paris sich erheben muss, um den Preussen entgegen zu eilen. Er lässt Sturm läuten, um alle Bürger zu mahnen, zu den Waffen zu eilen. Die Sectionen wetteifern mit einander in Thätigkeit und Muth. Das ganze Volk steht auf, aber die Freiwilligen haben keine Waffen, man verschafft ihnen welche mit allen Mitteln, die nur möglich sind. In einem Augenblick sind vierzigtausend Mann bewaffnet, ausgerüstet, gesammelt und marschiren gegen Chalons."

„Inmitten dieser allgemeinen Bewegung ruft die Annäherung des Feindes das Gefühl des Unwillens gegen diejenigen wach, die ihn herbeigerufen haben. Bevor sie Weib und Kind verlassen, wollen sie die Bestrafung der Verräther haben, welche ihnen so oft versprochen worden ist. Man eilt zu den Gefängnissen — konnten die Behörden das Volk aufhalten? Denn es war in der That eine Volksbewegung und nicht ein partieller Aufstand einiger Verbrecher, die dafür bezahlt worden waren, Ihresgleichen zu ermorden. Ich habe gewisse Leute kaltblütig äussern hören, die Municipalität hätte das Martialgesetz proclamiren sollen. Das Martialgesetz proclamiren am 2. September, das Martialgesetz proclamiren beim Anmarsch der Feinde, das Martialgesetz proclamiren nach dem 10. August! Was vermochten die Behörden gegen den bestimmt ausgedrückten Willen eines unwilligen Volkes, das allen ihren Reden die Erinnerung an den über den Tyrannen davongetragenen Sieg und die Hingebung entgegenhielt, mit der sie dem Feinde entgegenstürzten, und den Gesetzen selber die lange Verzögerung der Bestrafung der Verräther vorwerfen konnte, die den Busen des Vaterlandes zerfleischten! Da sie nicht zu bewegen waren, den bestehenden Gerichten die Bestrafung zu überlassen, so wurden sie durch die Municipalbeamten wenigstens veranlasst, gewisse nothwendige Formalitäten zu beobachten, deren Zweck es war zu verhindern, dass man diejenigen Bürger, welche wegen anderer Dinge verhaftet waren, die mit der Verschwörung des 10. August nichts gemein hatten, nicht mit den Schuldigen verwechselte, welche man bestrafen wollte; und diese Municipalbeamte, welche es sich angelegen sein liessen, der Menschlichkeit den einzigen Dienst zu leisten, welchen die Umstände nur erlaubten, hat man sich nicht entblödet, Ihnen als blutdürstige Banditen darzustellen!"

„Der wärmste Eifer für die Beobachtung der Gesetze darf weder Uebertreibung noch Verleumdung entschuldigen, und ich könnte hier gegen die Denunciationen gewisser Leute ein nicht verdächtiges Zeugnis, das des Ministers des Innern anführen, welcher, während er diese volksthümlichen Executionen tadelt, nicht umhin kann, von dem Geiste der Weisheit und der Grossmuth zu sprechen, die das Volk selbst bei dieser ungesetzlichen Handlungsweise an den Tag gelegt hat. Was sage ich? Selbst Louvet könnte von mir zu Gunsten des Conseil général der Commune angeführt werden, der ein Placat der Sentinelle mit den Worten beginnen lässt: „Ehre dem Conseil général, er hat Sturm läuten lassen, er hat das Vaterland gerettet!" Damals begannen die Operationen des Wahlmännercollegiums in Paris."

„Man versichert, es seien Unschuldige umgekommen! Man hat sich darin gefallen, die Zahl zu übertreiben; aber ein einziger ist ohne Zweifel schon zu viel. Bürger, beweinen Sie diesen grausamen Fehlgriff! Wir haben ihn schon lange beweint, es war ein guter Bürger, es war also einer unserer Freunde. Beweinen Sie selbst die schuldigen Opfer, welche der Rache der Gesetze aufbewahrt waren und welche unter dem Schwert der Volksjustiz gefallen sind, aber möge Ihr Schmerz auch seine Grenzen haben, wie alle menschlichen Dinge. Bewahren wir uns auch einige Thränen für rührendere Unglücksfälle! Beweinen Sie die hunderttausend

Patrioten, die durch die Tyrannei geopfert sind; beweinen Sie unsere Mitbürger, die unter ihren brennenden Dächern den Tod gefunden haben; beweinen Sie die Söhne unserer Mitbürger, die in der Wiege oder in den Armen ihrer Mütter massacrirt worden sind! Haben Sie nicht auch Brüder, Söhne, Gattinnen zu rächen? Die Familie der französischen Gesetzgeber ist das Vaterland, ist das ganze Menschengeschlecht mit Ausnahme der Tyrannen und ihrer Mitschuldigen."

„Beweinen Sie also die unter ihrem verhassten Joch zu Boden geschlagene Menschheit, aber trösten Sie sich auch damit, dass Sie Gleichheit und Gerechtigkeit, welche verbannt waren, auf die Erde zurückrufen, dass Sie das Glück Ihres Landes sicher stellen und das der Welt vorbereiten, und durch gerechte Gesetze die Quelle der Verbrechen und des Elends von Ihresgleichen verstopfen! Die Empfindsamkeit, welche fast ausschliesslich über die Feinde der Freiheit jammert, ist mir verdächtig; höret auf vor meinen Augen das blutige Gewand des Tyrannen zu schütteln oder ich werde glauben, dass ihr Rom wieder in Fesseln schlagen wollt. Wenn man diese pathetische Schilderung des Unfalls, der die Lamballe, Montmorin, Lessart betroffen hat, und die Bestrafung der schlechten Bürger und diese gewaltthätigen Declamationen gegen Personen liest, die sich unter ganz andern Verhältnissen bekannt gemacht haben, glaubt man dann nicht ein Manifest von Braunschweig oder von Condé vor sich zu haben? Ihr ewigen Verleumder, wollt ihr den Despotismus rächen? Wollt ihr die Wiege der Republik besudeln? Wollt ihr vor den Augen von Europa die Revolution beschimpfen, die sie erzeugt hat, und allen Feinden der Freiheit Waffen an die Hand geben? Wahrhaft bewunderswürdige Liebe zu Individuen, die es sich angelegen sein liessen, unsere Feinde zu ermuthigen, Elend über die Völker zu bringen und sie zu knechten, und die im Geheimen von dem barbarischen Wunsche brennt sich im Blute der Patrioten zu baden."

„Mit diesen schrecklichen Bildern bringt mein Ankläger den Plan zusammen, den ich gehabt haben soll, den Corps législatif in den Augen der Bevölkerung herabzusetzen, der beständig durch einen Demagogen gequält, verleumdet, beleidigt wurde, der an seine Schranken trat, ihm Decrete zu befehlen; eine oratorische Figur, welche Louvet gebraucht, um damit einfach zu sagen, dass ich zweimal im Namen des Conseil général eine Petition in Betreff der Wiedereinsetzung der Départementalbehörden, die am 10. August mit dem Hofe verschwunden waren, der Assemblée législative überreicht habe."

„Man hat es ferner gewagt zu behaupten, ich hätte die Sicherheit einiger Deputirten der Assemblée législative dadurch gefährdet, dass ich sie während der Executionen der Verschwörer bei der Commune denuncirte. Ich habe diese Infamie schon dadurch widerlegt, dass ich nachwies, wie ich schon vor dem Ereignis, das ich nicht voraussehen konnte, als es die plötzlichen und ausserordentlichen Verhältnisse herbeiführten, längst aufgehört hatte, die Sitzungen der Commune zu besuchen. Muss ich Ihnen erst sagen, dass schon vor mir mehrere die durch zwei oder drei Personen geplante Verschwörung und den Plan die Vertheidiger der Freiheit zu verleumden und die Bürger in dem Augenblicke zu entzweien, wo man alle Anstrengungen vereinigen musste, um die Verschwörungen im Innern zu ersticken und den fremden Feind zurückzuwerfen, bei der Commune zur Anzeige gebracht hatten? Ist es nicht eine ungeheuerliche Doctrin behaupten zu wollen, einen Menschen denunciren und ihn ermorden sei dasselbe? In was für einer Republik leben wir, wenn der Beamte, welcher sich in der Municipalversammlung frei über die Anstifter eines gefährlichen Complotts ausspricht, nur noch als Aufforderer zum Morde betrachtet werden soll? Das Volk hatte sich am 10. August selber das Gesetz gemacht, die verschrieensten Mitglieder der Assemblée législative zu respectiren; es hat Ludwig XVI. und seine Familie ruhig Paris von dem Sitzungslocale der Versammlung bis zum Temple durchziehen sehen und jedermann weiss, dass gerade ich es war, der sowohl vor wie nach der Revolution vom 10. August dieses System des Benehmens öfters und mit Eifer gepredigt habe. Bürger, wenn wir je einmal nach dem Muster der Römer der Furcht einen Tempel errichten werden, so rathe ich Ihnen, die Diener dieses Cultus aus der Mitte derjenigen zu nehmen, welche uns unablässig von ihrem Muthe und von ihren Gefahren sprechen."

„Ich weiss, dass es von einem fest beschlossenen Plan ein grosses Verbrechen zu begehen weit ist bis zu gewissen Gelüsten, gewissen Drohungen, über die ich grossen Lärm hätte schlagen können. Uebrigens habe ich nie an den Muth der Schlechten geglaubt. Aber denken Sie doch ein wenig über sich nach (zu Roland gewandt)! Sehen Sie denn nicht, wie ungeschickt Sie sich in Ihren eigenen Netzen fangen? Seit langer Zeit schon quälen Sie sich ab, dem Convent ein Gesetz gegen die Aufforderer zum Morde zu entreissen. Meinetwegen mag es erlassen werden, sehen Sie denn nicht, wer das erste Opfer sein muss, das es treffen wird? Sie sind es selber! Haben Sie nicht verleumderischer und lächerlicher Weise behauptet, ich strebe nach der Tyrannis? Haben Sie nicht mit Brutus geschworen, den Tyrannen zu ermorden?"

„Sie sind also durch Ihr eigenes Geständnis überführt, die Bürger zu einem Mordanschlage gegen mich aufgestiftet zu haben. Und habe ich nicht auf dieser Tribüne Wuthgeschrei Ihrer Aufforderung antworten hören? Und diese Promenaden Bewaffneter, welche mitten unter uns die Autorität der Gesetze und der Behörden herausfordern und dies Geschrei nach den Köpfen einiger Volksvertreter, in das sich Verwünschungen gegen mich und Lobeserhebungen für Sie und Ludwig XVI. einmischten, wer hat es ausgestossen, wer führt die Leute irre, wer stiftet sie an? Und Sie sprechen von Gesetz und Tugend, von Agitatoren und Mördern!"

„Aber kommen wir zum Schluss Ihrer Schmähschrift!"
„Unabhängig von diesem Decret über die bewaffnete Macht, das Sie auf jede Weise zu erzwingen suchen; unabhängig von diesem tyrannischen Gesetze gegen die persönliche Freiheit und gegen die Freiheit der Presse, das Sie unter dem Scheinvorwande der Aufforderung zum Morde verlangen, verlangen Sie noch weiter unter dem Namen Ostracismus ein Proscriptionsgesetz gegen alle diejenigen Bürger, die bei Ihnen misliebig sind. Also Sie erröthen nicht mehr, das schmachvolle Motiv so vieler Täuschungen und Machinationen einzugestehen? Also Sie sprechen nur noch von Dictatur, um sie selber ganz zügellos ausüben zu können? Also Sie sprechen nur von Proscription, um selber zu proscribiren und zu tyrannisiren? Also Sie haben gedacht, um den Convent zum Werkzeug Ihrer schuldigen Absichten zu machen, bedürfe es nur der Vorbringung eines arglistigen Romans und des Vorschlages, sofort den Verlust seiner Freiheit und seine eigne Unehre zu beschliessen?"

„Was bleibt mir noch gegen Ankläger zu sagen übrig, die sich selber anklagen? Versenken wir, wenn es möglich ist, diese elenden Machinationen in ewiges Vergessen! Könnten wir vor den Augen der Nachwelt diese schmachvollen Tage unserer Geschichte verbergen, an denen die Vertreter des Volkes, verführt durch nächtliche Intriguen, einen Augenblick geschienen haben, die grosse Bestimmung zu vergessen, zu der sie berufen sind! Was mich anbetrifft, so will ich keinen Antrag stellen, der mich persönlich betrifft. Ich habe auf den wohlfeilen Vortheil, mit furchtbaren Denuncationen auf die Verleumdungen meiner Gegner zu antworten, verzichtet. Ich habe den angreifenden Theil meiner Rechtfertigung lieber unterdrücken wollen. Ich verzichte auf die gerechte Rache, die ich das Recht hätte gegen meine Verleumder zu verfolgen, ich will nichts als die Rückkehr des Friedens und den Triumph der Freiheit. Bürger, wandeln Sie mit festem und beschleunigtem Schritt weiter vorwärts auf Ihrer ruhmvollen Bahn, und möchte ich auf Kosten meines Lebens und selbst meines guten Rufes mit Ihnen zu dem Ruhme und dem Glücke unsers gemeinsamen Vaterlandes beitragen können!"

Von dieser klassischen Rede datirt Robespierre's Einfluss im Nationalconvent; und die Girondisten hatten von ihren Machinationen nichts weiter, als, wie L. Blanc es so prägnant bezeichnet, sich durch ihre Gewaltthätigkeiten ihr eignes Grab gegraben zu haben.

Nicht mehr Glück als Barbaroux und Louvet mit ihren Angriffen auf Robespierre im Convent hatten auch weder Cordorcet, der ihn dadurch lächerlich zu machen suchte, dass er ihn in der „Chronique de Paris" als eine Art von Heiligen und als das Haupt einer mystischen Secte hinstellen wollte, noch Pétion, der voller Wuth darüber, ihm bei den Wahlen in den Convent für Paris unterlegen zu sein, in einer Schmähschrift, die Roland wiederum massenhaft auf Staatskosten verbreiten liess, die lächerlichsten Anschuldigungen gegen Robespierre vorbrachte, die es diesem nicht schwer wurde, in einem offenen Brief an Pétion als vollkommen aus der Luft gegriffen und als gänzlich haltlos zurückzuweisen. Pétion ergriff darauf noch einmal das Wort und warf Robespierre vor, an ihm, seinem alten Freunde, Verrath begangen zu haben, was Robespierre zu einer Antwort Veranlassung gab, in der er Pétion mit Ironie wahrhaft vernichtete, sodass es mit dessen Popularität von jetzt ab für immer vorbei war, er hiess im Munde des Volkes immer nur noch „König Jérôme Pétion."

Natürlich war durch alle diese Dinge Robespierre's Zeit vollauf in Anspruch genommen worden, sodass er seit der Eröffnung des Convents weder bei den Versammlungen seiner Section, die nach dem 10. August den Namen Section des

Piques angenommen hatte, noch in der Commune erschienen war und daher von Seiten der Section am 4. November der Beschluss gefasst wurde, bei ihm anzufragen, ob er seine Functionen als Commissaire der Section bei der Commune fortzusetzen gedächte oder nicht. Aber die Girondisten liessen ihm dazu keine Ruhe. Zwar ihre Versuche bei Hébert, den „Père Duchesne", und bei Prudhomme, die „Révolutions de Paris" zu kaufen und Levasseur und Durand-Maillane zu sich herüberzuziehen, wie ein Brief des Letzteren beweist, scheiterten, dagegen gelang es ihnen, Anthoine, der mit Robespierre zusammen bei Duplay gewohnt hatte, für sich zu gewinnen, der sich auch dazu hergab, sein Privatleben anzutasten und mit Koth zu bewerfen; wir halten dagegen, was die jüngste von den Töchtern Duplay, die Mutter des Gelehrten Le Bas, über Robespierre's Verhältnis zu der Familie berichtet: „Meine Mutter sah es gern, dass wir ihm und den Seinigen unsere Freundschaft entgegenbrächten. Und wir hatten ihn in der That auch wirklich lieb wie einen Bruder, er war so gut. Wenn die Mutter uns schalt, warf er sich stets zu unserm Vertheidiger auf. Mir passirte es ziemlich häufig ausgescholten zu werden, denn ich war jung und unbesonnen. Dann gab er mir stets so gute Rathschläge, dass ich sie, so jung ich damals war, mit Vergnügen hörte. Drückte mich irgend ein Kummer, so schüttete ich ihm mein Herz aus. Er war kein strenger Richter, er war für uns ein Freund, ein Bruder. Er war so tugendhaft und bewies meinen Eltern stets eine solche Hochachtung, dass wir ihn alle zärtlich liebten." Das klingt denn allerdings etwas anders, als die Verleumdungen Anthoine's. Und mit diesem Urtheil über ihn stimmen die Mémoires historiques sur le XVIIIe siècle überein, gegen deren Glaubwürdigkeit bis jetzt noch von keiner Seite Zweifel laut geworden sind: „Seine Sitten sind nicht nur ehrbar und züchtig, sondern ohne jede Affectation und ohne jede scheinheilige Selbstüberwachung, sie sind so streng wie die Moral des Gottes, der bei einem Zimmermann in Judäa auferzogen wurde."

Richteten nun auch die Girondisten mit allen ihren Machinationen zwar in Paris nichts aus, so gelang es ihnen doch vielfach in der Provinz Glauben zu finden, und der Jacobinerclub sah sich daher genöthigt, in einem Circularschreiben die affilirten Gesellschaften über die Lage der Dinge aufzuklären, die auf Robespierre's und Marat's Streichung aus den Listen der Gesellschaft gedrungen hatten. Namentlich richteten die Girondisten auf Robespierre's Vaterstadt ihr Augenmerk, und Roland liess den Gemeindebehörden von Arras Alles zugehen, was gegen Robespierre durch den Druck veröffentlicht worden war, indem er sich in einem Begleitschreiben bei denselben dafür entschuldigte, dass sie nur durch eine Unachtsamkeit seiner Unterbeamten bis jetzt übergangen worden wären.

Aber trotz alledem hatte Robespierre's Thätigkeit im Nationalconvente ihren ungestörten Fortgang. Am 2. December sprach er sich über die Lebensmittelfrage in einem längeren Vertrage aus, der seine Stellung zur socialen Frage charakterisirt und den wir daher nicht unterlassen dem Wortlaute nach mitzutheilen. Nachdem er, von der unbestrittenen Thatsache ausgehend, dass Frankreich mehr Getreide hervorbringt, als es selber braucht, die Theurung für eine künstliche erklärt hat, die entweder der fehlerhaften Verwaltung oder den schlechten Gesetzen zuzuschreiben sei, fährt er fort:

„Und das sind sie in der That, weil sie von den Feinden des Volkes ausgegangen sind. Handelsfreiheit ist für erste Bedürfnisse nicht zulässig. Nicht jeder braucht kostbare Stoffe kaufen zu können, aber er muss reich genug sein, um Brod für sich und die Seinen kaufen zu können, und Niemand hat das Recht neben dem, der Hungers stirbt, Getreidehaufen aufzuspeichern."

„Das erste Recht ist das, zu existiren. Das erste

sociale Gesetz ist also dasjenige, das allen Gliedern der Menschheit die Mittel garantirt zu existiren. Alle anderen sind diesem untergeordnet. Das Eigenthum ist zunächst da, um zu leben. Es ist nicht wahr, dass das Eigenthum in Widerspruch sein darf mit der Ernährung und Erhaltung des Menschen, die so heilig ist, wie das Leben selbst. Alles, was zu seiner Erhaltung nöthig ist, ist ein der ganzen Gesellschaft gemeinsames Eigenthum. Nur das Ueberschiessende ist ein individuelles Eigenthum, das der Industrie des Kaufmanns überlassen werden kann."

„Ich fordere den scrupulösesten Vertheidiger des Eigenthums heraus, diese Principien zu bestreiten, wenn er nicht etwa offen erklären will, dass er darunter das Recht versteht, seine Mitmenschen zu berauben und zu morden. Wie hat man also behaupten können, dass jede Art von Beschränkung oder jede Bestimmung über den Verkauf des Getreides ein Angriff auf das Eigenthum sei? Wie hat man dieses barbarische System mit dem bestechenden Namen Handelsfreiheit bezeichnen können? Sehen die Urheber dieses Systems nicht ein, dass sie sich mit sich selbst in Widerspruch befinden?"

„Warum haben Sie denn alle in ein Ausfuhrverbot gegen das Aussland ohne Ausnahme einwilligen müssen, für den Fall, dass der Bedarf im Innern nicht gesichert ist? Die Regierung unterwirft selbst den Handel mit Luxusgegenständen gewissen Modificationen, die eine gesunde Politik billigen muss, warum soll nun der Handel, der die Ernährung des Volkes betrifft, nothwendig ungeordnet und regellos sein? Ja, wenn alle Menschen gerecht und tugendhaft wären, wenn die Habgier sich niemals versucht fühlte, die Nahrung des Volkes aufzuzehren, wenn alle Reichen, der Stimme der Vernunft und der Natur gehorsam, sich als die Verwalter der Gesellschaft oder als Brüder der Armen betrachteten, dann brauchte man kein anderes Gesetz, als das unbeschränktester Freiheit. Aber wenn es wahr ist, dass der Geiz auf das Elend und die Tyrannei selber auf die Verzweiflung des Volkes speculiren, wenn es wahr ist, dass alle Leidenschaften der leidenden Menschheit den Krieg erklären, warum sollen dann die Gesetze nicht die mörderische Hand des Monopolisten gerade so gut zurückhalten, wie die des gemeinen Mörders?"

„Ich will, dass man dem Handel Freiheit lasse. Aber ich will auch, dass man die contrerevolutionären Monopole und Aufkäufe aufhebe, dass die Circulation in der ganzen Republik geschützt werde, dass man diejenigen Vorkehrungen treffe, welche nöthig sind, um zu verhindern, dass die Circulation gestört wird. Gerade über den Mangel an Circulation beklage ich mich, denn die Geissel des Volkes, die Qualen der Theuerung, das sind die Hindernisse, welche man der Circulation unter dem Vorwande bereitet, sie unbeschränkt machen zu wollen. Circulirt etwa die allgemeine Nahrung des Volkes, wenn habgierige Speculanten sie in ihren Speichern aufsammeln und zurückhalten? Circulirt sie, wenn sie in den Händen einer kleinen Zahl von Millionären aufgehäuft wird, welche sie dem Handel entziehen, um sie theurer und seltener zu machen? welche kaltblütig berechnen, wie viele Familien erst zu Grunde gehen müssen, bevor die Lebensmittel den Preis erlangt haben, den ihr grässlicher Geiz aufgestellt hat? Circulirt sie, wenn man sie vor den Augen der armen Bürger, welche Tantalusqualen erdulden, die Grenzen der Landestheile überschreiten lässt, welche sie hervorgebracht haben, und wenn sie in dem unergründlichen Schlunde irgend eines Unternehmers der allgemeinen Theurung verschwindet? Circulation ist meiner Meinung nach dasjenige, was die Lebensmittel, die unumgänglich nothwendig sind, allen Menschen zugänglich macht!"

„Begünstigen Sie also die freie Circulation dadurch, dass Sie alle die verhängnisvollen Ansammlungen verhindern! Wie ist dies zu erreichen? Dadurch, dass Sie der Habgier das Interesse und die Leichtigkeit, sie zu veranstalten, nehmen. Nun werden sie aber durch drei Umstände begünstigt, durch die Verborgenheit, durch die zügellose unbeschränkte Freiheit und durch die Gewissheit der Straflosigkeit. Die Verborgenheit besteht darin, dass ein Jeder die Quantität Getreide ungestört berechnen kann, um die er die ganze Gesellschaft betrügt, und dass er es kann verschwinden und wegtransportiren lassen, sei es ins Ausland, sei es in die Speicher des Inlandes. Dagegen giebt es zwei einfache Mittel: das erste besteht darin, die nöthigen Vorkehrungen zu treffen, um die Quantität des Getreides feststellen zu können, welche jeder Eigenthümer und Bauer geerntet hat. Das zweite besteht darin, die Kornhändler zu zwingen, ihr Korn nur auf dem Markte zu verkaufen, und den Transport während der Nacht zu untersagen. Man braucht weder die Nützlichkeit noch die Möglichkeit dieser Maassregeln erst nachzuweisen, denn sie werden von Niemand bestritten. Sollte es etwa die Gesetzmässigkeit sein? Wie kann man aber Maassregeln der allgemeinen Polizei, welche durch das Interesse der ganzen Gesellschaft befohlen sind, als Angriffe auf das Eigenthum betrachten wollen? Hat die Gesellschaft nicht das Recht, den Theil zu verlangen, der zur Erhaltung der Bürger nöthig ist? Was sage ich, das Recht? Es ist eine ihrer heiligsten Pflichten! Wie sollten also Gesetze ungerecht sein können, die nöthig sind, um ihre Erfüllung zu sichern?"

„Ich hatte gesagt, dass die zweite Ursache dieser schädlichen Operationen des Monopols in der schrankenlosen Freiheit und in der Straflosigkeit zu finden wäre. Welch sichereres Mittel gäbe es, die Habgier zu ermuthigen und von jeder Art von Zaum zu befreien, als die Aufstellung des Grundsatzes, dass das Gesetz nicht einmal das Recht habe, sie zu überwachen und ihr den auch nur allergelindesten Zwang anzuthun? Dass die einzige Regel, die Sie gelten lassen wollen, die wäre, Alles ungestraft thun zu können? Was sage ich? Diese Theorie ist schon zu einer solchen Vollkommenheit gebracht worden, dass es jetzt Grundsatz geworden ist, die Aufkäufer seien ohne Makel und die Monopolisten seien die wahren Wohlthäter der Menschen und in den Streitigkeiten zwischen ihnen und dem Volke habe immer das Volk Unrecht. Entweder existirt das Verbrechen des Monopols nicht oder es existirt. Wenn es nur eine Chimäre ist, wie kömmt es, dass man zu allen Zeiten an diese Chimäre geglaubt hat? Wie kömmt es, dass wir ihre Verheerungen von der ersten Zeit der Revolution an wahrgenommen haben? Wie kömmt es, dass unverdächtige Berichte und unbestreitbare Thatsachen uns ihre schuldigen Manöver denunciren? Wenn es aber in Wirklichkeit existirt, das Verbrechen des Monopols, durch welches befremdliche Privilegium erhält es das Recht, geschützt zu werden? Welche Grenzen werden diese mitleidlosen Vampyre, die auf das öffentliche Elend speculiren, ihren Attentaten setzen, wenn man den Reclamationen des ausgehungerten Volkes beständig nur Bayonette und den peremptorischen Befehl entgegenstellt, an die Wohlthätigkeit der Aufkäufer und die Reinheit ihrer Absichten zu glauben? Die unbegrenzte Freiheit ist nichts anderes als die Entschuldigung, der Schutz und der Grund dieses Misbrauches. Wie könnte sie also das Heilmittel dagegen sein? Ich denuncire die Mörder des Volkes, und Sie antworten mir: „lass sie machen!" In diesem System ist Alles gegen die Gesellschaft, und Alles zu Gunsten der Kornwucherer. Das Collectiveigenthum, das Eigenthum des Volkes, wird den Interessen eines verbrecherischen Handels und das Leben von Menschen dem Luxus der Reichen und der Habgier der öffentlichen Blutsauger zum Opfer gebracht."

„Die Behandlung eines solchen Gegenstandes ist delicater Natur. Einerseits ist es gefährlich zu scheinen, als billige man die Unzufriedenheit des Volkes; aber auf der andern

Seite ist es noch gefährlicher, die Wahrheit zu verschweigen und die Grundsätze zu verschleiern. Ich weiss sehr wohl, dass, wenn man die näheren Umstände so manches Aufstandes näher untersuchen würde, der durch die wirkliche oder scheinbare Vertheurung des Getreides hervorgerufen worden ist, man bisweilen den Einfluss einer fremden Ursache erkennen könnte. Ehrgeiz und Intrigue haben es nöthig, Unruhen zu erregen, und werden nie verfehlen, jede günstige Gelegenheit dazu zu benutzen. Bisweilen regen diese Menschen das Volk nur auf, um einen Vorwand zu haben, es zu erwürgen und die Freiheit in den Augen der schwachen und egoistischen Personen furchtbar zu machen. Aber nichts destoweniger bleibt es doch wahr, dass das Volk von Natur gerade und friedliebend ist, die Uebelwollenden benutzen seine Unzufriedenheit, nachdem sie dazu erst die Veranlassung gegeben haben, und wenn sie es unter dem Vorwande der Lebensmittel zu unüberlegten Schritten hinreissen, so geschieht es nur, weil es durch die Unterdrückung und durch das Elend geneigt gemacht worden ist, solche Eindrücke aufzunehmen. Niemals noch war ein zufriedenes Volk aufrührerisch. Wer die Menschen kennt, wer namentlich das französische Volk kennt, der weiss, dass es nicht in der Macht eines unsinnigen oder schlechten Bürgers liegt, es ohne Grund gegen die Gesetze, die es liebt, gegen die Mandatare, die es gewählt, und gegen die Freiheit, welche es erobert hat, aufzubringen. An seinen Vertretern ist es, ihm dasselbe Vertrauen zu beweisen, das es ihnen schenkt und jeden ihnen zur Last gelegten aristokratischen Nebenwillen dadurch zu dementiren, dass sie seinen Bedürfnissen Abhilfe schaffen. Selbst die Unruhen der Bürger müssen respectirt werden. Nun aber, wie sie beruhigen, wenn Sie in Ihrer Unthätigkeit verharren? Und wären die vorgeschlagenen Mittel selber nicht so nothwendig, als wir glauben, so genügt für mich der Umstand, dass das Volk sie wünscht, damit Sie in seinen Augen Ihre Anhänglichkeit an seine Interessen beweisen, um mich zu bestimmen, sie zu acceptiren. Ich habe die Natur und den Geist dieser Gesetze schon berührt; ich begnüge mich hier die Priorität für die Anträge zu verlangen, welche Maassregeln gegen das Monopol enthalten, indem ich mir für den Fall, dass sie angenommen werden, einige Abänderungsvorschläge vorbehalte."

„Ich entreisse den Reichen keinen anständigen Profit, kein gesetzliches Eigenthum, ich nehme ihnen nur das Recht, die Rechte der Andern anzutasten. Ich zerstöre nicht den Handel, sondern das Raubsystem der Monopolisten, ich verurtheile sie nur zu der Strafe, auch ihre Mitmenschen leben lassen zu müssen. Der grösste Dienst, den der Gesetzgeber den Menschen erweisen kann, besteht darin, sie zu zwingen, gute Menschen zu sein. Das grösste Interesse des Menschen ist nicht, Schätze zu sammeln, und das liebwertheste Eigenthum ist nicht das Recht, den Lebensunterhalt von hundert unglücklichen Familien zu verzehren. Gesetzgeber, erinnern Sie sich, dass Sie nicht die Vertreter einer privilegirten Kaste, sondern die des französischen Volkes sind! Vergessen Sie nicht, dass die Quelle der Ordnung die Gerechtigkeit ist! dass die sicherste Garantie für die öffentliche Ruhe das Glück der Bürger ist und dass die lang dauernden Convulsionen, die den Staat zerreissen, nur der Kampf der Vorurtheile gegen die Principien, des Egoismus gegen das allgemeine Interesse, des Stolzes und der Leidenschaften der Mächtigen gegen die Rechte und Bedürfnisse der Schwachen sind."

Im December nahmen auch die Verhandlungen in dem Processe des Königs ihren Anfang. Am 3. präcisirte Robespierre seine Stellung zu der Frage, und zwar in einer Weise, die von Allem, was bis dahin in der Sache geäussert worden war, wesentlich abwich, indem er sie im Gegensatz zu den übrigen Rednern vollständig auf das politische Gebiet hinüberspielt:

„Die Versammlung hat sich unmerklich von der eigentlichen Frage abbringen lassen. Es ist hier kein Process zu führen. Ludwig ist kein Angeklagter, Sie sind keine Richter, Sie sind und können nur Staatsmänner und Vertreter der Nation sein. Sie haben nicht einen Ausspruch für oder gegen einen Menschen zu thun, sondern eine allgemeine Sicherheitsmaassregel zu ergreifen, einen Act nationaler Vorsehung auszuüben."

„Was schreibt nun eine gesunde Politik zur Befestigung der entstehenden Republik vor? Tief in die Herzen die Verachtung gegen das Königthum einzugraben und alle Anhänger des Königs mit einem betäubenden Schlage zu treffen; also dem Weltall sein Verbrechen als ein Problem, seine Sache als den Gegenstand der imponirendsten, gewissenhaftesten, schwierigsten Discussion hinzustellen, welche die Repräsentanten der französischen Nation beschäftigen kann! eine unmessbare Kluft zu reissen zwischen der Erinnerung an das, was er war, und der Würde des Bürgers, d. h. das Geheimnis aufzufinden, ihn für die Freiheit ungefährlich zu machen! Ludwig war König, und die Republik ist begründet. Die famose Frage, welche Sie beschäftigt, ist damit beantwortet. Ludwig ist durch seine Verbrechen entthront, Ludwig denuncirte das französische Volk als Rebellen; um es zu züchtigen, hat er die Waffen der Tyrannen, seiner Kumpane, herbeigerufen. Der Krieg und das Volk haben entschieden, dass er ganz allein der Rebell ist. Ludwig kann also nicht erst gerichtet werden, er ist verurtheilt, oder die Republik ist nicht freigesprochen. Den Vorschlag machen wollen, Ludwig, in welcher Art es immer sei, den Process zu machen, hiesse auf den königlichen und constitutionellen Despotismus wieder zurückkommen, und ist eine contrerevolutionäre Idee, denn es hiesse die Revolution selber zum Gegenstande des Streites machen. Wenn Ludwig noch der Gegenstand eines Processes sein kann, so kann er auch freigesprochen werden, so kann er unschuldig sein; was sage ich? so muss er so lange für unschuldig gelten, bis er gerichtet worden ist. Aber wenn angenommen werden kann, Ludwig sei unschuldig, was wird aus der Revolution? Ist sie dann nicht noch ungewiss und zweifelhaft? Wenn Ludwig unschuldig ist, dann werden alle Vertheidiger der Freiheit zu Verleumdern, und die Rebellen waren die Freunde der Wahrheit und die Vertheidiger der unterdrückten Unschuld; alle Manifeste der fremden Höfe sind alsdann nur gesetzmässige Reclamationen gegen eine herrschende Faction; die Haft, die Ludwig bis zu diesem Augenblick aussteht, ist alsdann eine ungerechte Chicane; die Fédérés, das Volk von Paris, alle Patrioten im ganzen französischen Reiche sind alsdann schuldig, und der grosse Process, der vor dem Tribunal der Natur zwischen Verbrechen und Tugend, zwischen Freiheit und Tyrannei schwebt, wäre mit einem Worte zu Gunsten des Verbrechens und der Tyrannei entschieden."

„Bürger, nehmen Sie sich in Acht, Sie werden hier durch irrige Vorstellungen getäuscht. Sie verwechseln die Regeln des bürgerlichen und positiven Rechts mit den Principien des Völkerrechts; Sie verwechseln das Verhältnis der Bürger untereinander mit den Beziehungen der Nationen zu einem Feinde, der gegen sie conspirirt; Sie verwechseln auch die Lage eines Volkes in Revolution mit der eines Volkes, das eine feste, consolidirte Regierung hat. Wir bringen mit Ideen, die uns vertraut sind, einen ausserordentlichen Fall in Beziehung, der von Principien ausgeht, die wir niemals aufgestellt und erklärt haben; weil wir gewöhnt sind Delicte, deren Zeugen wir sind, nach übereingekommenen Regeln beurtheilen zu sehen, geben wir uns auch jetzt dem Glauben hin, dass unter keinen Umständen die Nationen, ohne unbillig zu sein, gegen einen Menschen, der ihre Rechte verletzt hat, auf andere Weisse entscheiden können; und wo wir nicht eine Jury, ein Tribunal, eine Procedur sehen, finden wir auch keine Gerechtigkeit. Selbst diese Ausdrücke, welche wir auf Ideen anwenden, die von denen verschieden sind, welche Sie im gewöhnlichen Gebrauch haben, dienen dazu, uns zu täuschen. So bringt es die natürliche Herrschaft der Gewohnheit mit sich, dass wir die willkürlichsten und bisweilen fabelhaftesten Gewohnheiten als die absolute Regel des Wahren und des Falschen, des Gerechten und des Ungerechten betrachten, ja wir urtheilen selbst nicht einmal. Die Meisten halten mit Nothwendigkeit an den Vorurtheilen fest, mit denen uns der Despotismus genährt hat. Wir sind dermaassen unter sein Joch gebeugt worden, dass wir nur schwer unser Haupt zur Vernunft erheben; dass Alles, was auf die heilige Quelle aller Gesetze zurückgeht, in unseren Augen einen ungesetzlichen Charakter anzunehmen und die Ordnung der Natur selber uns eine Unordnung zu sein scheint. Die majestätischen Bewegungen eines grossen Volkes, der erhabene Aufflug der Tugend stellen sich unserm schüchternen Auge oft als Ausbrüche eines Vulcans oder als der Umsturz der politischen Gesellschaft dar; und sicher nicht die geringste Veranlassung zu den Unruhen, welche uns bewegen, ist in diesem Widerspruch zwischen der Schwäche unserer Sitten, der Entartung unserer Geister und der Reinheit der Principien, der Energie des Charakters zu finden, welche die freie Regierung voraussetzt, auf welche wir Anspruch zu machen wagen."

„Wenn eine Nation gezwungen worden ist, zu dem Rechte der Insurrection ihre Zuflucht zu nehmen, so tritt sie in Bezug auf den Tyrannen wieder in den natürlichen Zustand zurück. Wie kann dieser also den socialen Vertrag anrufen wollen? Er hat ihn ja vernichtet. Die Nation kann ihn aufrecht erhalten, wenn sie es für die Beziehungen der Bürger unter sich für zweckmässig erachtet; aber die Wirkung der Tyrannei und Insurrection besteht darin, ihn ganz zu brechen in Bezug auf den Tyrannen, besteht darin, ihn in Kriegszustand zu versetzen. Die Tribunale, die gerichtlichen Proceduren sind nur für die Glieder des Staates gemacht. Es ist ein grober Widerspruch, annehmen zu wollen, dass die Verfassung der neuen Ordnung der Dinge zur Richtschnur dienen könne, damit hätte diese sich selber überlebt. Welches sind die Gesetze, die an ihre Stelle treten? Die natürlichen, das was die Grundlage der Gesellschaft selber ist: die Volkswohlfahrt. Das Recht den Tyrannen zu entthronen und das Recht ihn zu strafen ist ein und dasselbe. Das eine erlaubt nicht andere Formen als das andere; der Process des Tyrannen ist die Insurrection, sein Urtheil ist der Sturz seiner Macht, seine Strafe diejenige, welche die Freiheit des Volkes verlangt."

„Die Völker sprechen nicht Recht, wie die Gerichtshöfe, sie erlassen nicht Urtheilssprüche, sie schleudern nur tödtliche Blitze; sie verurtheilen nicht die Könige, sie tauchen sie wieder unter in das Nichts; und diese Justiz wiegt wohl die der Gerichtshöfe auf. Wenn sich das Volk für seine Wohlfahrt gegen seine Unterdrücker wappnet, wie sollte es gehalten sein, den Modus der Bestrafung anzunehmen, der nur eine neue Gefahr für es wäre? Wir haben uns durch fremde Beispiele irre führen lassen, die mit uns nichts gemein haben. Mag Cromwell immerhin Karl I. durch eine Gerichtscommission haben aburtheilen lassen, die er in seiner Gewalt hatte, mag Elisabeth immerhin Marie von Schottland durch Richter haben verurtheilen lassen, es ist natürlich, dass Tyrannen, welche Ihresgleichen nicht dem Volke, sondern ihrem Ehrgeiz zum Opfer bringen, die öffentliche Meinung durch illusorische Formen irre zu führen suchen; da ist nicht die Rede von Principien und Freiheit, sondern von Schurkerei und Intriguen; aber welches Gesetz soll das Volk befolgen, wenn nicht das der Gerechtigkeit und Vernunft, auf dem seine Allmacht beruht?"

„In welcher Republik war die Nothwendigkeit der Bestrafung des Tyrannen eine strittige Sache? Wurde Tarquinius vor Gericht gestellt? Was würde man zu Rom gesagt haben, wenn Römer es gewagt hätten, sich zu seinen Vertheidigern aufzuwerfen? Wir rufen von allen Seiten Vertheidiger herbei, um die Sache Ludwig's zu vertreten, wir rechtfertigen als legitime Acte, was bei jedem freien Volke als das grösste der Verbrechen betrachtet worden sein würde. Wir selber fordern die Bürger zur Niedrigkeit und Verderbtheit auf; wir werden noch eines Tages den Vertheidigern Ludwig's Bürgerkronen votiren können; denn wenn sie seine Sache vertheidigen dürfen, können sie sich auch der Hoffnung hingeben, ihm zum Siege zu verhelfen, sonst würden Sie vor den Augen der Welt eine lächerliche Comödie aufführen. Und wir wagen es von Republik zu sprechen! Wir appelliren an Formelkram, weil wir keine Principien mehr haben; wir brüsten uns mit unserer Delicatesse, weil es uns an Energie fehlt; wir tragen eine falsche Humanität zur Schau, weil uns das Gefühl der wahren Humanität fremd ist; wir verehren den Schatten eines Königs, wir verstehen es aber nicht, das Volk zu ehren; wir sind zärtlich gegen die Unterdrücker, weil wir ohne Herz für die Unterdrückten sind."

„Ludwig den Process machen! Aber was ist dieser Process anderes als die Appellation der Insurrection an ein Tribunal oder an irgend eine andere Versammlung? Wenn ein König durch ein Volk vernichtet worden ist, wer hat das Recht, ihn wieder ins Leben zu erwecken, um ihn zu einem neuen Vorwande für Unruhen und Rebellion zu machen? Und welch andere Wirkung könnte dieses System äussern? Indem Sie den Anhängern Ludwig's eine Waffe in die Hand geben, rufen Sie den Kampf des Despotismus gegen die Freiheit wieder ins Leben, heiligen Sie als Recht die Verlästerung der Republik und des Volkes, denn das Recht, den alten Despoten zu vertheidigen, involvirt nothwendiger Weise auch das Recht, Alles zu sagen, was mit seiner Angelegenheit in Beziehung gebracht werden kann; Sie erwecken damit alle

Factionen, Sie rufen den eingeschlafenen Royalismus wach und ermuthigen ihn. Man wird frei dafür und dawider Partei ergreifen können. Was wäre gesetzlicher, was natürlicher als überall die Grundsätze zu wiederholen, welche seine Vertheidiger an Ihrer Schranke oder sogar auf Ihrer Rednerbühne laut ausgesprochen haben? Was wäre das für eine Republik, der ihre eigenen Gründer auf allen Seiten Gegner erwecken, um sie in der Wiege zu ersticken? Sehen Sie, welch rasche Fortschritte das System gemacht hat! Im Monat August dieses Jahres versteckten sich alle Anhänger des Königsthums; wer es gewagt hätte, Ludwig's Vertheidigung zu übernehmen, würde sofort als Verräther bestraft worden sein; heute erheben sie ungestraft ihre freche Stirn; heute ergreifen die verschrieensten Soldschreiber der Aristokratie vertrauensvoll ihre in Gift getauchte Feder und finden Nachtreter, die sie an Frechheit noch übertreffen. Heute überschwemmen Schriften, die Vorläufer der Attentate, die Stadt, in der Sie residiren, die dreiundachtzig Départements und selbst die Vorhallen des Heiligthums der Freiheit; heute haben bewaffnete Individuen — wir wissen nicht, wer sie hierher gerufen hat — die Strassen dieser Stadt von aufrührerischem Geschrei nach Straflosigkeit für Ludwig wiederhallen lassen; heute schliesst Paris in seinen Mauern Männer ein, die, hat man Ihnen gesagt, sich versammelt haben, um ihn der Gerechtigkeit der Nation zu entreissen. Es bleibt nur noch übrig, auch diese Ringbahn den Athleten zu eröffnen, die sich schon um die Ehre reissen, eine Lanze für das Königthum einzulegen, was sage ich? heute theilt Ludwig die Mandatare des Volks in zwei einander feindlich gegenüberstehenden Parteien, man spricht für und wider ihn. Wer hätte es vor zwei Monaten ahnen können, dass es hier die Frage sein könnte, ob er unverletzlich sei oder nicht. Aber seitdem ein Mitglied des Nationalconvents diese Idee aufgestellt hat als einen Gegenstand ernster Berathung, die jeder anderen Frage vorgeht, ist die Unverletzlichkeit, mit welcher die Verschwörer der Nationalversammlung ihren ersten Meineid gedeckt hatten, angerufen worden, um seine jüngsten Attentate zu beschönigen."

„O Verbrechen, o Schmach! die Tribüne des französischen Volkes hat wiedergehallt von einer Lobrede auf Ludwig! Wir haben die Tugenden und die guten Thaten des Tyrannen rühmen hören! Kaum haben wir die Ehre und die Freiheit der besten Bürger vor der Ungerechtigkeit eines übereilten Beschlusses bewahren können. Was sage ich? Wir haben die abscheulichsten Anschuldigungen gegen die Repräsentanten des Volkes, die durch ihren Eifer für die Freiheit allgemein bekannt sind, mit einer ausserordentlichen Freude aufnehmen sehen; wir haben dieselben in Gefahr gesehen, durch ihre Kollegen geopfert zu werden, sobald man sie nur hat denunciren wollen; und die Sache des Tyrannen allein ist so heilig, dass sie weder lang noch frei genug discutirt werden kann. Und warum uns wundern? Dies doppelte Phänomen ist aus derselben Ursache herzuleiten. Wenn wir ihnen darin Glauben schenken wollen, so wird der Process mindestens mehrere Monate dauern; er wird bis zum Eintritt des nächsten Frühlings währen, wo die Despoten den allgemeinen Angriff machen sollen; und welcher Spielraum ist den Verschwörern alsdann gegeben! Welche Nahrung den Intriguen und der Aristokratie geboten! So werden alle Anhänger des Tyrannen noch auf die Hilfe ihrer Verbündeten hoffen und die fremden Kronen die Kühnheit der Richter gerade so ermuthigen können, wie ihr Gold die Treue des Tribunals, das über sein Schicksal entscheiden soll, in Versuchung führen wird. Ich will es glauben, dass die Republik nicht ein leerer Name ist, mit dem man sich über uns lustig macht, aber welch andere Mittel könnte man anwenden, wenn man das Königthum wieder herstellen wollte? Gerechter Himmel! alle die wilden Horden des Despotismus schicken sich an, im Namen Ludwigs von neuem den Busen unseres Vaterlandes zu zerfleischen. Ludwig kämpft noch gegen uns von seinem Gefängnis aus, und man zweifelt noch, dass er schuldig sei, und fragt, ob es erlaubt ist, ihn als Feind zu behandeln! Man fragt, welches die Gesetze sind, die ihn verurtheilen; man ruft die Verfassung zu seinen Gunsten an!"

„Die Verfassung verbot Ihnen Alles, was Sie gegen ihn unternommen haben. Wenn er nur mit Absetzung bestraft werden könnte, so durften Sie sie nicht aussprechen, ohne ihm den Process gemacht zu haben; Sie hatten kein Recht ihn ins Gefängnis zu setzen; er hat das Recht, von Ihnen seine Freilassung und Schadenersatz zu verlangen. Die Verfassung verurtheilt Sie, werfen Sie sich ihm also zu Füssen und flehen Sie seine Gnade an! Was mich betrifft, ich würde mich schämen, ernsthaft auf diese constitutionellen Spitzfindigkeiten einzugehen, ich überlasse sie den Rechtsschulen oder dem Justizpalast oder besser noch den Kabinetten von London, Wien und Berlin. Ich verstehe es nicht, so lange zu discutiren, wo ich überzeugt bin, dass es schon ein Scandal ist, überhaupt blos zu delibriren. Warum verwandelt sich das, was der gesunde Sinn des Volks so leicht entscheidet, für seine Abgeordneten so leicht in ein fast unlösbares Problem? Haben wir das Recht einen Willen zu haben, der mit dem allgemeinen Volkswillen in Widerspruch steht, und eine Weisheit, die von der allgemeinen Vernunft verschieden ist?"

„Ich habe alle Vertheidiger der Unverletzlichkeit ein kühnes Princip aussprechen hören, das ich fast Anstand genommen haben würde selber auszusprechen; sie haben gesagt, dass diejenigen, welche Ludwig am 10. August geopfert hätten, eine tugendhafte Handlung verrichtet haben würden, aber die einzige Grundlage dieser Meinung konnten nur die Verbrechen Ludwigs und die Rechte des Volkes sein. Nun, haben drei Monate Zwischenzeit seine Verbrechen oder die Rechte des Volks verändert? Wenn man ihn damals dem allgemeinen Unwillen entzog, so geschah es einzig und allein, damit seine feierlichst im Namen der Nation durch den Convent angeordnete Bestrafung für die Feinde der Menschheit um so imposanter würde; aber wieder in Frage stellen wollen, ob er schuldig ist und ob er bestraft werden kann, heisst: das dem französischen Volke gegebene Versprechen verrathen."

„Vielleicht giebt es Leute, welche entweder um es zu verhindern, dass die Nation einen ihrer würdigen Charakter annimmt, oder um der Nation ein Beispiel zu rauben, an dem sie ihre Seele zu der Höhe der republikanischen Principien erheben würde, oder aus anderen noch schmachvolleren Gründen es ganz gern sehen würden, wenn die Hand eines Privatmannes die Functionen der nationalen Justiz ausübte. Bürger, nehmen Sie sich vor dieser Schlinge in Acht! Wer es wagen sollte, einen solchen Rath zu ertheilen, der würde nur den Feinden des Volkes dienen. Was auch geschehen mag, die Bestrafung Ludwig's ist nur gut, solange sie den feierlichen Charakter der öffentlichen Rache an sich trägt. Was kümmert sich das Volk um die elende Person des letzten Königs?"

„Es ist eine grosse Sache, hat man gesagt, die man mit weiser und langsamer Ueberlegung beurtheilen muss. Eine grosse Sache ist der Entwurf eines volksthümlichen Gesetzes; eine grosse Sache ist die eines durch den Despotismus unterdrückten Unglücklichen. Welches ist das Motiv dieses ewigen Hinausschiebens, das Sie uns empfehlen? Fürchten Sie die Meinung des Volkes zu verletzen? Als wenn das Volk selber etwas Anderes fürchtete als die Schwäche oder den Ehrgeiz seiner Mandatare; als wenn das Volk nur eine niedrige Heerde Sclaven wäre, dummer Weise einem dummen Tyrannen zugethan, der es proscribirt hat, und die sich um jeden Preis in Niedrigkeit und Knechtschaft wälzen möchten."

„Sie sprechen von der öffentlichen Meinung? Ist es nicht Ihre Sache, dieselbe zu dirigiren, sie zu stärken, wenn sie sich irrt? Wenn sie sich verschlechtert, wen trifft die Schuld, wenn nicht Sie selber? Fürchten Sie die fremden Könige miszustimmen, die sich gegen uns verbündet haben? Ohne Zweifel besteht das Mittel sie zu besiegen darin, sich den Anschein zu geben, als ob man sie fürchte? Das Mittel die verbrecherische Verschwörung der Despoten Europa's zu Nichte zu machen, darin, ihren Mitschuldigen zu respectiren? Fürchten Sie die fremden Völker? Durch welchen Widerspruch würden Sie annehmen, dass die Völker, welche nicht von der Erklärung der Rechte der Menschheit erschreckt worden sind, über die Bestrafung eines ihrer grössten Unterdrücker erstaunt sein würden?"

„Neue Schwierigkeit: zu welcher Strafe soll man Ludwig verurtheilen? Die Todesstrafe ist zu grausam. Nein, sagt ein Anderer, das Leben ist für ihn noch grausamer, ich verlange, dass man ihm das Leben lässt. Fürsprecher des Königs, wollen Sie ihn aus Mitleid oder aus Grausamkeit der Strafe für seine Verbrechen entziehen? Was mich anbetrifft, so verabscheue ich die Todesstrafe, mit der Sie in ihren Gesetzen so verschwenderisch umgehen, ich hege für Ludwig weder Hass noch Liebe; ich hasse nur seine Missethaten. Ich habe die Abschaffung der Todesstrafe in derjenigen Versammlung beantragt, die Sie noch immer die constituirende zu nennen belieben, und es ist mein Fehler nicht, wenn die ersten Principien der Vernunft ihr als moralische und politische Ketzereien erschienen sind. Aber Sie, die Sie es sich nie haben einfallen lassen, sie zu Gunsten der Unglücklichen zu verlangen, deren Verbrechen weniger die ihrigen als diejenigen einer schlechten Verwaltung sind, durch welche Fatalität erinnern Sie sich ihrer blos, um für die Sache des grössten aller Verbrecher zu plaidiren? Sie verlangen eine Ausnahme von der Todesstrafe für denjenigen allein, der sie gerade rechtfertigen könnte."

„Niemals verlangt sie die öffentliche Sicherheit für die

gewöhnlichen Verbrecher, weil die Gesellschaft mit andern Mitteln den Schuldigen in die Unmöglichkeit versetzen kann zu schaden. Aber ein König, der inmitten einer Revolution entthront worden ist, die nichts weniger als durch gerechte Gesetze schon consolidirt und befestigt ist; ein König, dessen Name allein die Geissel des Krieges auf die beunruhigte Nation herabzieht, weder Gefängnis noch Verbannung können seine Existenz für die öffentliche Wohlfahrt unschädlich machen. Und diese grausame Ausnahme von den gewöhnlichen Gesetzen, welche die Gerechtigkeit gestattet, kann nur der Natur seiner Verbrechen zugeschrieben werden. Ich spreche mit Bedauern diese verhängnisvolle Wahrheit aus, aber eher soll Ludwig sterben, als hunderttausend tugendhafte Bürger, Ludwig soll sterben, weil das Vaterland leben muss. Bei einem friedlichen, freien, aussen und innen respectirten Volke könnte man auf die Rathschläge, welche man uns giebt, grossmüthig zu sein, wohl hören; aber ein Volk, dem man noch nach so vielen Opfern und Kämpfen seine Freiheit streitig macht, ein Volk, bei dem die Gesetze nur für die Unglücklichen unerbittlich sind; ein Volk, für das das Verbrechen der Tyrannei noch problematisch und die Republik das Erbtheil der Schurken ist; ein solches Volk muss verlangen, dass man Rache an ihm nimmt und die Grossmuth, mit der man Ihnen schmeichelt, würde allzusehr derjenigen einer Räuberbande gleichen, die ihre Beute unter sich theilt."

„Ich schlage Ihnen vor, sofort über das Schicksal Ludwig's zu entscheiden. Was seine Frau anbetrifft, so mögen Sie sie, wie alle die andern Personen, die derselben Attentate angeschuldigt sind, an die Gerichte verweisen; sein Sohn soll im Temple bewacht werden, bis der Friede und die öffentliche Freiheit befestigt sind. Was Ludwig anbetrifft, so verlange ich, dass der Nationalconvent ihn für einen Verräther an der französischen Nation erkläre, für einen Verbrecher an der Menschheit. Ich verlange, dass er unter diesem Titel der

Welt ein grosses Beispiel gebe an dem Orte selbst, wo am 10. August die grossherzigen Märtyrer der Freiheit gestorben sind, und dass diesem bemerkenswerthen Ereignis ein Denkmal geweiht werde, das bestimmt sein soll, in den Herzen der Völker das Gefühl ihres Rechts und den Abscheu gegen die Tyrannen und in dem der Tyrannen den heilsamen Schrecken vor der Gerechtigkeit der Völker zu nähren und zu erhalten!"

Und am 28. sprach er sich gegen die Appellation ans Volk aus, obwohl dieselbe ganz entschieden populär war:

„Durch welche Fatalität scheint die Frage, welche am ehesten alle Stimmen und alle Interessen des Volks hätte vereinigen sollen, nur das Signal der Zwietracht und der Stürme zu sein? Ich will nicht wiederholen, dass es geheiligte Formen giebt, die nicht diejenigen der Gerichte sind; dass es unzerstörbare Principien gibt, die über einem durch Gewohnheit und Vorurtheil sanctionirten Schematismus stehen; dass das wahre Urtheil über diesen König durch die freiwillige und allgemeine Erhebung eines seiner Tyrannei müden Volkes gesprochen worden ist, welches das Scepter in der Hand des Tyrannen, der es unterdrückte, zerbrochen hat. Dies ist das sicherste und gerechteste von allen Urtheilen. Ich will nicht wiederholen, dass Ludwig also schon verurtheilt war noch vor dem Decret, durch welches Sie den Ausspruch thaten, dass er von Ihnen gerichtet werden sollte. Ich will hier nur dem System gemäss räsonniren, das überwogen hat; ich könnte selbst hinzufügen, dass ich mit dem schwachnervigsten unter Ihnen die besondere Zuneigung ganz theile, die ihn an dem Schicksal des Angeklagten Interesse nehmen lässt. Unerbittlich, wenn es sich darum handelt, abstract das Maass von Strenge zu berechnen, welches die Gerechtigkeit der Gesetze gegen die Feinde der Menschheit entfalten soll, habe ich in meinem Herzen die republikanische Tugend bei der Anwesenheit des Schuldigen schwanken fühlen, der sich vor der souveränen Macht demüthigte. Der Hass gegen den Tyrannen und die

Liebe zur Menschheit haben in dem Herzen des gerechten Mannes, der sein Land liebt, eine gemeinsame Wurzel; aber die letzte Probe von Hingebung, welche die Vertreter des Volkes dem Vaterlande schulden, besteht darin, diese erste Bewegung einer natürlichen Empfindsamkeit der Wohlfahrt eines grossen Volkes und der unterdrückten Menschheit zum Opfer zu bringen. Die schwächliche Empfindsamkeit, welche die Unschuld dem Verbrechen aufopfert, ist eine grausame Empfindsamkeit; die Milde, welche mit der Tyrannei unterhandelt, ist barbarisch. Ich rufe Sie auf, die höchsten Interessen der öffentlichen Wohlfahrt wahrzunehmen."

„Welches Motiv zwingt Sie, sich mit Ludwig zu beschäftigen? Es ist nicht das Verlangen nach einer der Nation unwürdigen Rache; es ist die Nothwendigkeit, die Freiheit und die öffentliche Ruhe durch die Bestrafung des Tyrannen zu befestigen. Jeder Modus ihn zu richten, jedes System von Langsamkeit, welches die öffentliche Ruhe compromittirt, kreuzt direct Ihren Zweck, und es wäre besser, Sie hätten es ganz unterlassen ihn strafen zu wollen, als durch seinen Process der Unordnung Nahrung zu geben und ihn zum Anfange eines Bürgerkriegs zu machen. Jeder Augenblick Verzug führt für uns eine neue Gefahr herbei; jeder Aufschub ruft verbrecherische Hoffnungen wach, ermuthigt die Frechheit der Feinde der Freiheit. Sie nähren im Schoosse dieser Versammlung das finstere Mistrauen, den grausamen Verdacht. Es ist die Stimme des beunruhigten Vaterlandes, welche Sie drängt, die Entscheidung zu beschleunigen, die es ein für allemal sicher stellen soll. Welcher Scrupel hemmt heute Ihren Eifer? Ich finde weder in den Principien der Humanitätsfreunde, noch in denen der Philosophen oder Staatsmänner, ja nicht einmal in denen der spitzfindigsten Sachwalter einen Grund dafür. Die Procedur ist bis zu Ende geführt worden. Vorgestern hat der Angeklagte selber erklärt, dass er nichts mehr zu seiner Vertheidigung vorzubringen hätte; er hat es anerkannt, dass alle für ihn nur irgendwie wünschenswerthen Formalitäten erfüllt worden wären; er hat erklärt, dass er keine anderen verlange; der Augenblick selber, in dem er sich zu seiner Rechtfertigung geäussert hat, ist für seine Sache am günstigsten; es existirt in der Welt kein Gerichtshof, der nicht in aller Seelenruhe ein solches System zu dem seinigen machen würde. Ein Unglücklicher, der in flagranti ergriffen wurde oder einfach eines gewöhnlichen Verbrechens auf tausendmal schwächere Indicien hin angeschuldigt wird, würde ohne Weiteres in den ersten vierundzwanzig Stunden verurtheilt worden sein."

„Begründer der Republik, mit diesen Principien hätten Sie den Tyrannen des französischen Volkes in Ihrer Seele und in Ihrem Gewissen schon lange richten können. Welches war das Motiv eines neuen Aufschubs? Wollen Sie neue schriftliche Beweise gegen den Angeschuldigten aufbringen; wollen Sie neue Zeugen vernehmen? Diese Idee ist auch nicht einem Einzigen unter uns in den Sinn gekomken. Zweifelten Sie an seiner Schuld? Nein, Sie würden sonst an der Gesetzmässigkeit und Nothwendigkeit der Insurrection gezweifelt haben müssen; und fern davon den Tyrannen zu strafen, würden Sie der Nation selber den Prozess gemacht haben!"

„Schon haben Sie zweimal Aufschub beschlossen und weit davon entfernt zu denken, dass Sie damit die Gerechtigkeit und die Weisheit verletzten, waren Sie vielmehr versucht, sich Leichtfertigkeit vorzuwerfen. Täuschten Sie sich damals? Nein, in dem ersten Augenblick waren Ihre Ansichten gesunder und Ihre Principien fester. Je mehr Sie sich aber in das gegenwärtige System hineindrängen lassen, desto mehr werden Sie von Ihrer Energie und Weisheit einbüssen, desto mehr wird sich der Eigenwille der Vertreter des Volks, der vielleicht ohne Ihr Wissen irregeführt ist, von dem allgemeinen Willen entfernen, der sein höchstes Regulativ sein soll. Man muss es sagen, das ist der natürliche Lauf der Dinge, das ist die unglückliche Neigung des menschlichen Herzens. Dafür ein frappantes Beispiel! Als Ludwig nach seiner Rückkehr aus Varennes dem Urtheile der ersten Versammlung von Volksvertretern unterstellt wurde, erhob sich ein Schrei des Unwillens gegen ihn, es gab nur eine Stimme, er möchte verurtheilt werden. Wenige Zeit nachher änderten sich die Ansichten, die Sophismen und Intriguen siegten über die Freiheit und Gerechtigkeit, es galt für ein Verbrechen auf der Rednerbühne der Versammlung die Strenge der Gesetze gegen ihn anzurufen; und diejenigen, die heute zum zweiten Male von Ihnen die Bestrafung seiner Attentate verlangen, wurden damals in dem ganzen Umfange von Frankreich proscribirt, verfolgt, verleumdet, gerade weil sie in zu kleiner Zahl der öffentlichen Sache und den strengen Principien der Freiheit treu geblieben waren; Ludwig war heilig und unverletzlich; die Vertreter des Volks, die ihn anklagten, waren Aufrührer, Niederreisser, und — was schlimmer ist — Republikaner. Was sage ich! Das Blut der besten Bürger, das Blut von Frauen und Kindern floss für ihn auf dem Altare des Vaterlandes. Wir sind auch Menschen, wir wissen auch die Erfahrungen unserer Vorgänger zu benutzen. Ich habe nicht an die Nothwendigkeit ihn sofort richten zu müssen geglaubt; es existirte aber ein sehr moralischer Grund, welcher an sich schon diese Maassregel rechtfertigen konnte. Es ist der, die Richter jedem fremden Einfluss zu entziehen; ihre Unparteilichkeit und Unbestechlichkeit dadurch zu garantiren, dass man sie allein mit ihrem Gewissen und den Beweisstücken so lange einschliesst, bis sie ihr Urtheil gesprochen haben. Das ist das Motiv des englischen Gesetzes, welches die Geschwornen dem Zwange unterwirft, den man auch Ihnen auferlegen wollte; so war das Gesetz, welches von verschiedenen durch ihre Weisheit berühmt gewordenen Völkern adoptirt worden ist. Eine ähnliche Maassregel würde Sie so wenig entehrt haben, wie England und die übrigen Nationen, die dieselben Maximen adoptirt haben; aber ich hielt sie und halte sie noch für überflüssig. Der Ruhm des Nationalconvents muss darin bestehen, einen grossen Charakter zu entfalten und die sclavischen Vorurtheile den grossen Principien der Vernunft und Philosophie zum Opfer zu bringen. Ich sehe seine Würde in dem Maasse schwinden, als wir diese Energie der republikanischen Grundsätze vergessen, um uns in ein Labyrinth von unnützen und lächerlichen Chimären zu verlieren, und unsere Redner auf dieser Tribüne der Nation uns einen neuen Cursus der Monarchie zum Besten geben."

„Ihre grössere und geringere Strenge wird auch das Maass für die Kühnheit oder Nachgiebigkeit der fremden Despoten, wird auch das Unterpfand für unsere Knechtschaft oder für unsere Freiheit sein. Der Sieg wird darüber entscheiden, ob Sie Rebellen oder Wohlthäter der Menschheit sind, und es ist die Grösse Ihres Charakters, durch die der Sieg bedingt wird. Aber was sind wir noch fern von diesem Ziele, wenn eine so befremdliche Meinung vorherrscht, die man Anfangs kaum gewagt hätte zu fassen, die man dann leise andeutete und die man sich schliesslich nicht entblödet, laut und öffentlich auszusprechen! Wir schienen Anfangs nicht besorgt über die Folgen des Aufschubs, welche der Verlauf dieser Angelegenheit nach sich ziehen konnte, und jetzt garantirt man uns gewissermaassen den unvermeidlichen Untergang der Republik. Und was thut es uns, ob man eine unheilvolle Absicht unter dem Schleier der Weisheit und unter dem Scheinvorwande der Volkssouveränität verdecken will? Das war der perfide Kunstgriff aller Tyrannen. Ja, ich erkläre es laut, ich sehe für die Zukunft in dem Processe des Tyrannen nur ein Mittel, uns durch die Anarchie zum Despotismus zurückzuführen; ich rufe Sie dafür zu Zeugen auf. Bürger! Als im ersten Augenblick die Rede war von Ludwig dem Letzten und dem damals zu seiner

Aburtheilung express zusammen berufenen Nationalconvent und Sie Ihre Heimath verliessen, entflammt von der Liebe zur Freiheit und erfüllt von dem grossherzigen Enthusiasmus, den Ihnen die noch frischen Beweise der Verbrechen des Tyrannen einflössten, wenn Ihnen da Jemand gesagt hätte: „Sie glauben, dass Sie den Process, der den Tyrannen definitiv richten soll, in acht, in vierzehn Tagen, in drei Monaten beendet haben werden? Sie täuschen sich, Sie werden es nicht einmal selber sein, welche die Strafe aussprechen, die ihm gebührt; ich schlage Ihnen vor, die Sache in die 48000 Sectionen zurückzuweisen, in die Frankreich getheilt ist, damit diese die Sache erledigen und Sie werden auf meinen Vorschlag eingehen", Sie würden über das Vertrauen des Antragstellers hell aufgelacht und seinen Antrag als mordbrennerisch und nur gemacht, um den Bürgerkrieg zu entflammen, ohne Weiteres verworfen haben. Man sagt, die Stimmung der Gemüther habe sich geändert? Nein, der Einfluss einer verpesteten Athmosphäre ist so gross, dass die einfachsten und natürlichsten Ideen durch die gefährlichsten Sophismen erstickt worden sind."

„Ich sehe in dieser sogenannten Appellation an das Volk nichts weiter als eine Appellation von dem, was das Volk gewollt, von dem, was das Volk gethan hat in dem Augenblick, wo es seine Kraft entfaltete und zu der Zeit, wo es seinen Willen ausdrückte, d. h. zu der Zeit der Insurrection vom 10. August, an alle versteckten Feinde der Gleichheit. Ich sehe darin das sicherste Mittel, alle Royalisten zu sammeln. Warum sollten sie auch nicht kommen wollen, ihren Chef zu vertheidigen, wenn das Gesetz selber alle Bürger aufruft, diese grosse Frage mit aller Freiheit zu discutiren? Wer ist nun aber beredter, geschickter, fruchtbarer an Hilfsmitteln jeder Art, als die Intriganten, die anständigen Leute, d. h. die Schurken des alten und selbst des neuen Régime? Mit welcher Kunst werden sie zunächst gegen den König declamiren, um schliesslich Anträge zu seinen Gunsten zu stellen! Mit welcher Beredtsamkeit werden sie die Souveränität des Volkes und die Menschenrechte proclamiren, um den Despotismus zurückzuführen! Welche Idee, die Sache eines Menschen, ja die Hälfte der Sache eines Menschen durch ein Tribunal richten lassen zu wollen, das sich aus 48000 Gerichten zusammensetzt! Wenn man der Menschheit einreden wollte, der König sei ein Wesen, welches über den Menschen steht; wenn man die ekelhafte Krankheit des Königthums unheilbar machen wollte, welch sinnreicheres Mittel könnte man erdenken, als eine Nation von fünfundzwanzig Millionen zusammenzuberufen, um ihn zu richten! Es geschieht nur, sagt man, um die Strafe festzusetzen, welche er verdient haben kann, und diese Idee, die Function des Souveräns auf die Befugnis beschränken zu wollen, die Strafe zu bestimmen, ist ohne Zweifel mit einer der geistreichsten Züge des Systems. Man hat denn doch gefühlt, dass die Idee eine Procedur durch alle Urwählerversammlungen des französischen Reiches instruiren zu lassen, zu lächerlich wäre, und hat sich deshalb entschlossen, ihnen nur die Frage unterstellen zu wollen, welches der Grad der Strenge sein solle, welche die Verbrechen Ludwig's verlangen können, aber man hat nur das vermieden, was reiner Blödsinn wäre, ohne die damit verbundenen Unzuträglichkeiten zu vermindern. Und in der That, wenn man einen Theil der Sache Ludwig's vor den Souverän bringt, wer kann es verhindern, dass sie hier nicht ganz geprüft wird? Wer kann dem Souverän das Recht bestreiten, den Process zu revidiren, die Denkschriften einzusehen, die Rechtfertigung des Angeklagten anzuhören, der die ganze versammelte Nation wird um Gnade bitten wollen, und so die ganze Sache noch einmal zu verhandeln?"

„Damit hätte in jeder Urwählerversammlung eine Procedur ihren Anfang genommen; aber beschränkte sich dieselbe auch blos auf die Straffrage, immerhin müsste sie doch

discutirt werden; und wer würde nicht daraus das Recht
für sich ableiten, die Discussion in alle Ewigkeit hinauszu-
schieben, wenn selbst die Nationalversammlung es nicht gewagt hat, sie zu discutiren? Wer kann daher angeben, wann
diese grosse Sache abgemacht sein wird? Die Schnelligkeit der
Entwicklung wird von den Intriguen abhangen, welche eine jede
der verschiedenen Sectionen Frankreich's aufwühlen, von dem
Eifer oder der Langsamkeit, womit man die Stimme in den
Urversammlungen sammeln wird, dann endlich von dem Eifer
oder der Nachlässigkeit, von der Gewissenhaftigkeit oder Par-
teilichkeit, mit der sie von den Directorien der Départements
geprüft und dem Nationalconvent übermacht werden, der sie
seinerseits zusammenzustellen hat. Indessen der auswärtige
Krieg ist nicht beendet; und die Zeit naht heran, wo alle
verbündeten Despoten und Mitschuldige Ludwig's alle ihre
Kräfte gegen die noch in der Entstehung befindliche Republik
entfalten und die Nation über Ludwig debattiren finden werden;
sie werden sie damit beschäftigt finden, darüber zu entscheiden,
ob er den Tod verdient hat, mit dem Strafgesetz in der Hand
und die Motive abwägend, die sie veranlassen ihn mit Milde
zu behandeln; sie werden sie antreffen ermüdet, erschöpft
und durch scandalösen Zwiespalt bis auf den Grund aufgeregt.
Dann, wenn die unerschrockenen Freunde der Freiheit noch
nicht geopfert sein werden, die man heute mit solcher
Wuth verfolgt, werden sie Besseres zu thun haben, als über
einen Punkt der Procedur zu streiten. Sie werden zur Vertheidigung des Landes eilen müssen, die Tribüne und den
Schauplatz der Versammlungen, welche in die Arena der
Chicaneurs verwandelt sind, den Reichen, den natürlichen
Freunden der Monarchie, den Egoisten, den Feigen und
Schwachen, den Anhängern des Feuillantismus und der Aristokratie überlassend. Und im Namen des öffentlichen Friedens
unter dem Vorwande den Bürgerkrieg zu vermeiden, macht
man Ihnen diese unsinnigen Vorschläge. So hat man zu

allen Zeiten gesprochen, um Sie zu täuschen. Haben nicht auch Ludwig, Lafayette und alle seine Mitschuldigen in der Nationalversammlung und auch sonst im Namen des Friedens und der Freiheit den Staat beunruhigt und den Patriotismus verleumdet und gemordet?"

„Um Sie zur Annahme dieses befremdlichen Systems zu bestimmen, hat man Ihnen ein meiner Meinung nach befremdliches Dilemma gestellt: entweder will das Volk den Tod des Tyrannen oder es will ihn nicht. Wenn es ihn will, worin läge die Unzuträglichkeit an dasselbe zu appelliren? Wenn es ihn nicht will, mit welchem Rechte könnten Sie ihn alsdann ermorden? Darauf antworte ich: zuerst ist es mir gar nicht zweifelhaft, dass das Volk seinen Tod will; wenn Sie unter diesem Wort die Majorität der Nation verstehen, ohne den zahlreichsten, den unglücklichsten und den reinsten Theil der Gesellschaft davon auszuschliessen, denjenigen, auf den alle Verbrechen der Tyrannei und des Egoismus am meisten drücken, so hat diese Majorität ihren Willen in dem Augenblick ausgesprochen, wo sie das Joch des Exkönigs abschüttellte; sie ist es, die die Revolution angefangen und unterhalten hat; sie hat Muth, aber sie hat weder Finesse, noch Beredtsamkeit; sie zerschmettert die Tyrannen, aber sie ist oft der Spielball der Schurken. Diese Majorität darf nicht durch beständige Versammlungen ermüdet werden, in denen nur allzu oft eine intrigante Minorität dominirt; sie kann nicht in Ihren politischen Versammlungen sein, wenn sie in ihren Werkstätten ist; sie kann nicht über Ludwig zu Gericht sitzen, wenn sie im Schweisse ihres Angesichts die künftigen Bürger ernährt, welche sie dem Vaterlande giebt. Ich vertraue dem allgemeinen Willen besonders in den Augenblicken, wo er durch das Interesse an der allgemeinen Wohlfahrt wachgerufen ist; ich fürchte aber die Intriguen, besonders in den Unruhen, die sie herbeiführen, und inmitten der Schlingen, die sie lange vorbereitet haben; ich fürchte die Intriguen, wenn die Aristokraten wieder ermuthigt ihr stolzes Haupt erheben; wenn die Emigrirten in Verachtung der Gesetze wiederkommen; wenn die öffentliche Meinung durch Schmähschriften bearbeitet wird, mit denen Frankreich von einer allmächtigen Partei überschwemmt wird, die nicht ein einziges Wort über die Republik enthalten; die niemals die Geister über den Process Ludwig's des Letzten aufklären; die nur seiner Sache günstige Ansichten und Meinungen verbreiten; die alle diejenigen verleumden, welche seine Verurtheilung mit dem meisten Eifer betreiben."

„Ich sehe daher in Ihrem System nur die Absicht, den Willen des Volkes zu vernichten und die Feinde zu sammeln, die es besiegt hat. Wenn Sie einen solchen scrupulösen Respect vor seinem souveränen Willen zu haben vorgeben, so müssen Sie ihn auch zu respectiren wissen; so müssen Sie auch den Auftrag erfüllen, den man ihnen anvertraut hat! Es heisst mit der Majestät des Souveräns spielen, wenn man an ihn eine Angelegenheit zurückgehen lässt, die er Sie beauftragt hat zu Ende zu führen. Wenn das Volk immer Zeit hätte sich zu versammeln, um Processe oder Staatsfragen zu entscheiden, würde es Ihnen die Sorge für seine Interessen anvertraut haben? Wird es nicht die feige Politik derjenigen verabscheuen, die sich nur der Souveränität des Volkes erinnern, wenn es sich darum handelt, den Schatten des Königthums zu schonen? Warum sollen die Vertreter über das Verbrechen entscheiden und das Volk über die Strafe? Wenn Sie für eine Frage competent sind, warum sollten Sie es nicht auch für die zweite sein? Wenn Sie kühn genug sind, die eine zu entscheiden, warum sind Sie zu furchtsam, um es zu wagen auch an die andere zu gehen? Kennen Sie die Gesetze weniger gut, als die Bürger, welche Sie gewählt haben, sie zu machen? Ist das Strafgesetzbuch für Sie ein verschlossenes Buch? Können Sie darin nicht die Strafe lesen, die gegen Verschwörer festgesetzt ist? Nun also, wenn

Sie den Ausspruch gethan haben, dass Ludwig gegen die Freiheit und gegen die Sicherheit des Staates conspirirt hat, welche Schwierigkeit finden Sie darin, nun auch zu erklären, dass er sie verdient hat? Ist diese Consequenz so schwer zu ziehen, dass es dazu 48000 Versammlungen bedarf? Aus welchen schmachvollen Motiven hat man Sie zu diesem Uebermaass von Thorheit verführen wollen? Man hat ihnen dadurch Furcht machen wollen, dass man Ihnen vorstellte, das Volk werde von Ihnen Rechenschaft verlangen für das Blut des Tyrannen, das Sie würden vergossen haben. Französisches Volk, höre! Man will Dich darstellen, als seiest Du gesonnen von Deinen Vertretern Rechenschaft zu verlangen für das Blut Deines Mörders, für Dein Blut, das er vergossen hat. Und Sie, Repräsentanten, verachtet man bis zu dem Grade, dass man Sie durch Schreck bestimmen will, der Tugend abtrünnig zu werden! Ach, in diesem Falle habe ich Ihnen nichts mehr zu sagen, weil es eine Wahrheit ist, dass die Furcht Vernunftsgründen nicht zugängig ist; es ist nicht mehr die Sache Ludwig's, welche man an das Volk verweisen will, sondern die ganze Revolution!"

„Ich kenne den Eifer, der Sie für das öffentliche Wohl beseelt, Sie sind die letzte Hoffnung des Vaterlandes, Sie können es noch retten. Warum müssen wir bisweilen immer wieder daran erinnert werden, dass wir unsere Laufbahn unter abscheulichen Auspicien, unter der Herrschaft der Verleumdung und derselben Intriguen beginnen, welche die Nationalversammlung irre geführt haben? Ich bin erstaunt über die Aehnlichkeit, die ich zwischen den beiden Epochen unserer Revolution wahrnehme. Als Ludwig nach Paris zurück gebracht wurde, fürchtete die Nationalversammlung auch die öffentliche Meinung und hatte Furcht vor ihrer Umgebung. Das Volk wagte es, den Wunsch nach Bestrafung Ludwig's zu äussern. Das Blut des Volkes wurde vergossen. Heute, ich gebe es zu, ist nicht mehr die Rede davon, Ludwig freizusprechen, wir stehen dem 10. August und dem Tage, an dem das Königthum abgeschafft wurde, noch zu nahe. Aber es ist die Rede davon, die Beendigung des Processes bis auf die Zeit des Einfalles der fremden Mächte in unser Gebiet zu verschieben und ihm die Unterstützung des Bürgerkrieges zu Theil werden zu lassen. Heute will man ihn nicht für unverletzlich erklären, aber man will machen, dass er unbestraft bleibt; es handelt sich nicht darum, ihn wieder auf den Thron zu setzen, aber man will die Ereignisse abwarten. Ludwig hat auch vor den Vertheidigern der Freiheit den Vortheil voraus, dass diese mit grösserer Wuth verfolgt werden, als er selber. Niemand kann daran zweifeln, dass sie heute mit grösserem Nachdruck und mit mehr Aufwand aller Mittel verleumdet werden, als im Juli 1791."

„Damals waren wir Aufrührer, heute sind wir Agitatoren und Anarchisten. Damals dominirten die Freunde des Friedens und die illustren Vertheidiger der Gesetzlichkeit. Seit dem sind sie für Verräther am Vaterlande erklärt worden; aber was haben wir damit gewonnen? Ihre alten Freunde befinden sich noch unter Ihnen. Mehrere Mitglieder der Majorität jener Zeit suchen sie zu rächen. Was Niemand von Ihnen bemerkt hat und was es doch verdient, Ihre Neugier rege zu machen, ist der Umstand, dass der Redner, welcher, nachdem er nach Brauch ein Libell unter alle Mitglieder vertheilt hatte, gestern mit so grossem Ungestüm dies System, Ludwig's Angelegenheit an das Tribunal der Urversammlungen zu verweisen, in einer mit Declamationen gegen den Patriotismus gespickten Standrede in Vorschlag gebracht und entwickelt hat, genau derselbe ist, welcher in der Nationalversammlung seine Stimme der herrschenden Cabale lieh, um das System der absoluten Unverletzlichkeit zu vertheidigen und welcher uns der Proscription weihte, weil wir es gewagt hatten die Freiheit zu vertheidigen. Mit einem Worte, denn es muss Alles gesagt werden, es ist derselbe, der drei Tage nach dem Gemetzel auf dem Champ-de-Mars es wagte, den Antrag zu stellen, eine ausserordentliche Commission einzusetzen, um in kürzester Frist und ohne Appellation die Patrioten zu richten, die dem Eisen der Mörder glücklich entronnen waren. Ich weiss nicht, ob die warmen Freunde der Freiheit, welche noch heute die Verurtheilung Ludwig's betreiben, Royalisten geworden sind, aber ich zweifle sehr, dass die Menschen, von denen ich spreche, Charakter und Principien geändert haben. Aber was für mich für erwiesen gilt, ist der Umstand, dass dieselben Leidenschaften und Fehler unter verschiedenen Nüancen uns unwiderstehlich auf der schiefen Ebene zu demselben Ziele hinabgleiten lassen. Damals gab uns die Intrigue eine ephemere und fehlerhafte Verfassung, heute hindert sie uns eine bessere zu machen und führt uns zur Auflösung des Staates."

„Wenn es ein Mittel giebt, diesem Unglück vorzubeugen, so ist es kein anderes als das, die ganze Wahrheit zu sagen, und Ihnen den schändlichen Plan der Feinde der öffentlichen Wohlfahrt zu enthüllen. Aber welche Mittel haben wir, diese Pflicht mit Erfolg zu erfüllen? Wer ist der Mann mit gesunden Sinnen und mit einiger Kenntnis unserer Revolution, der hoffen könnte, in einem Augenblick das ungeheuerliche Werk der Verleumdung zu zerstören? Wie könnte die strenge Wahrheit den Einfluss vernichten, durch den die feige Heuchelei die Leichtgläubigkeit und vielleicht auch den Bürgersinn selber verführt hat? Ich habe bemerkt, was um uns her vorgeht; ich sehe deutlich, dass die Partei, deren grosse Gefährlichkeit ich nachgewiesen habe, das Vaterland ins Verderben führen will. Ich weiss nicht, welche Vorahnung mich warnt. Ich könnte in einer sicheren Weise die Ereignisse voraussagen, welche diesem Entschlusse folgen werden, nach der Kenntnis, die ich von den leitenden Personen besitze. Was gewiss ist, ist der Umstand, dass welches auch das Resultat dieser unheilvollen Maassregel sein möge, sie stets zum Vortheil für ihre Sonderabsichten ausschlagen wird. Um den Bürgerkrieg herauf zu beschwören, wird es nicht einmal nöthig sein, dass sie vollständig ausgeführt werde. Sie rechnen auf die Gährung, welche diese stürmische und endlose Berathung in den Geistern hervorbringen wird. Diejenigen, welche nicht wollen, dass Ludwig unter dem Schwerte des Gesetzes falle, wünschen ihn durch eine Volksbewegung geopfert zu sehen, und sie werden nichts unterlassen, um sie herbeizuführen."

„Unglückliches Volk, man bedient sich Deiner Tugenden selbst, um Dich zu täuschen, und das Meisterstück der Tyrannei besteht darin, Deinen gerechten Unwillen hervorzurufen, um Dir in der Folge ein Verbrechen nicht blos aus den unüberlegten Schritten, zu denen derselbe Dich führen kann, sondern selbst aus den Zeichen der Unzufriedenheit zu machen, die Dir entschlüpfen. So lockte Dich ein treuloser Hof unterstützt von Lafayette an den Altar des Vaterlandes wie in eine Schlinge, um Dich dort morden zu lassen. Was sage ich? Ach, wenn zahlreiche Bürger, welche ohne Wissen der eingesetzten Behörden in diese Stadt strömen, wenn die Emissäre unserer Feinde ein Attentat auf das Leben des verhängnisvollen Gegenstandes unserer Zwistigkeiten unternähmen, dann würde man Dir diesen Act zur Last legen. Dann würden sie gegen Dich die Bürger der anderen Theile des Reiches in Bewegung setzen; dann würden sie Deine Feinde gegen Dich bewaffnen. Unglückliches Volk, Du hast der Sache der Menschheit zu gute Dienste geleistet, um in den Augen der Tyrannei nicht als schuldig zu erscheinen. Sie werden uns Deinen Blicken entreissen wollen, um in Frieden diese fluchwürdigen Pläne auszuführen. Und wenn wir scheiden, werden wir Dir zum Abschiede den Untergang, das Elend, den Krieg, den Verlust der Republik hinterlassen. Zweifeln Sie an diesem Plane? Dann haben Sie niemals über dies ganze System der Verleumdung nachgedacht, wie es in Ihrem Schoosse und auf dieser Tribüne entwickelt worden ist. Sie kennen also nicht die Geschichte unserer traurigen und stürmischen Sitzungen? Es hat auch derjenige eine grosse Wahrheit gesagt, der Ihnen gestern sagte, dass man mit diesen Verleumdungen auf die Auflösung des Nationalconvents ausginge. Bedarf es für Sie noch anderer Beweise als diese Discussion? Ist es nicht ganz klar, dass man weniger Ludwig den Process macht, als den wärmsten Vertheidigern der Freiheit? Deklamirt man gegen die Tyrannei Ludwig's? Nein, es geschieht gegen die Tyrannei einer kleinen Zahl unterdrückter Patrioten. Fürchtet man die Complotte der Aristokratie? Nein, man fürchtet die Dictatur und ich weiss nicht, welche Deputirten des Volkes, welche — sagt man — da sind, jeden Augenblick bereit, seine Stelle einzunehmen. Man will deshalb den Tyrannen erhalten, um ihn ihrem Ehrgeiz entgegenzustellen. Sie verfügen über die ganze öffentliche Macht und über alle Schätze des Staates, und sie beschuldigen uns des Despotismus! Es giebt nicht einen Weiler in der Republik, wo sie uns nicht mit einer unerhörten Unverschämtheit verleumdet haben, und sie schreien über Verleumdung! Sie nehmen uns selbst das Recht der Stimmabgabe und denunciren uns als Tyrannen! Sie stellen als Acte der Revolte den Schmerzensschrei des Patriotismus hin, der durch die Excesse der Treulosigkeit vergewaltigt worden ist, und erfüllen dies Heiligthum mit Wuth- und Rachegeschrei!"

„Ja, ohne Zweifel, es existirt ein Plan, den Convent bei Gelegenheit dieser nie enden wollenden Geschichte zu erniedrigen und vielleicht aufzulösen. Dieser Plan existirt, aber nicht bei denen, welche mit Energie die Principien der Freiheit geltend machen; nicht bei dem Volke, das der Freiheit Alles geopfert hat; nicht bei der Majorität des Nationalconvents, der das Gute und Wahre sucht; selbst nicht bei denen, die nur der Spielball der unheilvollen Intrigue und das blinde Werkzeug fremder Leidenschaften sind; sondern bei einigen zwanzig Schurken, welche alle diese Triebfedern in Bewegung gesetzt haben; bei denen, die über die grössten Interessen des Vaterlands Schweigen beobachten, die sich enthalten über das ihre Meinung auszusprechen, was den letzten König anbetrifft, deren heimtükische und verderbliche Thätigkeit aber alle diese Unruhen hervorgebracht hat, welche uns bewegen, und die Uebel vorbereitet, die unser warten."

„Wie wollen wir aus diesem Abgrunde herauskommen, wenn wir nicht zu den Principien zurückkehren und wenn wir nicht zu der Quelle unserer Uebel hinaufsteigen? Welch Frieden kann zwischen dem Unterdrücker und dem Unterdrückten bestehen? Welche Eintracht kann da herrschen, wo die Freiheit der Meinung nicht besser respectirt wird? Jede Weise sie zu verletzen, ist ein Attentat gegen die Nation. Ein Volksvertreter lässt sich nicht so ohne weiteres das Recht nehmen, die Rechte des Volkes zu vertheidigen; keine Macht der Welt kann es ihm nehmen, wenn sie ihm nicht gleichzeitig das Leben nimmt. Schon hat man, um die Zwietracht zu verewigen, um sich zum Herrn der Berathungen zu machen, den Unterschied zwischen Mehrheit und Minderheit ausgesonnen. Die Mehrheit sind die guten Bürger, die Mehrheit ist nicht permanent, weil sie keiner Partei angehört. Sie erneuert sich bei jeder Berathung sie ist immer frei, weil sie der öffentlichen Sache und der ewigen Vernunft angehört, und wenn die Versammlung einen Irrthum erkennt, zu dem sie durch Ueberrumpelung verführt worden ist, so wird die Minderheit zur Mehrheit. Die Minderheit hat überall ein ewiges Recht, es besteht darin, die Stimme der Wahrheit oder das, was sie dafür hält, hören zu lassen. Die Tugend war immer in der Minderheit auf Erden. Würde anders die Erde mit Tyrannen und Scalven bevölkert sein? Hampden und Sydney waren von der Minderheit, denn sie starben auf dem Schaffot. Die Kritias, die Anitos, die Caesar, die Clodius waren von der Mehrheit, aber Socrates war von der Minderheit; denn er trank den Schirlingsbecher; Cato war von der Minderheit, denn er stürzte sich selber in sein Schwert. Ich weiss hier Viele, die, wenn es sein muss, der Freiheit dienen werden wie Sydney und Hampden; und wären es ihrer nur fünfzig, stark durch die Waffen der Gerechtigkeit und der Vernunft, werden Sie sie früher oder später triumphiren sehen. Dieser einzige Gedanke muss eine kleine Zahl Intriganten zittern machen, welche glauben, die Majorität tyrannisiren zu können. Einstweilen verlange ich wenigstens die Priorität für den Tyrannen. Vereinigen wir uns zur Rettung des Vaterlandes und möge unsere Berathung endlich einmal einen unser und der Sache, die wir vertheidigen, würdigen Charakter annehmen; verbannen wir wenigstens alle diese bedauerlichen Incidenzfälle, welche Sie entehren. Verlieren wir nicht mehr unsere Zeit damit, uns zu verfolgen, statt Ludwig zu richten, und lernen wir es, die Veranlassung unserer Unruhen richtig zu würdigen. Alles scheint sich gegen den öffentlichen Frieden zu verschwören. Die Natur unserer Debatten erregt und erbittert die öffentliche Meinung, und diese Meinung reagirt schmerzlich gegen uns. Das Mistrauen der Volksvertreter scheint mit dem Unglück der Bürger zu wachsen; ein Wort, der kleinste Umstand irritirt uns; Uebelwollen lässt ihn übertreiben; täglich denkt man Anecdoten aus, deren Zweck es ist, diese Voreingenommenheit zu verstärken, und die kleinsten Ursachen können uns zu den schrecklichsten Resultaten führen. Ein einziger ungemässigter Ausdruck der Empfindungen des Publikums, den es so leicht wäre zu verhindern, wird der Vorwand zu den gefährlichsten Maassregeln und Vorschlägen, welche die grössten Attentate auf die Principien sind."

„Volk, erspare Dir wenigstens diese Art von Misgeschick! Spare Deinen Beifall auf bis zu dem Tage, wo wir ein der Menschheit nützliches Gesetz gemacht haben werden! Seht Ihr nicht, dass Ihr den Vorwand gebt, die heilige Sache, die wir vertheidigen, zu verleumden? Eher als die strengen Regeln zu verletzen, flieht das Schauspiel unserer Debatten! Wir werden nichts desto weniger kämpfen. An uns allein ist es, Deine Sache zu vertheidigen; erst wenn der letzte Deiner Vertheidiger umgekommen sein wird, dann räche ihn, wenn Du willst, dann nimm Du es selber in die Hand, die Freiheit triumphiren zu lassen. Bürger, wer Ihr auch seid, wacht um den Tempel; setzt, wenn es nöthig ist, dem perfiden Uebelwollen und dem falschen Patriotismus einen Halt und macht die Complotte unserer Feinde zu Schanden! Verhängnisvolles anvertrautes Gut! War es nicht genug, dass der Despotismus des Tyrannen lange auf dieser Stadt lastete? Muss selbst seine Bewachung für sie eine neue Calamität werden? Will man diesen Process nur verewigen, um die Mittel zu verewigen, das Volk verleumden zu können, das ihn vom Throne gestossen hat?"

„Ich habe den Nachweis geführt, dass der Antrag, die Angelegenheit von Ludwig den Urversammlungen zu unterbreiten, auf die Erregung des Bürgerkrieges abzielt. Wenn mir nicht vergönnt sein sollte, zur Rettung meines Landes beitragen zu können, so nehme ich in diesem Augenblick wenigstens Act von den Anstrengungen, welche ich gemacht habe, um den Calamitäten vorzubeugen, die es bedrohen."

„Ich verlange, dass der Convent Ludwig für schuldig und des Todes würdig erkläre!"

Robespierre's Ansichten drangen im Convent durch, was die Wuth der Girondisten, welche in der Hoffnung, dadurch den König zu retten — gegen den Tod zu stimmen glaubten sie nämlich aus Furcht, ihre Popularität aufs Spiel zu setzen, nicht wagen zu dürfen — die Appellation an die Urwählerversammlungen aufs Tapet gebracht hatten, geradezu bis zum Wahnsinn steigerte, Beweis die wahrhaft empörende Ungerechtigkeit, mit der der girondistische Präsident Treilhard ihn gelegentlich der Discussion über die Permanenz der

Sectionen am 6. Januar nach Unterbrechungen aller Art von Seiten der Girondisten zur Ordnung rief und ihm das Wort entziehen wollte.

Bei der Abstimmung über die Frage, welche Strafe Ludwig treffen sollte (quelle peine sera infligée à Louis), gab Robespierre seine Stimme für die Todesstrafe mit folgender Motivirung ab:

„In Sachen, die klar sind, liebe ich es nicht lange Reden zu halten, sie sind von schlimmer Vorbedeutung für die Freiheit, sie können nicht die Wahrheits- und Vaterlandsliebe ersetzen, die sie überflüssig macht. Ich bin stolz darauf, von den haarspaltenden Unterscheidungen nichts zu verstehen, die ersonnen worden sind, um die klare Consequenz eines allgemein anerkannten Princips illusorisch zu machen. Ich habe es nie verstanden, meine politische Existenz zu zersetzen, um in mir zwei disparate Eigenschaften zu finden, die des Richters und die des Staatsmannes, die erstere, um den Angeklagten für schuldig zu erklären, die letztere, um mich davon zu dispensiren, die Strafe über ihn zu verhängen. Alles, was ich weiss, ist, dass wir die Vertreter des Volkes sind, hierher gesandt, um die öffentliche Freiheit durch den Tod des Tyrannen zu besiegeln, und das ist mir genug. Ich vermag es nicht, der Gerechtigkeit und Vernunft dadurch Gewalt anzuthun, das ich dem Leben eines Despoten einen grösseren Werth beilege als demjenigen eines einfachen Bürgers, und meinen Geist auf die Folter spanne, um den grössten unter den Schuldigen der Strafe zu entziehen, welche das Gesetz gegen viel geringere Vergehen ausspricht, und die es ohne Weiteres gegen seine Mitschuldigen angewandt hat. Ich bin gegen die Unterdrücker ohne Nachsicht, weil ich für die Unterdrückten Mitgefühl habe; ich kenne keine Humanität, welche die Völker erwürgt und den Despoten vorzeiht."

„Das Gefühl, welches mich, jedoch leider erfolglos, bestimmte in der Nationalversammlung die Abschaffung der Todesstrafe zu beantragen, ist dasselbe, welches mich heute bestimmt zu verlangen, dass sie bei dem Tyrannen meines Vaterlandes und in seiner Person an dem Königthum selber zur Anwendung komme. Ich vermag zukünftige oder unbekannte Tyrannen weder vorauszusehen noch vorauszusagen, um es mir zu ersparen, denjenigen mit Strafe zu treffen, den ich durch die Versammlung fast einstimmig für schuldig habe erklären hören, und den das Volk mich beauftragt hat, mit Ihnen gemeinschaftlich zu richten. Wirkliche oder eingebildete Parteien können in meinen Augen kein Grund sein, ihn zu schonen, weil ich die Ueberzeugung habe, das Mittel sie zu zerstören bestehe nicht darin, ihre Zahl zu vermehren, sondern darin, sie alle das Gewicht der Vernunft und des nationalen Interesses fühlen zu lassen. Ich rathe Ihnen, die Partei des Königs nicht erhalten zu wollen, um sie denjenigen entgegenstellen zu können, die möglicherweise entstehen möchten, sondern vielmehr damit anzufangen, diese zu Boden zu werfen und dann das Gebäude der allgemeinen Glückseligkeit auf den Trümmern aller volksfeindlichen Parteien aufzubauen. Auch finde ich nicht, wie mehrere andere, Motive, den Exkönig zu retten, in den Drohungen und Anstrengungen der Despoten von Europa, denn ich verachte sie alle, und meine Absicht ist nicht, die Vertreter des Volkes zu bestimmen, mit ihnen zu capituliren, Ich weiss, dass das einzige Mittel, sie zu besiegen, darin besteht, den französischen Charakter auf die Höhe der Principien zu erheben und über die Könige und Sclaven der Könige die Herrschaft stolzer und freier Seelen über knechtische und schamlose Seelen auszuüben. Noch weniger vermag ich zu glauben, dass diese Despoten Geld mit vollen Händen ausstreuen, um einen von ihres Gleichen aufs Schaffot zu bringen, wie man lächerlicherweise gleichfalls angenommen hat. Wenn ich mistrauisch wäre, so würde mir gerade die entgegengesetzte Vermuthung als die richtige erscheinen. Ich will meine eigene Vernunft nicht abschwören, um mich davon zu entbinden, meine Pflicht zu thun, namentlich werde ich mich hüten, ein grossherziges Volk dadurch zu beleidigen, dass ich beständig wiederhole, ich könne hier nicht frei berathen, weil wir von Feinden umringt sind, denn ich will weder im Voraus gegen die Verurtheilung von Louis Capet protestiren, noch dagegen an die fremden Höfe appelliren. Ich würde es zu sehr bedauern, wenn meine Ansicht den Manifesten von Pitt und Wilhelm glichen, mit einem Wort, ich kann nicht sinnlose Worte und unverständliche Unterscheidungen sicheren Principien und bindenden Verpflichtungen gegenüberstellen. Ich stimme für den Tod."

Bekanntlich wurde über Ludwig die Todesstrafe mit 387 gegen 334 Stimmen ausgesprochen, die sich für andere Strafen erklärt hatten, ohne dass irgend welcher Einfluss von Seiten der Factionen oder sonst wie auf die Entschliessung des Convents ausgeübt worden wäre. Robespierre hat man seiner Abstimmung wegen vielfach Inconsequenz vorwerfen wollen, weil sie mit seinem Auftreten in der Nationalversammlung im Widerspruch stände. Man thut ihm aber auch darin schweres Unrecht, in Robespierre giebt es keine Widersprüche, vielmehr hat es vielleicht nie wieder hier auf Erden einen öffentlichen Charakter gegeben, der sich so von seinem ersten Auftreten bis zum letzten Athemzuge gleich geblieben ist; der, das einmal sich gesteckte Ziel fest im Auge behaltend, mit sicherem Fuss, nicht nach rechts, nicht nach links auch nur um eines Haares Breite abweichend, auf dasselbe losging; und in dessen Leben sich ein Wort und eine That an die andere ohne die mindeste Lücke wie auf einer Perlschnur anreihen! Robespierre ging in Allem, — wir betonen das hier noch einmal — was er als politischer Charakter wirkte, von dem einzigen Grundsatz aus, dass der Staat eine Institution sein solle, dazu geschaffen, die

Wohlfahrt Aller und jedes Einzelnen zu befördern, und weil er im Laufe der Zeit die Ueberzeugung gewonnen hatte, dass die Monarchie, die constitutionelle gerade eben so wenig wie das ancien régime dies zu leisten im Stande sei, so wirkte er zunächst für die **Herstellung** der Republik und erkannte nach der Proclamirung derselben nur eine Pflicht für sich an, die **Erhaltung** der Republik und die **Beseitigung** alles dessen, was ihr Bestehen irgendwie gefährden konnte, mochte er es finden, wo es nur war. Darum stimmte er für den Tod des Königs; darum bekämpfte er, um dies gleich hier vorweg zu nehmen, nach einander die Politik der Girondisten, der Hébertisten, der Dantonisten; darum wollte er den Krieg in der Vendée bis aufs Messer geführt wissen; darum wollte er der Schreckensherrschaft der Wohlfahrts- und Sicherheits-Ausschüsse ein Ende machen; darum stimmte er für das Gesetz des 22. Prairial. Da kann weder von Hass, noch von Neid, noch von Furcht oder Popularitätshascherei die Rede sein, die waren Robespierre sämmtlich das eine so fremd wie das andere!

Auch die Girondisten hatten grossentheils für den Tod gestimmt.

Aber nach dem Tode des Königs begann der Kampf sofort aufs Neue, „ein schrecklicher Kampf," wie ihn Dubois des Fosseux, der Präsident der Gemeindeverwaltung der Stadt Arras, schildert, „das Jahr 1793 ist bestimmt Epoche zu machen in den Annalen des Universums, ein Kampf auf Leben und Tod zwischen der Freiheit und dem Despotismus in den letzten Zuckungen des Todeskampfes; die eine oder die andere muss vernichtet werden und Ströme Bluts sollen den Ausschlag geben, ob die Menschenrasse wie eine elende Heerde Vieh einer handvoll Tyrannen gehören soll, und ob Gott dem Menschen eine stolze, freie und unabhängige Seele gegeben hat, damit er unter das Joch der Sclaverei krieche."

Und wiederum waren es die Girondisten, welche die

Feindseligkeiten eröffneten. Wüthend darüber, dass sich Roland hatte für verpflichtet erachten müssen, am 23. Januar aus dem conseil exécutif auszuscheiden, weil auf Robespierre's Antrag das bureau de formation d'esprit public, durch welches sie die öffentliche Meinung machten, aufgehoben worden war, liessen sie ihn durch Abbé Fouchet in seinem „Journal des Amis" mit nachstehenden Liebenswürdigkeiten überschütten: „Wer soll über mich herrschen? Etwa die Viper aus Arras, der Nachkomme von Damiens, dieser Mensch, den sein eigenes Gift austrocknet, dessen Zunge ein Dolch und dessen Athem Gift ist? Er, der aus dem Loch, in dem er sich während der wirklichen Kämpfe um die Freiheit versteckt hatte, blos hervorkriechen will, um über mein republikanisches Haupt den Despotismus der Furcht und die Dictatur der Anarchie auszubreiten?" Und Girey-Dupré sollte ihn durch geistreiche Verse, wie die folgenden, in der „Chronique de Paris" lächerlich machen:

„Suivi de ses dévotes,
De sa cour entouré,
Le dieu des sans-culottes,
Robespierre est entré

(Begleitet von seinen Betschwestern und von seinem Hofe umgeben, ist Robespierre, ein Gott der Sansculotten, eingetreten)."

Und trotz dem allem, in dem Maasse war er frei von allen persönlichen Rücksichten, tritt er für sie mit aller Energie ein, als bei den Jacobinern eine Adresse an die affilirten Gesellschaften, um die Abberufung der Girondisten zu petitioniren, in Vorschlag gebracht wird. Dagegen verlangt er energisches Einschreiten gegen die Veranlasser von Strassenunfugen und gegen die einflussreichen Emigranten, die das Staatswohl und die Freiheit gefährden, während er in Bezug auf die armen Teufel, deren Treiben keine Gefahr für die Republik birgt, stets einer milderen Praxis das Wort redet, wie bei Gelegenheit der Verurtheilung eines armen, elenden Tropfes zum Tode, der Assignaten nachzumachen versucht hatte. Aber keinen Antheil hat Robespierre — wir kennen ihn ja schon als geschworenen Feind aller Ausnahms- und Gewaltsmaassregeln — an der Einsetzung des Revolutionstribunals am 10. März und des „comité de salut public", durch welches die commission de défense générale vom 4. Januar am 21. März ersetzt wurde und welches seit dem 6. April, wo die Zahl der Mitglieder von fünfundzwanzig auf den Antrag von Isnard und Cambon auf neun herabgesetzt wurde, die eigentliche Regierung ausmachte, zu deren blossen Agenten der conseil éxécutif herabsank, nur hatte das comité de salut public keine Verfügung über die Finanzen und musste dem Convent allwöchentlich Bericht erstatten über seine Thätigkeit. Es würde zu weit führen, wollten wir den Kampf zwischen den Girondisten und Jacobinern während der nächsten Wochen in allen seinen Einzelheiten verfolgen; es ist dies auch um so weniger nöthig, als wir einerseits dadurch neue Züge zur Charakterisirung Robespierre's doch nicht gewinnen würden, anderseits aber die Leser, die sich dafür interessiren, auf unsere Abhandlung „Der Sturz der Girondisten"*) verweisen können; nur so viel wollen wir hervorheben, dass es sich von Tag zu Tag immer evidenter herausstellte, dass Jacobiner und Girondisten nicht gemeinsam an der Begründung der Republik arbeiten konnten und dass die einen oder die andern früher oder später von dem Schauplatze verschwinden mussten, wenn das Land zu einer ruhigen Entwicklung gelangen sollte, und gleichzeitig die bedeutenderen Reden Robespierre's aus dieser Zeit anführen.

Am 10. März verlangt er, dass die Regierung mehr Thatkraft entwickle, am 3. und wieder am 10. April beantragt

---

*) Skizzen und Studien zur französischen Revolutionsgeschichte, Braunschweig, W. Bracke jr. 1877, S. 58 ff.

er, Dumouriez und seine Mitschuldigen, also auch die Häupter der Girondisten unter Anklage zu stellen; am 24. nimmt er Stellung zur Eigenthumsfrage und spricht seine Ansichten in Bezug auf den gerechtesten Besteuerungsmodus aus, eine so hoch bedeutende Rede, dass wir uns nicht enthalten können, sie dem Wortlaute nach mitzutheilen:

„Ich will zunächst einige Artikel in Vorschlag bringen, welche nothwendig sind zur Vervollständigung Ihrer Theorien vom Eigenthum. Dies Wort braucht Niemand zu beunruhigen. Ihr Schmutzseelen, die Ihr nur Hochachtung vor dem Gelde habt, ich will Eure Schätze nicht antasten, ihre Quelle ist zu unsauber. Sie müssen wissen, dass dies agrarische Gesetz, von dem Sie so viel haben sprechen hören, nur eine Erfindung von Schurken ist, um Dummköpfe zu erschrecken. Es bedurfte in der That keiner Revolution erst, um der Welt die Ueberzeugung beizubringen, dass die Ungleichheit des Besitzes die Quelle zahlreicher Uebel und Verbrechen ist, aber wir sind nichts desto weniger davon überzeugt, dass die Gleichheit der Güter eine Chimäre ist. Was mich anbetrifft, so halte ich dieselbe für die Privatwohlfahrt noch für weniger nothwendig, als für die öffentliche Wohlfahrt. Es handelt sich in meinen Augen vielmehr eher darum, die Armuth ehrenvoll zu machen, als den Reichthum zu ächten. Die Hütte des Fabricius hat den Palast des Crassus in nichts zu beneiden. Ich für meinen Theil würde lieber einer der Söhne des Aristides sein wollen, die auf Kosten der Republik im Prytaneum erzogen wurden, als der präsumtive Thronerbe des Xerxes, der im Schlamme des Hofes geboren, bestimmt ist, einen Thron einzunehmen, der durch die Erniedrigung der Völker geziert ist und von dem öffentlichen Elend glänzt."

„Stellen wir also immerhin den Grundsatz von dem Rechte des Eigenthums auf; wir müssen es um so mehr, als es kein Recht giebt, welches Vorurtheil und Laster der Menschen in dichtere Wolken einzuhüllen versucht hat."

„Fragen Sie einen Händler mit Menschenfleisch, was Eigenthum ist; er wird Ihnen sagen, indem er auf diesen ungeheuren Sarg hinweist, dem er den Namen Schiff giebt, und in den er Menschen eingepfercht hat, die doch noch lebendig zu sein scheinen: „Das ist mein Eigenthum, ich habe sie so und so viel den Kopf gekauft!" Fragen Sie diesen Edelmann, der Länder und Hörige besitzt oder vielmehr die Welt umgestürzt wähnt, weil er sie nicht mehr besitzt; er wird Ihnen eine ähnliche Definition von dem Begriffe Eigenthum geben!"

„Fragen Sie die erlauchten Glieder der capetingischen Dynastie; sie werden Ihnen sagen, dass das heiligste von allem Eigenthum ohne Zweifel das Erbrecht ist, dessen sie zu allen Zeiten genossen haben, um die fünfundzwanzig Millionen Menschen, welche zu ihrem guten Vergnügen Frankreich bewohnten, zu unterdrücken, zu erniedrigen und sich durch das Gesetz der Monarchie als Besitz zu sichern. In den Augen aller dieser beruht das Eigenthum nicht auf einem Princip der Moral. Wie kömmt es, dass Ihre Erklärung der Grundrechte denselben Irrthum enthält, indem sie die Freiheit definirt als das erste der Güter des Menschen, das heiligste der Rechte, das er von der Natur enthalten hat? Wir haben mit Recht gesagt, dass sie die Rechte der Andern zur Grenze haben muss; warum haben wir dies Princip nicht auch auf das Eigenthum angewendet, welches eine sociale Institution ist, als ob die ewigen Gesetze der Natur weniger unverletzlich wären, als ein Uebereinkommen von Menschen? Sie haben die Artikel vermehrt, um der Ausübung des Eigenthumsrechtes die grösstmögliche Freiheit zu sichern, und Sie haben nicht ein einziges Wort gesagt, um seine Natur und seine Gesetzmässigkeit zu bestimmen, so dass Ihre Erklärung nicht für die Menschen im allgemeinen, sondern für die Reichen, für die Wucherer, für die Aufkäufer und Tyrannen gemacht zu sein scheint. Ich schlage Ihnen vor, diese Fehler dadurch wieder gut zu machen, dass Sie folgende Wahrheiten anerkennen:

Das Gesetz kann nur das verbieten, was der Gesellschaft schädlich ist; es kann nur das anordnen, was ihr nützlich ist.

Jedes Gesetz, welches die unveräusserlichen Rechte des Menschen verletzt, ist seinem Wesen nach ungerecht und tyrannisch, es ist kein Gesetz.

Das Eigenthum ist das Recht, welches jeder Bürger hat, den Theil des allgemeinen Gutes zu geniessen, der ihm durch das Gesetz garantirt wird.

Das Eigenthumsrecht hat wie alle anderen Rechte die Verpflichtung zu seiner Grenze, das Eigenthum der Andern zu respectiren."*)

„Sie sprachen auch von der Besteuerung, um das unbestreitbare Princip aufzustellen, dass dieselbe nur aus dem Willen des Volkes oder seiner Vertreter hervorgehen kann, aber Sie vergessen eine Bestimmung, welche das Interesse der Menschheit erheischt; Sie vergessen die Basis der Progressiv-Besteuerung festzustellen. Nun aber giebt es in Bezug auf Besteuerung ein Princip, das ersichtlich aus der Natur der Dinge und aus der ewigen Gerechtigkeit geschöpft ist, nämlich dasjenige, welches den Bürgern die Verpflichtung auferlegt, zu den öffentlichen Ausgaben progressiv nach ihrem Vermögen, d. h. im Verhältnis zu den Vortheilen, welche sie aus der Gesellschaft ziehen, beizusteuern."

„Ich schlage Ihnen daher vor, es so zu fassen:

Die Bürger, deren Einkommen das nicht überschreitet, was sie zu ihrem Unterhalt nöthig haben, müssen von der Verpflichtung befreit sein, zu den

---

*) Diese Bestimmungen bilden Artikel 8—10 in der Erklärung der Menschenrechte, wie sie Robespierre aufgestellt und der Jacobinerclub am 31. April zu der seinigen gemacht hatte.

öffentlichen Ausgaben beizutragen; die andern tragen sie progressiv nach der Grösse ihres Vermögens." *)

„Die Commission hat es ferner vollständig vergessen, die Pflicht der Brüderlichkeit auszusprechen, welche jeden Menschen mit allen Nationen und sein Recht mit gegenseitiger Hülfeleistung vereinigt. Sie scheint die ewigen Grundsätze der Vereinigung der Völker gegen die Tyrannen nicht gekannt zu haben. Man möchte sonst sagen, dass Ihre Erklärung für eine Heerde menschlicher Wesen, die in einem Winkel der Erdkugel zusammengepfercht sind, aber nicht für die unermessliche Familie gemacht worden ist, der die Natur die ganze Erde zur Domäne und zum Wohnsitz gegeben hat."

„Ich schlage Ihnen vor, diese grosse Lücke durch die folgenden Artikel auszufüllen, die Ihnen allein die Achtung der Völker erwerben können, die Sie aber auch unabänderlich mit den Königen überwerfen werden. Ich gestehe aber, dass diese Unannehmlichkeit mir nicht den mindesten Schrecken einflösst, und so wird es auch mit allen den Andern sein, die sich mit ihnen nicht aussöhnen wollen:

Die Menschen aller Länder sind Brüder, und die verschiedenen Völker müssen sich nach ihrem Vermögen, wie die Bürger eines und desselben Staates unterstützen.

Derjenige, welcher eine einzige Nation unterdrückt, ist der Feind aller.

Diejenigen, welche ein Volk bekriegen, um den Fortschritt der Freiheit aufzuhalten und die Menschenrechte zu vernichten, müssen von allen Völkern nicht als gewöhnliche Feinde, sondern als Mörder, Räuber und Rebellen verfolgt werden.

Die Könige, die Aristokraten, die Tyrannen, wer

---

*) Artikel 15 der Erklärung der Menschenrechte von Robespierre.

sie auch sein mögen, sind Sclaven, welche sich gegen den Souverän der Erde welcher das Menschengeschlecht, und gegen den Gesetzgeber des Universums, der die Natur ist, empört haben."*)

Die übrigen Artikel lauten:

1. Der Zweck jeder politischen Association ist die Aufrechterhaltung der natürlichen und unveräusserlichen Rechte des Menschen und die Entwicklung aller seiner Fähigkeiten.
2. Die hauptsächlichsten Rechte des Menschen bestehen darin, für die Erhaltung seiner Existenz und seiner Freiheit sorgen zu können.
3. Diese Rechte gehören allen Menschen gleichmässig, welches auch immer die Verschiedenheit ihrer physischen und moralischen Kräfte sein mag.
4. Die Gleichheit der Rechte ist durch die Natur festgestellt. Die Gesellschaft, fern davon sie gefährden zu wollen, muss sie vor jedem Misbrauch der Gewalt bewahren, der sie illusorisch macht.
5. Die Freiheit ist das Vermögen, das jedem Menschen zukömmt nach seinem Belieben alle seine Fähigkeiten zu üben; sie hat die Gerechtigkeit zur Richtschnur, die Rechte der Andern zur Grenze, die Natur zum Princip und das Gesetz zum Schutz.
6. Das Recht sich friedlich zu versammeln, das Recht seine Meinung, sei es durch die Presse, sei es in anderer Weise zu äussern, sind dermaassen nothwendige Consequenzen der Freiheit des Menschen, dass die Nothwendigkeit sie aufzuzählen, das Bestehen des oder die noch frische Erinnerung an den Despotismus voraussetzt.
11. Das Recht des Eigenthums darf weder die Sicher-

---

*) Artikel 34—37 der Erklärung der Menschenrechte von Robespierre.

heit, noch die Freiheit, noch die Existenz, noch das Eigenthum von seines Gleichen gefährden.
12. Aller Handel, der dieses Princip verletzt, ist unerlaubt und unmoralisch.
13. Die Gesellschaft hat die Pflicht für die Erhaltung aller ihrer Glieder zu sorgen, sei es, dass sie ihnen Arbeit verschafft, sei es, dass sie die Mittel zu existiren denjenigen zusichert, welche nicht im Stande sind zu arbeiten.
14. Die der Armuth nothwendige Unterstützung ist eine Schuld des Reichen gegen den Armen; es kömmt dem Gesetze zu, die Art und Weise zu bestimmen, wie diese Schuld abzutragen ist.
16. Die Gesellschaft muss mit allen ihren Kräften die öffentliche Erkenntnis begünstigen und den Unterricht allen Bürgern zugänglich zu machen.
17. Das Gesetz ist der freie und feierliche Ausdruck des Volkswillens.
18. Das Volk ist souverän, die Regierung ist sein Werk und sein Eigenthum, die öffentlichen Beamten sind seine Angestellten. Das Volk kann, wenn es ihm beliebt, seine Regierung ändern und seine Mandatare abberufen.
19. Kein Theil des Volkes darf die Macht des ganzen Volkes ausüben; aber sein Wunsch muss respectirt werden als der Wunsch eines Theiles des Volkes, der zur Bildung des allgemeinen Willens mitzuwirken berufen ist. Jede Section des Souveräns, wenn sie versammelt ist, hat das Recht, seinen Willen in vollkommener Freiheit auszusprechen; sie ist ihrem Wesen nach unabhängig von allen eingesetzten Behörden und Herrin, ihre Polizei und ihre Berathungen zu regeln.
20. Das Gesetz ist für alle gleich.

21. Alle Bürger werden zu allen öffentlichen Aemtern ohne jeden andern Unterschied als den der Tugenden und Talente, und ohne jede andere Berechtigung als das Vertrauen des Volkes zugelassen.
22. Alle Bürger haben ein gleiches Recht, bei der Ernennung der Mandatare und der Gesetzgebung mitzuwirken.
23. Damit diese Rechte nicht illusorisch sind und die Gleichheit nicht chimärisch, muss die Gesellschaft die öffentlichen Beamten besolden und dafür sorgen, dass die Bürger, welche von ihrer Arbeit leben, den öffentlichen Versammlungen beiwohnen können, zu denen das Gesetz sie ruft, ohne ihre und die Existenz ihrer Familien zu gefährden.
24. Jeder Bürger soll gewissenhaft den Beamten und Agenten der Regierung gehorchen, sofern sie die Organe oder Vollstrecker des Gesetzes sind.
25. Aber jedes Unternehmen gegen die Freiheit, gegen die Sicherheit oder gegen das Eigenthum eines Menschen, von wem es auch immer im Namen des Gesetzes ausgehen mag, ausser in den durch dasselbe bestimmten Fällen und den Formen, welche es vorschreibt, ist willkürlich und nichtig; der Respect selber vor dem Gesetz verbietet sich, ihm zu unterziehen, und wenn man es mit Gewalt durchführen will, so ist es erlaubt Gewalt der Gewalt entgegenzusetzen.
26. Das Recht, den Verwaltern der öffentlichen Gewalt Petitionen zu überreichen, gebührt jedem einzelnen Individuum. Diejenigen, an die sie gerichtet sind, müssen über die Punkte, auf die sie sich beziehen, befinden und können niemals die Ausübung des Rechts weder untersagen, noch einschränken, noch verurtheilen.

27. Der Widerstand gegen die Unterdrückung ist die Consequenz der andern Rechte des Menschen und Bürgers.
28. Unterdrückung gegen die Gesellschaft liegt vor, wenn ein einziges ihrer Glieder unterdrückt wird; Unterdrückung gegen jedes Glied der Gesellschaft, wenn die Gesellschaft unterdrückt werden wird.
29. Wenn die Regierung die Rechte des Volkes verletzt, ist die Insurrection für das Volk und jeden Theil des Volkes das heiligste der Rechte und die unumgänglichste der Pflichten.
30. Wenn einem Bürger die Garantie der Gesellschaft fehlt, so tritt er in das natürliche Recht zurück, alle seine Rechte selbst zu vertheidigen.
31. In einem und dem andern Fall den Widerstand gegen die Unterdrückung legalen Formen zu unterwerfen, ist die äusserste Spitzfindigkeit der Tyrannen. In jedem freien Staat muss das Gesetz besonders die öffentliche und die individuelle Freiheit gegen den Misbrauch der Macht der Regierenden vertheidigen: jede Institution, welche nicht das Volk als gut und den Beamten als unbestechlich voraussetzt, ist verwerflich.
32. Die öffentlichen Beamtungen dürfen weder als Auszeichnungen, noch als Belohnungen, sondern müssen als öffentliche Pflichten betrachtet werden.
33. Die Vergehen der Mandatare des Volkes müssen streng und ohne Mühe bestraft werden können und sollen streng bestraft werden. Niemand hat das Recht eine grössere Unverletzlichkeit als die andern Bürger zu beanspruchen. Das Volk hat das Recht über alle Handlungen seiner Mandatare zu erkennen; sie müssen ihm treulich über ihre Thätigkeit berichten und sein Urtheil ehrfurchtsvoll hinnehmen.

Noch bedeutender ist die Rede, welche er am Tage der Uebersiedelung des Convents in den Tuilerienpalast am 10. Mai gehalten hat und welche mit Recht als das Manifest der modernen Demokratie bezeichnet werden kann:

„Der Mensch ist für das Glück und für die Freiheit geboren; und doch ist er überall Sclave und unglücklich! Die Gesellschaft hat den Zweck, seine Rechte zu erhalten, und sein Wesen zu vervollkommnen; und überall wird er durch die Gesellschaft bedrückt und degradirt! Der Augenblick ist gekommen, ihn seiner wahren Bestimmung zurückzugeben. Die Fortschritte der menschlichen Vernunft haben diese grosse Revolution vorbereitet, Ihnen liegt die Pflicht ob, sie zu beschleunigen. Zu diesem Zweck müssen Sie das Gegentheil von allem dem thun, was vor Ihnen existirte. Bis jetzt hat die Kunst zu regieren darin bestanden, die Majorität zu Gunsten einer kleinen Minorität zu berauben und zu knechten, und die Gesetzgebung darin, die Mittel herzugeben, diese Attentate in ein System zu bringen. Die Könige, die Aristokraten haben dabei sehr gute Geschäfte gemacht; jetzt ist es an Ihnen das Ihrige zu thun, d. h. den Menschen durch die Gesetze frei und glücklich zu machen."

„Der Regierung die Macht zu geben, die nöthig ist, damit der Bürger immer die Rechte seiner Mitbürger respectire, und zu machen, dass die Regierung selber sie nie verletzen kann, das ist nach meinem Dafürhalten das doppelte Problem, das der Gesetzgeber zu lösen hat."

„Das erste scheint sehr leicht; was das zweite anbetrifft, so würde man versucht sein, es als unlöslich zu betrachten, wenn man nur die vergangenen und gegenwärtigen Zeiten berücksichtigt, ohne auf den Grund der Ereignisse zurückzugehen. Durchfliegen Sie die Geschichte, so werden sie überall die Beamten die Bürger unterdrücken und die Regierung die Souveränität an sich reissen sehen. Die Tyrannen sprechen von Aufständen; das Volk beklagt sich über die Tyrannei, wenn es überhaupt es wagt, sich zu beklagen, was eintrifft, wenn ihm das Uebermaass der Unterdrückung seine Energie und Unabhängigkeit wiedergiebt. Wollte Gott, es könnte sie sich immer bewahren! aber die Herrschaft des Volks ist von einem Tage; die der Tyrannen ist Jahrhunderte alt."

„Ich habe seit der Revolution vom 14. Juli 1789 und namentlich seit der vom 10. August 1792 sehr oft von Anarchie sprechen hören. Aber ich gebe Ihnen die Versicherung, die Anarchie ist nicht die Krankheit der politischen Körper, sondern der Despotismus und die Anarchie. Ich umgekehrt finde, dass wir, Sie mögen sagen was Sie wollen, erst von diesem so viel verleumdeten Zeitabschnitt ab einen Anfang von Gesetz und gesetzmässiger Regierung trotz der Unruhen gehabt haben, die nichts weiter sind als die Zuckungen des verendenden Königthums und der Kampf einer verrätherischen Regierung gegen die Gleichheit?"

„Die Anarchie hat in Frankreich geherrscht von Clodwig ab bis zum letzten der Capetinger. Was ist Anarchie, wenn es nicht die Tyrannei ist, welche die Natur und das Gesetz vom Throne steigen lässt, um einen Menschen darauf zu setzen?"

„Nie kommen die Uebel der Gesellschaft vom Volke, sondern immer von der Regierung. Wie sollte es auch anders sein können? Das Interesse des Volks, das ist das öffentliche Wohl; das Interesse des Menschen an seiner Stelle ist ein Privatinteresse."

„Um gut zu sein, braucht das Volk sich nur den Vorzug zu geben vor dem, was es nicht ist. Um gut zu sein, muss der Beamte sich dem Volke opfern."

„Wenn ich es nicht unter meiner Würde hielte auf barbarische und absurde Vorurtheile zu antworten, so würde ich mir erlauben zu bemerken, dass die Macht und der Reichthum die Laster erzeugen; dass die Armuth, die Mässigkeit, die Arbeit dagegen die Wächter der Tugenden sind; dass die Wünsche der

Schwachen nur die Gerechtigkeit und den Schutz der wohlthätigen Gesetze zum Gegenstand haben; dass dagegen die Leidenschaften des M a n n e s i n d e r G e w a l t darauf abzielen, sich über die gerechten Gesetze zu erheben oder tyrannische Gesetze zu schaffen."

„Mit einem Wort, ich würde sagen, dass das Elend der Bürger nichts weiter ist als das Verbrechen der Regierung; aber ich will mein System durch logische Schlussfolgerungen begründen."

„Die Regierung ist dazu da, den allgemeinen Willen respectiren zu lassen, aber die Menschen, welche regieren, haben einen individuellen Willen, und jeder Wille sucht zu dominiren."

„Wenn Sie hierzu die öffentliche Gewalt anwenden, mit der Sie gewaffnet sind, so ist die Regierung nur die Geissel der Freiheit. Daraus können Sie den Schluss ziehen, dass es die erste Aufgabe jeder Verfassung sein muss, die öffentliche und die individuelle Freiheit gegen die Regierung selber zu vertheidigen."

„Gerade diesen Punkt haben die Gesetzgeber vergessen, sie haben sich mit der Macht der Regierung beschäftigt, Niemand hat aber an die Mittel gedacht, sie auf den Zweck ihrer Existenz zurückzuführen. Sie haben Vorsichtsmassregeln über Vorsichtsmassregeln gegen die Insurrection des Volkes ergriffen, sie haben mit aller Macht die Revolte ihrer Delegirten ermuthigt. Ich habe die Gründe davon angegeben."

„Ehrgeiz, Gewalt, Treulosigkeit sind die Gesetzgeber der Welt gewesen. Sie haben sogar die menschliche Vernunft geknechtet, indem sie sie herabwürdigten, und haben sie zur Mitschuldigen an dem Elende der Menschen gemacht."

„Der Despotismus hat die Verderbtheit der Sitten hervorgebracht, und die Verderbtheit der Sitten hat den Despotismus unterstützt. Bei diesem Stande der Dinge suchte man um die Wette seine Seele dem Stärksten zu verkaufen, um die Ungerechtigkeit zu legitimiren und die Tyrannei zu theilen."

„Dann ist die Vernunft nur noch Thorheit, die Freiheit Unordnung, die Natur Chimäre, die Erinnerung an die Menschenrechte Aufruhr. Dann hat man Bastillen und Schaffote für die Tugend, Paläste für die Ausschweifung, Throne und Triumphwägen für das Verbrechen. Dann hat man Könige, Priester, Adlige, Bourgeois, Kanaille, aber kein Volk und keine Menschen."

„Sehen wir uns selbst die unter den Gesetzgebern näher an, welche die Fortschritte der öffentlichen Erkenntnis dazu scheinen gezwungen zu haben, den Principien eine Huldigung darzubringen, Sie werden bemerken, dass sie ihre ganze Geschicklichkeit brauchten, sie illusorisch zu machen, wenn sie sie ihren persönlichen Ansichten nicht anpassen konnten. Sie werden sehen, dass sie nichts weiter gemacht haben, als die Form des Despotismus und die Nüancen der Aristokratie etwas zu ändern. Prunkhaft haben sie die Souveranität des Volkes proclamirt und haben es doch in Ketten geschlagen; obwohl sie anerkannten, dass die Beamten nur seine Mandatare sind, haben sie sie wie seine Herrscher und Idole behandelt. Alle haben sich darüber verständigt, das Volk für unsinnig und aufrührerisch und die öffentlichen Beamten für weise und tugendhaft zu halten. Ohne nach Beispielen bei fremden Völkern zu suchen, würden wir sehr frappirende im Schoosse unserer Revolution und selbst in der Aufführung der Legislaturen finden, welche uns vorausgegangen sind."

„Sehen Sie nur, wie feige sie das Königthum beweihrauchten, mit welcher Unverschämtheit sie Vertrauen in die bestehenden öffentlichen Beamten predigten und das Volk herabwürdigten, mit welcher Barbarei sie letzteres mordeten. Dagegen sehen Sie, auf welcher Seite die Bürgertugenden waren! Die grossherzigen Opfer sind auf der Seite der Armuth, die schmachvolle Habsucht auf der Seite der Reichen. Denken Sie ferner an die erhabene Hingebung der Soldaten und die niederträchtige Verrätherei der Generale, den unbesieglichen Muth und die grossherzige Geduld des Volkes und den feigen

Egoismus, die hassenswerthe Treulosigkeit so vieler öffentlicher Beamten!"

„Aber wir wollen uns nicht zu sehr wundern über so viele Ungerechtigkeiten, treten wir doch erst heraus aus so tiefer Corruption! Wie hätten überhaupt die Mehrzahl unserer Repräsentanten die Menschen achten, die Gleichheit lieben und an die Tugend glauben können?"

„Unglücklicherweise führen wir den Tempel der Freiheit auf mit Händen, die noch von den Ketten der Knechtschaft besudelt sind. Was war unsere frühere Erziehung anders als ein beständiger Unterricht des Egoismus und der dummstolzen Eitelkeit? Was waren unsere Gebräuche und unsere sogenannten Gesetze anders, als der Codex der Unverschämtheit und der Niedrigkeit, in dem die Verachtung der Menschen einer Art Tarif unterworfen und nach eben so bizarren wie mannigfachen Regeln geordnet war?"

„Verachten und verachtet werden, kriechen um zu herrschen, wechselweise Sclave und Tyrann sein, bald auf den Knien vor einem Herrn, bald das Volk mit Füssen tretend, das war unser Loos, das war fast unser aller Ehrgeiz, so viel wir sind, ehrliche und anständige Leute, Leute des Gesetzes und des Geldes, Beamte und Militärs. Darf man sich da wundern, wenn so viele stupide Kaufleute, wenn so viele egoistische Bourgeois noch gegen den Handwerker diese unverschämte Verachtung hegen, welche der Adel für den Kaufmann und für den Bourgeois zur Schau trug? O über den edlen Stolz, o über die schöne Erziehung! Darum werden die grossen Geschicke der Welt aufgehalten, darum wird der Busen des Vaterlandes von Verräthern zerfleischt. Darum haben die wilden Satelliten der Despoten Europa's unsere Ernten verheert, unsere Städte verbrannt, unsere Frauen und Kinder massacrirt. Das Blut von dreihunderttausend Franzosen ist vergossen, das Blut von anderen dreihunderttausend wird noch fliessen, bevor der einfache

Landarbeiter im Senate sitzen kann neben dem reichen Kornhändler und der Handwerker in den Versammlungen des Volkes stimmen an der Seite des illustren Kaufmanns und des anspruchsvollen Advokaten und der intelligente und tugendhafte Arme eine Rolle spielen neben dem dummen und verderbten Reichen. Unnsinnige, die Ihr Herren anruft, um nicht Gleichgestellte neben Euch zu haben, glaubt Ihr denn, dass die Tyrannen auf die Rechnung Eurer traurigen Eitelkeit und Eurer feigen Habgier eingehen werden? Glaubt Ihr, dass das Volk, welches die Freiheit erobert, welches sein Blut für das Vaterland vergossen hat, als Ihr in Weichlichkeit schliefet oder im Dunklen conspirirtet, sich auch noch ferner durch Euch wird knechten, aushungern, erwürgen lassen? Nein, wenn Ihr nicht Humanität, Gerechtigkeit, Ehre respectiren wollt, so sorgt wenigstens für Eure Schätze, welche keinen andern Feind haben, als das Uebermaass des Elends, das Ihr so unklug vergrössert!"

„Aber welches Motiv würde Eindruck machen auf eitle Sclaven? Die Stimme der Wahrheit, welche in verderbten Herzen ihren Donner erschallen lässt, gleicht den Tönen, die in Gräbern erklingen, aber die Todten nicht zu erwecken vermögen."

„Sie also, denen die Freiheit, denen das Vaterland theuer ist, nehmen Sie allein die Sorge für seine Rettung auf sich; und weil der Augenblick, in welchem die dringendsten Gefahren Ihre ganze Aufmerksamkeit in Anspruch zu nehmen scheinen, gerade derjenige ist, in dem man das Gebäude der Verfassung eines grossen Volkes aufführen will, so gründen Sie es wenigstens auf der Basis der Wahrheit! Und sprechen Sie zunächst diesen unbestreitbaren Grundsatz aus: dass das Volk gut ist und dass nur seine Delegirten bestechlich sind, dass man in der Tugend und in der Souveränität des Volkes das Präservativ gegen das Laster und den Despotismus der Regierung suchen muss."

„Aus diesem unbestrittenen Princip lassen Sie uns jetzt practische Consequenzen ziehen, welche allein die Grundlage jeder freien Verfassung ausmachen können."

„Die Verderbtheit der Regierungen hat ihre Quelle in dem Uebermaass der Macht und ihrer Unabhängigkeit von dem Souverän, helfen Sie diesem doppelten Uebelstande ab!"

„Fangen Sie damit an, die Macht der Beamten zu beschränken! Bis jetzt haben die Politiker, welche eine Anstrengung dazu gemacht zu haben scheinen, weniger die Freiheit zu vertheidigen, als die Tyrannei zu modificiren, immer nur zwei Mittel erdacht, dies Ziel zu erreichen: das eine ist das Gleichgewicht der Gewalten, das andere ist das Tribunat!"

„Was das Gleichgewicht der Gewalten anbetrifft, so haben sich dadurch nur die Dummen zu einer Zeit blenden lassen, als unsere eigene Erniedrigung uns alle fremden Institutionen bewundern liess, welche uns einen schwachen Schein der Freiheit boten. Aber wenn man nur ein ganz wenig darüber nachdenkt, so kömmt man bald zu der Ueberzeugung, dass dies Gleichgewicht nur eine Chimäre, ja sogar eine Geissel ist; dass es die absolute Nichtigkeit der Regierung voraussetzt, wenn es nicht nothwendigerweise eine Vereinigung der rivalisirenden Mächte gegen das Volk herbeiführen soll, denn man sieht leicht ein, dass sie sich lieber selber vertragen, als den Souverän anrufen werden, in seiner eignen Sache zu befinden. Beweis England, wo das Geld und die Macht des Monarchen beständig die Waage sich nach einer und derselben Seite neigen lässt, wo die Opposition selber nur von Zeit zu Zeit eine Reform von der nationalen Vertretung zu erlangen scheint, um sie gemeinsam mit der Majorität, die sie zu bekämpfen scheint, wieder zu hintertreiben; eine Art monströser Regierung, wo die öffentlichen Tugenden nur eine scandalöse Parade sind, wo das Phantom der Freiheit die Freiheit selber vernichtet, wo das Gesetz den Despotismus heiligt, wo die Rechte des Volkes der Gegenstand eines eingestandenen Handels sind, wo selbst die Erniedrigung von dem Zaume, den ihr die Scham anlegt, befreit ist. Und was kümmern uns die Combinationen, welche die Autorität der Tyrannen ins Gleichgewicht setzen? Ausrotten muss man die Tyrannei; nicht in dem Streite ihrer Gebieter wollen die Völker den Vortheil suchen, einige Augenblicke frei athmen zu können; in ihre eigene Kraft müssen sie die Garantie ihrer Rechte legen. Aus diesem Grunde bin ich auch kein Freund des Tribunats, das ich aus der Geschichte nicht habe respectiren lernen."

„Ich möchte nicht die Vertheidigung einer so grossen Sache einem schwachen und bestechlichen Menschen anvertrauen. Der Schutz durch die Tribunen setzt das Sclaventhum des Volkes voraus. Mir will es nicht gefallen, wenn das römische Volk sich auf den heiligen Berg zurückzieht, um von einem despotischen Senat und von unverschämten Patriziern Beschützer zu erlangen; ich will, dass es in Rom bleibt und alle seine Tyrannen daraus verjagt. Ich hasse in noch höherem Grade als die Patrizier selbst diese ehrgeizigen Tribunen, diese feilen Mandatare des Volks, welche den Grossen in Rom ihre Reden und ihr Schweigen verkaufen und die es nur bisweilen vertheidigen, um mit den Unterdrückern um seine Freiheit zu feilschen. Es gibt nur einen Tribun, den ich anerkennen kann, das ist das Volk selber: an jede Section des französischen Volkes verweise ich die tribunicische Gewalt, und es wird leicht sein, sie in einer Weise zu organisiren, die gleich weit entfernt ist von den Stürmen der absoluten Ochlokratie und von der perfiden Ruhe des repräsentativen Despotismus. Aber ehe wir die Dämme aufführen, welche die öffentliche Freiheit gegen die Uebergriffe der Macht ihrer Beamten schützen soll, fangen wir lieber damit an, diese in gerechte Schranken einzuschliessen."

„Eine erste Regel, um zu diesem Ziele zu gelangen, besteht darin, dass die Dauer ihrer Gewalt kurz sei, indem man dieses Princip namentlich für diejenigen anwendet, deren Autorität ausgedehnter ist.

Zweitens, dass Niemand in derselben Zeit mehrere Aemter bekleiden kann.

Drittens, dass die Gewalt getheilt sei. Es ist besser die öffentlichen Beamten zu vermehren, als einigen eine zu furchtbare Gewalt anzuvertrauen, und dass namentlich Gesetzgebung und vollziehende Gewalt vollständig getrennt seien; und dass die verschiedenen Zweige der vollziehenden Gewalt nach der Natur der Angelegenheiten selbst so verschieden als möglich und verschiedenen Händen anvertraut seien."

„Einer der Hauptmängel der jetzigen Organisation liegt in der zu grossen Ausdehnung eines jeden der ministeriellen Départements, in denen verschiedene durch ihre Natur unterschiedene Zweige der Verwaltung zusammengeschachtelt sind."

„Namentlich das Ministerium des Innern, wie man es bis jetzt provisorisch beibehalten hat, ist ein politisches Ungeheuer, welches die Republik in ihrem Entstehen provisorisch verschlungen haben würde, wenn sie nicht die Gewalt der öffentlichen Meinung unter dem Einfluss der Revolution bis jetzt sowohl gegen die Fehler der Institution, wie gegen die der Individuen geschützt hätte."

„Uebrigens werden Sie es niemals verhindern können, dass die Depositäre der Executivgewalt sehr mächtige Beamte sind; nehmen Sie ihnen daher wenigstens alle Autorität und allen Einfluss, die ihren Functionen fremd sind; erlauben Sie nicht, dass sie den Versammlungen des Volkes beiwohnen und darin mitstimmen während der Dauer ihres Amtes, und wenden Sie dieselbe Regel auf die öffentlichen Beamten im allgemeinen an."

„Nehmen Sie aus ihren Händen den öffentlichen Schatz und vertrauen Sie ihn Depositären und Wächtern an, die an keiner Art von Autorität Antheil haben können."

„Lassen Sie in den Départements im Verwahr des Volkes den Theil der öffentlichen Gelder, den es für den Augenblick nicht nöthig ist in die allgemeine Kasse abzuführen, und mögen die Ausgaben soviel als möglich an den Orten selbst bestritten werden."

„Sie haben sich also zu hüten, in die Hände derer, welche regieren, ausserordentliche Summen, unter welchem Vorwande es sei, zu legen, ohne selbst diejenigen davon auszunehmen, die bestimmt sind, die öffentliche Meinung zu machen."

„Alle diese Fabriken der öffentlichen Meinung liefern nur Gift; wir haben damit einen Versuch gemacht, der uns nicht viel Vertrauen dazu einflössen kann."

„Verlieren Sie nicht aus den Augen, dass es der öffentlichen Meinung zukömmt, die Männer, welche regieren, zu beurtheilen, aber nicht diesen, die öffentliche Meinung zu meistern und zu machen."

„Es giebt ein allgemeines Mittel, die Macht der Regierungen zu Nutz und Frommen des Glücks der Völker zu vermindern. Es besteht in der Durchführung jener Maxime, die in der Erklärung der Menschenrechte, welche ich Ihnen vorgeschlagen habe, ausgesprochen ist: „Das Gesetz darf nur verbieten, was der Gesellschaft schädlich, und darf nur anordnen, was für sie nützlich ist."

„Geben Sie die alte Maxime der Regierung auf, zu viel regieren zu wollen; lassen Sie den Individuen, lassen Sie den Familien das Recht zu thun, was sie wollen, wenn es nur keinem andern schadet. Lassen Sie den Gemeinden die Macht, ihre eignen Angelegenheiten selber zu ordnen in Allem, was nicht wesentlich mit der allgemeinen Verwaltung der Republik zusammenhängt. Geben Sie der individuellen Freiheit Alles wieder, was der öffentlichen Autorität nicht von Natur gehört, und Sie werden dem Ehrgeiz und der Willkür um so geringeren Spielraum gelassen haben."

„Achten Sie namentlich die Freiheit des Souveräns, wenn

er in den Versammlungen berathet! Indem Sie z. B. das abnorme Wahlgesetz abschaffen, welches unter dem Vorwande das Stimmrecht zu regeln, dasselbe beeinträchtigt und unterdrückt, werden Sie der Intrigue und dem Despotismus der Départementsverwaltungen und der Legislaturen unendlich gefährliche Waffen aus den Händen nehmen; ebenso wie man dadurch, dass man das Civilgesetz vereinfacht und das Lehnswesen, den Zehnten und das ganze gothische Gebäude des kanonischen Rechts umstösst, das Gebiet des gerichtlichen Despotismus wunderbar beschränken wird."

„Wie nützlich übrigens auch alle diese Regeln sein mögen, sie werden ungenügend bleiben, wenn Sie nicht auch die zweite Art Mittel adoptiren, die ich angegeben habe, d. h. wenn Sie nicht die Beamten einer ernsthaften Verantwortlichkeit unterwerfen, indem Sie sie in eine wirkliche Abhängigkeit vom Souverän bringen. Derjenige, welcher von den Menschen unabhängig ist, macht sich unabhängig von seinen Pflichten; die Straflosigkeit ist sowohl die Mutter, wie die Beschützerin des Verbrechens; das Volk wird geknechtet, sobald es nicht mehr gefürchtet ist."

„Es giebt zwei Arten von Verantwortlichkeit, die eine, welche man die moralische nennen kann, und die physische."

„Die erstere besteht hauptsächlich in der Oeffentlichkeit, aber genügt es, dass die Verfassung die Oeffentlichkeit der Operationen und Berathungen der Regierung zusichert? Nein, man muss ihr auch alle die Ausdehnung geben, deren sie fähig ist."

„Die ganze Nation hat ein Recht, die Aufführung ihrer Mandatare kennen zu lernen. Es sollen daher, wenn es nöthig wäre, die Versammlungen der Delegirten des Volkes in Gegenwart des ganzen Volkes berathen; ein weites und majestätisches Gebäude, das mindestens zwölftausend Zuschauer fassen könnte, sollte das Local für die Sitzungen des gesetzgebenden Körpers sein. Unter den Augen einer

— 177 —

so grossen Zahl von Zuschauern würden weder Bestechung, noch Intrigue, noch Perfidie es wagen sich zu zeigen; der allgemeine Wille würde allein zu Rathe gezogen werden; die Stimme der Vernunft und des öffentlichen Interesses würde allein gehört werden; aber bietet die Anwesenheit einiger Zuschauer, zusammengedrängt in einen engen unbequemen Winkel, eine Oeffentlichkeit, die zu der Unermesslichkeit der Nation in einem Verhältnis steht?"

„Was würde es also sein, wenn die Mandatare selber diesen kleinen Theil des Volkes, der sie sieht, verachten; wenn sie die Bewohner des Ortes, wo sie tagen, und diejenigen, welche von ihnen entfernt sind, als zwei verschiedene Arten Menschen betrachten lassen würden; wenn sie beständig diejenigen denunciren würden, welche die Zeugen ihrer Handlungen sind, bei denjenigen, welche nur ihre Pamphlete lesen, um die Oeffentlichkeit nicht nur unnütz, sondern auch für die Freiheit unheilvoll zu machen?"

„Die oberflächlichen Menschen würden es niemals errathen, wie gross der Einfluss des Locals, das die gesetzgebenden Körperschaften aufgenommen hat, auf die Revolution gewesen ist, und die Menschen ohne Treu und Glauben werden es nie zugeben. Aber die aufgeklärten Freunde des öffentlichen Wohles haben stets mit Unwillen gesehen, wie die erste Lesgislatur, nachdem sie die Blicke des Volkes auf sich gezogen hatte, um dem Hofe zu widerstehen, sie nachher, soviel in ihrer Macht stand, floh, als sie sich mit dem Hofe gegen das Volk verbinden wollte; wie sie sich, nachdem sie sich im Archevêché versteckt hatte, wo sie das Martialgesetz erliess, in dem Manége einschloss, wo sie sich mit Bajonetten umgab, um die Niedermetzelung der besten Bürger auf dem Champe-de-Mars anzuordnen, den treulosen Ludwig zu retten und die Grundlage der Freiheit zu untergraben. Ihre Nachfolger haben sich wohl gehütet, aus diesem Local herauszugehen, und während der König und die Beamten des alten Regime in wenig Tagen einen prachtvollen Opernsaal aufführen liessen, sind zur Schmach für die politische Vernunft volle vier Jahre verflossen, bis man der Nationalversammlung eine neue Wohnung bereitet hat. Was sage ich? Ist diejenige, in der Sie soeben eingezogen sind, für die Oeffentlichkeit günstiger? Nein, alle Beobachter haben eingesehen, dass sie mit vielem Verständnis und durch denselben Geist der Intrigue und unter der Aegide eines bestochenen Ministers so eingerichtet worden ist, dass die bestochenen Mandatare gegen die Blicke und die Meinung des französischen Volkes wohl verschanzt sind. Man hat selbst Wunder in dieser Beziehung gethan: man hat nämlich ein Mittel gefunden, das Publikum dadurch auszuschliessen, dass man die Einrichtung hat treffen lassen, dass es den Sitzungen wohl beiwohnt, aber nichts hören kann, es befinde sich denn nicht etwa in dem kleinen Raum, der für die anständigen Leute und für die Royalisten reservirt ist. Die Nachwelt wird über die Sorglosigkeit staunen, mit der eine grosse Nation so lange diese feigen und plumpen Manöver sich hat gefallen lassen, welche zu gleicher Zeit seine Würde und seine Wohlfahrt compromittiren."

„Was mich anbetrifft, so meine ich, dass sich die Verfassung nicht darauf beschränken darf, anzuordnen, dass die Sitzungen des corps légistatif und der eingesetzten Behörden öffentlich sein sollen, sondern dass sie es auch nicht unter ihrer Würde halten soll, sich damit zu befassen, wie ihnen die grösstmögliche Oeffentlichkeit zu geben ist. Sie muss daher den Mandataren die Macht nehmen, in irgend einer Weise auf die Zusammensetzung der Zuhörerschaft Einfluss auszuüben und willkürlich den Platz zu verkleinern, der das Publikum aufzunehmen bestimmt ist. Sie muss ferner dafür Sorge tragen, dass die Legislatur im Schoosse einer gewaltigen Bevölkerung tage und unter den Augen der grösstmöglichen Menge Bürger berathe."

„Die moralische Verantwortlichkeit fordert auch noch,

dass die Agenten der Regierung in bestimmten und kurz auf einander folgenden Fristen exacte und genaue Rechenschaft ablegen über ihr Thun, dass diese Rechenschaftsberichte durch die Presse veröffentlicht und der Censur aller Bürger unterstellt werden; und dass sie demnächst also an alle Sectionen, an alle Verwaltungen und an alle Gemeinden zu versenden sind."

„Gestützt auf die moralische Verantwortlichkeit, muss man die physische Verantwortlichkeit in Kraft treten lassen, welche in letzter Analyse die sicherste Hüterin der Freiheit ist. Sie besteht in der Bestrafung der Beamten, welche als pflichtwidrig befunden werden."

„Ein Volk, dessen Mandatare Niemand über ihr Thun Rechenschaft abzulegen brauchen, hat keine Verfassung. Ein Volk, dessen Mandatare nur anderen unverletzlichen Mandataren Rechenschaft ablegen, hat keine Verfassung, weil es von diesen abhängt, es unbestraft zu verrathen oder durch Andere verrathen zu lassen."

„Wenn das der Sinn ist, welchen man den Repräsentativregierungen beilegt, so gestehe ich, dass ich alle die Verwünschungen adoptire, die J.-J. Rousseau dagegen ausgestossen hat; aber dies Wort bedarf der Erklärung oder vielmehr, es handelt sich nicht darum, die französische Regierung zu definiren, sondern zu constituiren."

„In jedem freien Staate müssen die öffentlichen Verbrechen der Beamten mit derselben Strenge und mit derselben Leichtigkeit bestraft werden können, wie die Privatverbrechen der Bürger, und die Macht, die Attentate der Regierung zu unterdrücken, muss dem Souverän wiedergegeben werden."

„Ich weiss, dass das Volk nicht immer in Thätigkeit sein kann, auch würde ich das gar nicht wollen; aber ich will noch weniger, dass seine Delegirten Despoten über die Gesetze sind. Man kann das, was ich vorschlage, durch sehr einfache Mittel erreichen, deren Theorie ich jetzt entwickeln werde."

„1. Ich will, dass alle öffentlichen Beamten ohne Ausnahme vom Volke gewählt werden und jeder Zeit durch das Volk abberufen werden können unter den Formen, welche bestimmt worden sind, ohne jeden anderen Grund als das unwiderrufliche Recht, welches dem Volke zusteht, seine Mandatare abzuberufen."

„2. Es ist selbstverständlich, dass die Körperschaft, welche berufen ist, die Gesetze zu machen, diejenigen zu überwachen hat, welche beauftragt sind, die Gesetze vollstrecken zu lassen. Die Mitglieder der Executivgewalt werden demnach gehalten sein, dem gesetzgebenden Körper Rechenschaft abzulegen von ihrer Handlungsweise. Im Falle von Pflichtwidrigkeit soll derselbe sie aber nicht selber bestrafen können, sondern er soll sie vor einem Volksgericht anklagen, dessen einzige Funktion die sein soll, über Pflichtwidrigkeiten öffentlicher Beamten zu erkennen."

„3. Die Mitglieder des gesetzgebenden Körpers sollen gleichfalls vor diesem Gericht verfolgt werden, aber nicht wegen Meinungen, die sie in der Versammlung geäussert haben, sondern nur auf Grund positiver Thatsachen von Bestechung oder Verrath, deren sie überführt werden können. Die gemeinen Verbrechen, die sie begehen könnten, gehören vor die ordentlichen Gerichte. Im einen wie im anderen Falle sollen sie gerichtet werden können, wie jeder andere Beamte und jeder andere Bürger, ohne dass es nöthig wäre, dass der gesetzgebende Körper erklärt, es liege Grund zur Anklage gegen sie vor. Nur soll der öffentliche Ankläger bei dem betreffenden Gericht gehalten sein, dem gesetzgebenden Körper von der Verfolgung Nachricht zu geben, die gegen eins seiner Mitglieder gerichtet ist."

„4. Nach Ablauf ihres Amts sollen die Mitglieder der Legislatur, wie die der ausübenden Gewalt, dem Urtheil ihrer

Committenten unterstellt werden können. Das Volk hat die einfache Frage zu beantworten: „Hat der Bürger N. dem Vertrauen des Volkes entsprochen oder nicht?" Der Ausspruch, dass Sie sein Vertrauen verloren haben, soll die Unfähigkeit nach sich ziehen, für eine gewisse Zeit irgend welches öffentliche Amt bekleiden zu können. Eine schärfere Strafe soll das Volk nicht verhängen können, und sollte ein Mandatar sich irgend welcher besonderer Verbrechen schuldig gemacht haben, so ist er vor das Tribunal zu verweisen, das eingesetzt ist, um diese zu bestrafen."

„Diese Bestimmungen werden gleichermaassen auf die Mitglieder des Volksgerichts angewandt."

„Wie es nöthig ist, die Beamten innerhalb der Schranken ihrer Befugnisse zu halten, eben so nöthig ist es auch, gute Wahlen zu treffen. Auf diese doppelte Grundlage muss die Freiheit begründet sein. Verlieren Sie nicht aus dem Auge, dass es unter einer Repräsentativregierung kein organisches Gesetz gibt, welches so wichtig wäre, als die, welche ungefälschte Wahlen garantiren."

„In dieser Beziehung sehe ich gefährliche Irrthümer verbreiten und werde gewahr, dass man die ersten Grundsätze des gesunden Menschenverstandes und der Freiheit preis giebt, um nichtige metaphysische Abstractionen zu verfolgen; z. B. sehe ich, dass man grossen Werth darauf legt, dass jeder Mandatar von allen Bürgern der Republik gewählt sei, dergestalt, dass der tugendhafte Mann, der nur in der Gegend bekannt ist, die er bewohnt, niemals berufen werden würde, seine Landsleute zu vertreten, und dass die berühmten Charlatane, die nicht immer die besten Bürger, noch die aufgeklärtesten Menschen sind, und die Intriganten, welche durch die Partei der Regierung portirt werden, ausschliesslich das Privilegium haben würden, eine Nation von sechsundzwanzig Millionen zu vertreten."

„Und gleichzeitig legt man dem Souverän Fesseln an durch

tyrannische Reglements und verleidet dem Volke die Theilnahme an den Versammlungen und entfernt die sans-culottes daraus durch endlose Förmlichkeiten. Was sage ich? man verjagt sie aus demselben durch den Hunger, denn man denkt nicht daran, sie für die Zeit zu entschädigen, welche sie der Erhaltung ihrer Familie abbrechen, um sich den öffentlichen Angelegenheiten zu widmen."

„Darnach sind dies die Principien, welche die Freiheit bewahren, und welche die Verfassung deshalb aufrecht erhalten muss. Alles Uebrige ist nur Spiegelfechterei, Intrigue und Despotismus."

„Machen Sie, dass das Volk den Versammlungen beiwohnen kann, denn das Volk allein ist die Stütze der Freiheit und Gerechtigkeit, die Intriganten, die Aristokraten sind die Geisseln derselben."

„Was hilft es, dass das Gesetz der Gleichheit der Rechte eine heuchlerische Huldigung darbringt, wenn das gebieterischste aller Gesetze, die Noth, den zahlreichsten und gesundesten Theil der Bevölkerung zwingt, darauf zu verzichten? Das Vaterland soll den Mann, der von seiner Arbeit leben muss, entschädigen, wenn er dem Vaterland die Zeit widmet, welche seine und die Erhaltung seiner Familie beansprucht; es soll aus demselben Grunde in angemessener Weise alle öffentlichen Beamten besolden; die Reglements für die Wahlen, die Formen der Berathung sollen einfach und so kurz wie möglich sein; die Versammlungstage sollen auf die dem arbeitenden Theile der Nation bequemste Zeit verlegt werden; man soll mit lauter Stimme berathen; die Oeffentlichkeit ist die Stütze der Tugend, der Schutz der Wahrheit, der Schrecken des Verbrechers, die Geissel der Intrigue; lassen Sie die Dunkelheit und die geheime Abstimmung den Verbrechern und Sclaven; freie Männer wollen das Volk zu Zeugen ihrer Gedanken haben."

„Diese Methode bildet die Bürger zu den republikanischen

Tugenden; sie passt für ein Volk, welches seine Freiheit eroberte hat und welches dafür kämpft, sie zu vertheidigen; wenn sie aufhört für dasselbe zu passen, dann existirt auch schon die Freiheit nicht mehr."

„Zum Uebermaass wiederhole ich es, das Volk muss in seinen Versammlungen vollständig frei sein. Die Verfassung kann nur die allgemeinen Regeln aufstellen, die nöthig sind, um die Intrigue davon auszuschliessen und die Freiheit selber aufrecht zu erhalten; jede andere Beschränkung ist nur ein Attentat auf die Souveränität; nirgends namentlich darf eine bestehende Behörde sich in seine Polizei, in seine Berathungen einmischen."

„Dadurch werden Sie das noch ungelöste Problem der politischen und populären Oeconomie, das nothwendige Gegengewicht gegen die Leidenschaften der Beamten und die Neigung der Regierung zur Tyrannei in die Tugend des Volkes und in die Autorität des Souveräns zu verlegen, seiner Lösung einen Schritt näher gebracht zu haben."

„Vergessen Sie übrigens nicht, dass die Solidität der Verfassung selber sich auf die eigenthümlichen Institutionen, auf die Gesetze eines Volkes stützt. Welchen Namen man ihnen auch giebt, sie müssen alle mit ihr dazu beitragen, dasselbe Ziel zu erreichen; sie stützt sich auf die Unverdorbenheit der Sitten, auf die Kenntnis und das Gefühl der heiligen Rechte des Menschen."

„Die Erklärung dieser Rechte ist die Verfassung aller Völker, die andern Gesetze sind durch ihre Natur wandelbar; sie muss unablässig allen Geistern gegenwärtig sein; sie muss an der Spitze Ihrer Gesetzbücher glänzen; der erste Artikel Ihres Codex muss die formelle Garantie der Menschenrechte sein; der zweite muss die Bestimmung enthalten, dass jedes Gesetz, welches sie verletzt, tyrannisch und daher null und nichtig ist; sie muss bei Ihren öffentlichen Aufzügen Ihnen mit Pomp vorausgetragen werden; sie muss die Blicke des

Volkes in allen Versammlungen, an allen Orten, wo seine Mandatare sich befinden, auf sich ziehen; sie muss auf die Mauern unserer Häuser geschrieben werden; sie muss der erste Unterricht sein, welchen die Väter ihren Kindern geben werden."

„Man wird mich vielleicht fragen, wie ich bei so strengen Vorsichtsmaassregeln gegen die Beamten den Gesetzen und der Regierung den Gehorsam sichern will; ich sage, dass ich ihn gerade durch diese Vorsichtsmaasregeln mehr sichere; ich gebe den Gesetzen und der Regierung eine Kraft wieder, die ich den Lastern der Menschen nehme, welche regieren und welche die Gesetze machen."

„Der Respect, den der Beamte einflösst, hängt viel mehr von dem Respecte ab, welchen er den Gesetzen erweist, als von der Macht, welche er usurpirt; und die Macht der Gesetze liegt viel weniger in der militärischen Gewalt, mit der man sie umgibt, als in ihrer Uebereinstimmung mit den Principien der Gerechtigkeit und mit dem allgemeinen Willen. Wenn das Gesetz das öffentliche Interesse zum Princip hat, so hat es das Volk selber zur Stütze und seine Kraft ist die Kraft aller Bürger, deren Werk und Eigenthum es ist."

„Der allgemeine Wille und die öffentliche Gewalt haben einen gemeinsamen Ursprung; die öffentliche Gewalt ist für den politischen Körper das, was für den menschlichen Körper der Arm ist, welcher freiwillig thut, was der Wille anordnet, und alle Gegenstände zurückstösst, welche das Herz oder den Kopf bedrohen können. Wenn die öffentliche Gewalt nur den allgemeinen Willen unterstützt, ist der Staat frei und in Frieden; wenn sie ihm zuwiderhandelt, ist der Staat geknechtet oder beunruhigt."

„Die öffentliche Gewalt ist in zwei Fällen mit dem allgemeinen Willen im Widerspruch: einmal, wenn das Gesetz nicht der allgemeine Wille ist, und zum zweiten, wenn der Beamte die öffentliche Gewalt anwendet, um dem Gesetze selber Gewalt anzuthun. Dann herrscht die schreckliche Anarchie, welche die Tyrannei zu allen Zeiten unter den Namen Ruhe, öffentliche Ordnung, Gesetzgebung und Regierung angestiftet hat. Ihre ganze Kunst besteht darin, zu isoliren und die guten Bürger einzuschüchtern, um sie ihren scheusslichen Launen zu unterwerfen, die sie mit dem Namen Gesetz schmücken. Gesetzgeber, machen Sie gerechte Gesetze; Beamte, führen Sie sie gewissenhaft aus! Das sei ihre ganze Politik und Sie werden der Welt das noch nie gesehene Schauspiel eines grossen, freien und tugendhaften Volkes bieten!"

Was Robespierre vor mehr als acht Decennien vorschwebte, die directe Demokratie, ist in den letzten Jahren in einigen Schweizer Cantonen, namentlich in Zürich und im Thurgau theilweise zur Durchführung gekommen; wie weit alle übrigen europäischen Staaten noch von dieser vernünftigsten aller Staatsformen entfernt sind, bedarf für den denkenden Leser keiner weiteren Auseinandersetzung.

Am 2. Juni fiel der entscheidende Schlag, welcher die Girondisten zerschmetterte. Robespierre hat an diesen Ereignissen weiter keinen Antheil (ein Mehreres verbot ihm schon der leidende Zustand, in dem er sich damals gerade wieder befand), als dass er am 28. u. 31. Mai das Wort gegen die Commission der zwölf und gegen die von der Commune als Verräther bezeichneten Girondisten ergriff, namentlich sind es wohl seine Schlussworte am 31. mit gewesen, was die Majorität des Convents von der Nothwendigkeit des Ausschlusses der Girondisten überzeugte: „Ja, ich will schliessen und zwar gegen Euch, die Ihr nach der Revolution vom 10. August diejenigen habt zum Schaffot führen lassen wollen, die sie gemacht haben; gegen Euch, die Ihr nie aufgehört habt, die Zerstörung von Paris zu provociren; gegen Euch, die Ihr den Tyrannen habt retten wollen; gegen

Euch, die Ihr mit Erbitterung dieselben Patrioten verfolgtet, deren Kopf Dumouriez verlangt hat; gegen Euch, deren verbrecherische Rache diesen Schrei des Unwillens hervorgerufen hat, aus dem Ihr denjenigen, die Eure Opfer sind, ein Verbrechen machen wollt; mein Schlussantrag lautet: alle Mitschuldigen von Dumouriez und alle diejenigen, welche in der Petition namhaft gemacht worden sind, sind unter Anklage zu stellen." Der Sturz der Girondisten war also nicht ein persönlicher Sieg von Robespierre, sondern ein Triumph der demokratischen Revolution: alle die Wunder, deren ein Volk fähig ist, um seine Unabhängigkeit zu sichern und sich seine Gleichartigkeit zu bewahren, geschahen in der Zeit vom 31. Mai bis zum neunten Thermidor als das Werk der Bergpartei und unter dem schaffenden Hauche von Robespierre.

Vom 11. bis 23. Juni konnte nunmehr die Verfassung ungestört bis zu Ende berathen werden. Robespierre ergriff zu verschiedenen Malen das Wort, wo er glaubte die Rechte des Volkes wahrnehmen zu müssen, und immer erhoben sich die von ihm geäusserten Ansichten dermaassen über alles Uebrige, was sonst auf dem Gebiete der Staatsphilosophie gedruckt und geschrieben worden ist, dass wir es bedauern, darauf nicht näher eingehen zu können. Nur ein paar Einzelheiten wollen wir hervorheben: so erklärte er sich gegen die Bezeichnung Volksvertreter, weil der souveräne Wille sich nicht könne vertreten lassen und die Gesetzgeber immer nur als die Mandatare des Volks auftreten könnten; so will er dem conseil exécutif die Befugnis nehmen, mit andern Staaten Verträge abzuschliessen und die Beamten abzusetzen; so ist er gegen die obligatorische Einführung der Schiedsgerichte, weil es dem Armen unter Umständen schwer fallen könnte, einen Schiedsrichter zu finden; so verlangt er die Garantirung des freien unentgeldlichen Unterrichts auf allen Stufen für Jedermann; dagegen will er von Freiheit der Culte nichts wissen, weil sich leicht contrerevolutionäre Gesellschaften hinter den religiösen Formen verstecken könnten; und ist für die Streichung des Wortes Pflicht in den Grundrechten, es dürften nur die Rechte des Volkes aufgestellt werden, aus denen sich die Pflichten von selber ergäben.

Die Verfassung von 1793, die zum ersten Male in Frankreich allgemeines freies gleiches Stimmrecht einführte und nach einjährigem Aufenthalte auch Nichtfranzosen die Ausübung der politischen Rechte einräumte, wenn sie von ihrer Arbeit lebten oder Grundbesitz erworben oder ein Kind adoptirten oder einen Arbeitsunfähigen unterhielten oder eine Französin heiratheten, wurde mit immenser Majorität von der Beölkerung angenommen, jedoch sollte sie erst nach dem Abschluss des Friedens in Kraft treten; dazu kam es aber nicht, sondern sie ging mit ihren Urhebern, zu denen in erster Linie Robespierre zu rechnen ist, dessen Geist man überall darin spürt, zu Grunde und die girondistische Verfassung des Jahres III der Republik stellte die Unterscheidung von Activ- und Passivbürgern wieder her, d. h. sie schloss wiederum mehr als die Hälfte der Bevölkerung von der Ausübung politischer Rechte aus.

Am 24. Juni berichtete Amar über die bisher nur in ihren Wohnungen polizeilich überwachten Girondisten im Convent, und sprach sich auch Robespierre, da Pétion trotz des von ihm gegebenen Ehrenwortes sich heimlich aus Paris entfernt hatte, für ihre Ueberführung ins Gefängnis aus. Wie dann diejenigen, die der Verhaftung entgangen waren, im Département Calvados den Aufstand gegen die Majorität des Convents organisirten und sich dadurch zu Hochverräthern stempelten, ist ja allgemein bekannt. Nur ein Gedicht wollen wir mittheilen, wie es damals nach der Melodie der Marseillaise überall in der Normandie und Bretagne gesungen wurde, weil es so recht deutlich zeigt, was sie eigentlich beabsichtigten:

Paris, ville longtemps superbe,
Gémit sous un joug odieux.
Bientôt on chercherait sous l'herbe
Ses palais, ses murs orgueilleux.
Mais vous marchez, Paris respire,
Les brigands pâlisent d'effroi,
Sur eux le glaive de la loi
Brille, et le despotisme expire.
Aux armes, citoyens! Terrassez les brigands
La loi! c'est le seul cri, c'est le voeu des Normands
— — — — — — — — — — — — — — —

Quoi! le farouche Robespierre
Serait l'arbitre de l'Etat!
Quoi! Danton, quoi! le vil Marat
Régneraient sur la France entière!
Aux armes, citoyens! etc.

(Paris, lange Zeit eine stolze Stadt, seufzt unter einem hassenswerthen Joch, bald dürfte man seine Paläste und seine stolzen Mauern unter dem Grase suchen müssen, aber ihr setzt euch in Marsch, und Paris athmet wieder auf, die Räuber werden vor Entsetzen erbleichen, das Schwert des Gesetzes glänzt über ihnen und der Despotismus stirbt. Zu den Waffen, Bürger; schlagt die Räuber zu Boden, das Gesetz ist der einzige Ruf, ist das Gelübde der Normannen! — — — Was! der wilde Robespierre sollte der Schiedsrichter des Staates sein! Was! Danton, was! der elende Marat sollten über ganz Frankreich herrschen! Zu den Waffen u. s. w.) und ähnlich dachten auch ihre Helfershelfer in Paris, wie aus folgendem Brief hervorgeht, der von Paris nach Strassburg geschrieben worden war und am 10. Juli in der Commune zur Verlesung kam: „D'ici au quinze juillet nous donnerons. Je désire qu'il n'y ait pas d'autre sang répandu que celui des Danton, Robespierre, Marat et compagnie. Vive Wimpffen, vivent les Normands, Bretans, Marseillais, Lyonnais et tous les autres républicains (bis zum 15. Juli werden wir losschlagen, ich wünschte, dass kein anderes Blut vergossen würde, als das von Danton,

Robespierre, Marat und Kumpanen); also jedenfalls aus girondistischer Feder, denn auch zu Lyon und Marseille waren girondistische Aufstände ausgebrochen.

Am 26. Juli wurde Robespierre zusammen mit Barère, Thuriot, Couthon, St. Just, Prieur (de la Marne), Robert Lindet, Hérault-Séchelles und Jean-Bon-St. André in den Wohlfahrtsausschuss gewählt. Derselbe trat täglich Morgens acht Uhr zusammen, um die eingegangenen Schreiben einzusehen und die Mittel für die Erhaltung der öffentlichen Wohlfahrt zu berathen, ehe sie sich um ein Uhr in die Conventssitzung begaben. Abends sieben Uhr traten sie regelmässig zum zweiten Male zusammen. Später wurde die Zahl der Mitglieder auf zwölf vermehrt, und so traten am 14. August noch Carnot nebst Prieur (de la Côte d'or) ein.

Am 22. August wurde Robespierre zum ersten Male zum Präsidenten des Convents gewählt und in die Zeit seines Präsidiums vom 23. August bis zum 5. September (die Wahl fand immer auf vierzehn Tage statt) fällt das, was General Foy nicht glaubte besser als mit den Worten „le colossal effort de la France" bezeichnen zu können, dagegen nimmt mit seinem Nachfolger Billaud-Varenne die Schreckensherrschaft ihren Anfang. Robespierre's Grundsatz war „Gerechtigkeit", aber nicht „Verfolgung", deshalb drängt er auch immer im Bezug auf die Aufständischen darauf zu unterscheiden zwischen Verführern und Verführten und nur für die Ersteren verlangt er den Tod, Letzteren soll verziehen werden, dagegen erhebt er sich mit aller Energie gegen die Exagérés (überspannten Politiker), unter und hinter denen er verkappte Royalisten witterte, denn überzeugt davon, dass die republikanische Form zum Wohle aller Bürger erhalten werden müsste, machte er gegen Alles Front, was dieselbe seiner Meinung nach gefährden konnte. „Il faut une volonté une (es bedarf eines einzigen, einheitlichen Willens), sagt er in einer Rede, die man nach dem 9. Thermidor unter seinen mit Beschlag belegten Papieren fand und die Courthois in seinem Berichte perfider Weise so auslegte, als habe er die Herrschaft eines Einzelnen beabsichtigt, il faut qu'elle soit républicaine. Pour qu'elle soit républicaine, il faut des ministres républicains, des papiers républicains, un gouvernement républicain (derselbe muss republikanisch sein, dazu bedarf es republikanischer Minister, republikanischer Zeitungen, einer republikanischen Regierung)." Aber vorläufig befand man sich noch inmitten der Revolution, und die Revolution erheischt eine revolutionäre Regierung, die er in seinem Bericht vom 25. December folgendermaassen charakterisirt: „Der Zweck der revolutionären Regierung ist die Begründung der Republik. Die revolutionäre Regierung bedarf einer ausserordentlichen Thatkraft, weil sie sich im Kriege befindet. Sie ist weniger an gleichförmige und strenge Regeln gebunden, weil die Umstände, in denen sie sich befindet, stürmisch und schnell wechselnd sind und besonders, weil sie gezwungen ist, unablässig neue und schnelle Hilfsmittel für neue und dringende Gefahren ausfindig zu machen. Die revolutionäre Regierung beschäftigt sich mit der öffentlichen Freiheit, unter der revolutionären Regierung wird die öffentliche Macht gezwungen, sich selber gegen alle die Parteien zu vertheidigen, welche sie angreifen. Die revolutionäre Regierung schuldet den guten Bürgern den Schutz der ganzen Nation, den Feinden des Volkes aber nur den Tod, d. h. den bewaffneten Contrerevolutionären, aber nicht den Unschuldigen und denjenigen, die nur verführt sind. Sie muss die Mitte halten zwischen zwei Extremen, der Schwäche und der Verwegenheit, modérantisme und excès."

Zu dem Revolutionstribunal, um dies gleich hier vorweg zu nehmen, stand Robespierre in gar keiner Beziehung. Fouquier-Tinville war ihm beispielsweise so wenig bekannt, dass von ihm ein Brief an denselben existirt mit der Aufschrift Fouquet de Tainville. Vom Wohlfahrts- und Sicherheitsausschuss ergingen allerdings bisweilen Weisungen an das Revolutionstribunal, so z. B. existirt eine mit Carnot's Unterschrift in Bezug auf Victor de Broglie, mit Robespierre's Unterschrift aber existirt nicht eine einzige, und auch unter den zahlreichen Haftbefehlen, die der Wohlfahrtsausschuss erlassen hat, befinden sich nur sehr wenige, die von ihm unterschrieben sind, und zwar nie von ihm allein. Auch an allen den Gewaltthätigkeiten in den von den Girondisten aufgewiegelten Départements ist Robespierre vollständig unschuldig. Wo solche Personen als Commissäre des Convents erschienen, auf welche er Einfluss hatte, wie sein Bruder Augustin, Couthon, St.-Just, Le Bas, Ricord, Salicetti, da war im Handumdrehen ohne alles Blutvergiessen die Ordnung wiederhergestellt, weil diese Männer es verstanden, die Republik beliebt zu machen, die Carrier dagegen, die Fouché, die Collot d'Herbois, Tallien und wie die Scheusale alle heissen, welche durch ihre Blutthaten nicht nur die Republik, nein die Menschheit geschändet haben, finden wir sämmtlich unter seinen persönlichen Feinden, unter denen, welche die Verschwörung des 9. Thermidor in Scene setzten. Eben so wenig rührt das berüchtigte Gesetz vom 30. October (Schluss der Debatte bei genügender Information der Geschworenen) von ihm her, sondern es wurde von Osselin eingebracht, und Robespierre ist es vielmehr zu danken, dass die Bestimmung hineinkam „nicht vor Ablauf von drei Tagen". Auch hat man durchweg irrige Vorstellungen von dem Verhältnis des Wohlfahrtsausschusses zum Convent einerseits und von Robespierre's Verhältnis zum Ausschuss anderseits. Der Convent war in keiner Weise von dem Ausschuss irgendwie abhängig, und wenn einstimmige Beschlüsse über Anträge des Ausschusses gefasst wurden, so beweist dies eben nur, dass Uebereinstimmung vorhanden war, in der Regel aber fanden lange, ermüdende Debatten statt. Ein Antrag von Merlin, alle Regierungsgewalt in die Hände des Ansschusses niederzulegen, wurde von dem Ausschuss selber bekämpft, weil sie eben wollten, dass die Regierung beim Convent bleiben sollte. Und in dem Ausschuss waren Robespierre's Ansichten nichts weniger als maassgebend. So versuchte er es vergebens, Chabot, dessen Patriotismus ihm bekannt war, zu retten, den der Ausschuss im Anklagezustand versetzte, weil er mit den Banquiers Frey auf Baisse speculirt haben sollte, derlei Operationen und namentlich die Betheiligung an Unternehmungen des Staats waren nämlich den Mitgliedern des Convents durch das Gesetz verboten und ein gewisser Nicolas Perrin, Maire von Troyes, wurde zu sechsstündigem Pranger und zu zwölf Jahren Eisen verurtheilt, weil er bei einer Tuchlieferung für die Armee sich von dem Fabrikanten hatte Provision geben lassen. Die Beschlüsse im Wohlfahrtsausschuss wurden von den Anwesenden mit Majorität gefasst, über die eine Präsenzliste geführt wurde, da auf Robespierre's Antrag die Decrete nur von denjenigen unterschrieben wurden, die dafür gestimmt hatten, jedoch genügten drei Unterschriften. Es findet sich aber unter den zahlreichen Decreten des Ausschusses nur ein einziges, das nur die Unterschriften von Robespierre, Couthon und St. Just trägt, vom 30 messidor und zwar wird darin die Freilassung der Bürger Fijon und Bassanger aus Lüttich verfügt; dagegen ist durchaus kein Mangel an solchen, welche nur von Billaut-Varenne, Barère und Carnot unterzeichnet sind; wenn man also von einer „trinité dictatoriale" reden will, so ist dieselbe ganz wo anders zu suchen. Völlig ohne jeden Einfluss aber war Robespierre auf den Sicherheitsausschuss, dessen Mitglieder, mit Ausnahme von Le Bas und David, sämmtlich zu seinen persönlichen Feinden zählten.

Auf der anderen Seite hat man wieder darin, dass sich Robespierre dem Treiben der Hébertisten widersetzte, den Beweis dafür finden wollen, dass er kirchlich unfrei gewesen sei. Aber Robespierre bekämpfte die Hébertisten nicht zu

Gunsten der katholischen Kirche, sondern er verfolgte in ihnen die Unduldsamkeit, den Fanatismus des Unglaubens, die Uebertreibung, welche die Republik gefährdete und ihr Feinde zuzog, und vertrat auch darin wieder den gesunden Sinn des Volkes, das alle Excesse hasst. „L'athéisme est aristocratique, l'idée d'un grand être qui veille sur l'innocence et qui punit le crime triomphant est toute populaire (der Atheismus ist aristokratisch; die Idee eines grossen Wesens, welches über die Unschuld wacht und das triumphirende Verbrechen straft, ist ganz volksthümlich)." Mit Ekel hatte er daher am 10. November die Sitzung verlassen, als man in der Person von Mme. Maillard dem Convente die Göttin der Vernunft vorstellen kam.

Robespierre hatte in dieser Zeit wieder sein altes Zimmer bei Duplay inne. Die Wohnung nämlich im ersten Stock nach vorne heraus, die er mit den Geschwistern nach deren Ankunft in Paris Mitte September bezogen hatte, hatte er auf den Wunsch von Charlotte, die, sich bisher allein im Besitze des Herzens des geliebten Bruders wissend, es nicht über sich gewinnen konnte, es jetzt mit Andern theilen zu sollen, kurze Zeit darauf wieder aufgegeben und mit einer andern in der Nähe rue Saint-Florentin vertauscht; als er aber im Herbste des Jahres von seinem gewöhnlichen Unwohlsein — Robespierre litt öfter an nervösem Gesichtsschmerz — befallen worden war, da liess es sich Mme. Duplay nicht nehmen, ihn eigenhändig zu pflegen, vermochte ihn auch sich von den Geschwistern zu trennen und wieder zu ihnen zu ziehen. Robespiere, damals 35 Jahre alt, war von Mittelstatur und etwas zur Corpulenz geneigt. Sein Gesicht schwach pockennarbig drückte Sanftmuth und Milde aus und obwohl nicht regelmässig schön, entbehrte es doch nicht eines gewissen Liebreizes. Sein langes braunes Haar trug er nach hinten gestrichen und immer aufs sorgfältigste geordnet, wie er auch stets mit Peinlichkeit auf saubere

Leibwäsche hielt und sich nie ohne Jabothemde und Manschetten zeigte. Streng und unbeugsam gegen Tyrannei, Ungerechtigkeit und Unsittlichkeit, aber grossmüthig, voller Mitgefühl und dienstbeflissen im Privatverkehr und leutselig gegen Jedermann und besonders gegen die Unglücklichen und Verlassenen, galt er für den guten Genius im Hause. Als er jetzt in dasselbe zurückkehrte, fand er von den Töchtern nur noch Eleonore und Victoire, denn Elisabeth hatte sich mittlerweile mit Le Bas vermählt. Eleonore zählte damals etwa fünfundzwanzig Jahre. Gross und stattlich, mit etwas markirten Zügen, besass sie einen scharfen Verstand und ein grosses, hingebendes Hérz. Robespierre hatte sie sich zur Lebensgefährtin auserkoren, aber erst wollte er die Zustände in Frankreich sich consolidiren lassen, bevor er glaubte an die Begründung eines eigenen Heerdes denken zu dürfen.

Auch jetzt, wo er Frankreich's Geschicke durch den Einfluss seines Wortes lenkte, lebte Robespierre vollständig zurückgezogen. Seine einzige Erholung bestand darin, dass er gefolgt von seiner grossen dänischen Dogge Brount, die er sich von seinem Besuche aus Arras mitgebracht hatte, Mme. Duplay und die Töchter nach den Champs-Élysées und nach dem jardin Marbeuf spazieren führte, wobei es ihm Vergnügen machte, den kleinen Savoyarden mit ihren Murmelthieren unterwegs zuzusehen, für die er allgemein „le bon monsieur" war. Bisweilen wurde auch ein grösserer Ausflug nach Montmorency oder Versailles gemacht oder er begleitete auch wohl die Damen ins Theater. In den drei Jahren, die er bei Duplay wohnte, hat er nicht sechsmal ausser dem Hause gespeist. Bei Tische drehte sich die Unterhaltung natürlich um Politik. Duplay war Geschworener am Revolutionstribunal, aber ohne dass Robespierre den allermindesten Einfluss auf seine Entschliessungen gehabt hätte. Als er eines Tages das Gespräch auf die Vorgänge im Tribunal bringen wollte, wies es Duplay mit den Worten zurück:

„Ich frage Sie niemals nach dem, was sie im Wohlfahrtsausschuss machen." Nach Tisch ging man in den Salon von Mme. Duplay hinüber, wo er den Damen, die eine Handarbeit vornahmen, aus Voltaire, Rousseau, Racine oder Corneille vorzulesen pflegte. Punkt neun Uhr zog er sich auf sein Zimmer zurück, wo er nicht selten bis in den hellen Morgen hinein arbeitete. Als Secretär diente ihm in der letzten Zeit ein Neffe von Duplay Juivon, welcher in der Schlacht bei Valmy ein Bein verloren hatte und mit dem jungen Duplay eine Dachkammer über der Werkstätte links von Robespierre's Zimmer theilte. Robespierre arbeitete seine Reden sehr sorgfältig aus. „Ein einziger" heisst es in den Memoires historiques sur le XVIIIme sicèle, „in dieser so grossen Zahl stets schlagfertiger Redner sucht sorgsam und mühselig die eleganten Formen und Ausdrücke des Stils; häufig schreibt er, den Roman neben sich aufgeschlagen, in dem in bezaubernder Sprache die zartesten Leidenschaften des Herzens und die süssesten Gemälde der Natur athmen, die Nouvelle Héloise; es ist Robespierre."

Donnerstags war Empfang bei Mme. Duplay. Zu den regelmässigen Besuchern gehörten von bekannteren Persönlichkeiten aus dem Convent Merlin de Thionville, Pânis, Collot d'Herbois, die alle drei zum Verräther an ihm wurden, Desmoulins, Duplay's Schwiegersohn Le Bas, St. Just, Couthon, Augustin Robespierre, der Maler David, ferner ein italienischer Chevalier Pio und Philipp Buonarotti. Man musicirte, Le Bas sang und spielte die Geige, Buonarotti war Virtuos auf dem Clavier, oder Robespierre declamirte aus Racine oder Corneille. Und aus diesem Robespierre, wie wir ihn aus den handschriftlichen Aufzeichnungen von Mme. Le Bas kennen, machte die Tücke der Thermidorianer

Ce spectre livide
Qui déchire son propre flanc,

Encore tout souillé de sang,
De sang il est encore avide.
Voyez, avec un rire affreux
Comme il désigne ses victimes,
Voyez, comme il excite aux crimes
Ses satellites furieux

(dieses fahle Gespenst, das seine eignen Weichen zerfleischt; noch ganz mit Blut besudelt, dürstet er noch nach Blut. Seht, wie er mit einem abscheulichen Grinsen seine Opfer bezeichnet; seht, wie er seine wüthenden Helfershelfer zu den Verbrechen anstachelt); und Montjoye in der „histoire de la conspiration de Robespierre" berichtet: „Chaque citoyen arrêté était destiné à la mort. Robespierre n'avait d'autre soin que de grossir les listes de proscription, que de multiplier le nombre des assasinats. Le fer de la guillotine n'était point assez vite à son gré. On lui parle d'un glaive qui frapperait neuf têtes à la fois. Cette invention lui plut. On en fit des expériences à Bicêtre, elles ne réussirent pas; mais l'humanité n'y gagne rien: au lieu de trois, quatre victimes par jour, Robespierre voulut en avoir journellement, cinquante, soixante, et il fut obéi (Jeder verhaftete Bürger war dem Tode geweiht. Robespierre hatte keine andere Sorge als die Proscriptionslisten zu vergrössern und die Zahl der Mordthaten zu vervielfachen. Das Messer der Guillotine ging seinem Willen nicht schnell genug. Man sprach ihm von einem Schwerte, das neun Köpfe mit einem Male abschlagen sollte. Diese Erfindung gefiel ihm. Man stellte damit in Bicêtre Versuche an, sie mislangen. Aber die Menschheit hatte keinen Gewinn davon: statt drei, vier Opfer wollte Robespierre täglich fünfzig, sechzig haben, und man gehorchte ihm)." Und solches und ähnliches dummes Zeug wird auch in Deutschland noch bis auf den heutigen Tag urtheilslos nachgesprochen und geglaubt!

Mittlerweile war das Jahr 1794 herangekommen, und mit diesem Zeitpunkt erreichte das Schreckensregiment seinen

Höhepunkt; dass es aber durch Robespierre geschehen sei, ist nur eine freche schamlose Lüge, aufgebracht von denen, die dadurch die Schuld von sich haben abwälzen wollen, denn bis zu dem Erlass des Gesetzes vom 22. Prairial (10. Juni) hat er nicht nur keinerlei Antheil an irgend einer der Maassnahmen, welche das Schreckensregiment ausmachen, gehabt, sondern er ist sogar stets nach Kräften bemüht gewesen, es zu inhibiren. So hat er drei, vier Mal das Wort ergriffen zur Rettung der Ueberreste der Girondisten; so ist es ihm zu verdanken, dass die Verfolgung der dreiundsiebzig Protestler gegen die Ereignisse vom 2. Juni eingestellt wurde; so ist er es wiederum gewesen, der sich mit aller Energie der Massenverfolgung der Unterzeichner der Petitionen der 8000 gegen das Lager der Fédérés und der 20000 gegen die Ereignisse am 20. Juni 1792 und allen den übrigen unsinnigen Plänen der Exagérés widersetzte; so ist er es ferner, der die Proconsuln verfolgte und sich dadurch ihren Hass zuzog, der ihm schliesslich das Leben kosten sollte. Und gerade in den ersten Wochen des Jahres konnte er sich aus Gesundheitsrücksichten so gut wie an gar nichts betheiligen. Schon in der Zeit vom 4. bis 15. Januar war er unwohl gewesen und hatte desshalb im Jacobinerclub und im Convent nur ein einziges Mal erscheinen können, vom 15. bis 18. geben ihn zwar die Präsenzlisten des Wohlfahrtsausschusses wieder als anwesend an, jedoch am 19. wurde er ernsthaft bettlägerig, so dass sich grosse Bestürzung aller guten Patrioten bemächtigte und die meisten Sectionen sich fast täglich officiell nach seinem Befinden erkundigen liessen. Seine Krankheit währte bis zum 13. März, und gerade in diese Zeit (1. bis 23. Ventôse) fällt, wie schon gesagt, der Höhepunkt des Schreckensregiments, wie dies denn auch wiederum die vier Wochen vor seinem Tode der Fall ist, während deren er sich, wie die Präsenzliste es beweist, von den Sitzungen des Wohlfahrtsausschusses fern hielt. Die Hébertisten benutzten die

Zeit seiner Krankheit zur Vorbereitung ihrer Umsturzpläne (Aufhebung aller bestehenden Behörden und Einsetznng eines Grand-Juge in der Person von Pache). Hébert war übrigens durchaus nicht der Mann, für den er sich ausgab; was er schrieb, war nicht seine Ueberzeugung. Er war nicht ohne Bildung, hielt auf weisse wohlgepflegte Hände und betrachtete seinen Père Duchesse nur als eine Geldquelle, um Abends die feinen Soupers bei dem holländischen Bankier Kock in Passy mitmachen zu können. Sehr bezeichnend für Robespierre ist die Aeusserung, die er damals that, als ihm durch den Dr. Souberbielle (derselbe starb hochbetagt erst im Jahre 1846 und erzählte gern bis zu seinem Tode von den Erlebnissen seiner Jugend und namentlich von Robespierre) die Mittheilung gemacht wurde, dass man in der Commune den Tod für alle Verdächtigen in Vorschlag gebracht hatte: „Les révolutions ont des aspects terribles, toujours du sang, n'en a-t-on pas déjà, assez répandu? faut-il donc que la République se dévore elle-même? (Die Revolutionen gewähren einen schrecklichen Anblick, immer Blut, hat man nicht schon genug vergossen? soll sich die Republik selber aufzehren?)" Auch ist es constatirt, das die Agenten des Auslandes um Hébert's Anschläge sehr gut wussten, und sein, sowie seiner Helfershelfer Tod war eine Nothwendigkeit für die Republik. Nicht weniger bedenklich und im höchsten Grade argwöhnisch musste auch die maasslose Freude und der Jubel der Indulgents über die Beseitigung der Exagérés die Patrioten machen, und so zog Hébert noch nach seinem Tode das Verderben auf das Haupt der Dantonisten, welche Robespierre fallen liess, als er sich endlich nicht länger der Ueberzeugung von ihrer Schuldbarkeit verschliessen konnte, namentlich kostete es ihm grosse Ueberwindung, Desmoulins aufgeben zu müssen, den er sehr lieb hatte, aber er sah ein, dass er der Republik dieses Opfer schuldig war.

Robespierre war eine durchweg religiös angelegte Natur,

und deshalb glaubte er den Sieg der Republik über den Atheismus der Hébertisten und Dantonisten zur Wiederherstellung der Religion benutzen zu sollen und brachte durch seine Rede über die Beziehung der Religion zur Republik am 8. Mai den Nationalconvent zu den Beschlusse: „Das französische Volk erkennt die Existenz eines höchsten Wesens und die Unsterblichkeit der Seele an; die Freiheit der Religionsübung ist gewährleistet" und auf Anregung von David wurde im Weiteren beschlossen, am Sonntag den 8. Mai die Fête de l'Être suprême abzuhalten. Auch in Bezug auf dieses Fest sind über Robespirre, der als Präsident des Nationalconvents, wozu er am 4. Juni wieder einstimmig gewählt worden war, dabei die Hauptrolle spielte, die lächerlichsten Lügen von seinen Feinden in Umlauf gesetzt worden, so dass es sich wohl der Mühe verlohnen dürfte, den wirklichen Hergang zu erzählen.

Zunächst steht es fest, dass er sich schon um 9 Uhr in den Tuilerien eingefunden hatte, von wo aus sich der Zug nach dem Marsfelde in Bewegung setzen sollte, und von dem Geschworenen Vilate zum Frühstück im pavillon de Flore eingeladen wurde, mithin lag ihm also jedenfalls die Absicht, den Convent warten zu lassen, ferne. Sodann schritt er auch gar nicht den übrigen Conventsmitgliedern weit voraus, sondern die Fouché, die Tallien, Bourdon, Courtois, die von ihm entlarvt zu werden mit Recht zu fürchten hatten, blieben absichtlich zurück, um den Zwischenraum zwischen dem Präsidenten und den übrigen Conventsmitgliedern recht auffällig zu vergrössern. Auch liessen sie während des Zuges directe Drohungen gegen ihn fallen, so dass er am Abend, als er nach Hause kam, seinen trüben Ahnungen in folgendem Worten Ausdruck gab: „Vous ne me verrez plus longtemps (Ihr werdet mich nicht mehr lange sehen)!"

Aber er gab seine Sache nicht von vorne herein verloren, sondern nahm den Kampf mit den Terroristen auf, und das Gesetz vom 22. Prairial (10. Juni 1794) betreffend Reorganisation des Revolutionstribunals und namentlich Beseitigung der Vertheidigung, das er im vollsten Einverständnis mit dem Wohlfahrtsausschuss ausgearbeitet hatte, sollte ihm eine Waffe in diesem Kampfe sein. Er hatte nämlich zur Genüge sehen müssen, wie die Reichen sich der Strenge des Gesetzes entzogen, das den Armen traf, der nicht die Mittel hatte, einen Vertheidiger zu bezahlen, die Terroristen aber und namentlich die Proconsuln, die er verfolgen wollte, wühlten nur so im Golde, das sie in den Départements erpresst hatten. Zu den namhaftesten gehören Tallien, Fouché, Courtois. Tallien war in Bordeaux als Agent des wildesten Terrorismus aufgetreten, hatte sich aber plötzlich in Folge seiner Bekanntschaft mit Thérézia Cabarus, der ehemaligen Marquise de Fontenay, für Gold zum Beschützer aller Contrerevolutionäre gemacht und war deshalb auf die Anzeige von Jullien fils und Ysabeau vom Convent zurückberufen, Mme. Cabarus auch auf Grund einer von Robespierre mitunterzeichneten Verfügung des Wohlfahrtsausschusses verhaftet worden. Fouché, schon von Arras her, wo er Lehrer am Collége gewesen war, mit Robespierre bekannt, um dessen Schwester er sich auch beworben hatte, war gemeinsam mit Collot d'Hérbois in Lyon der Vertreter des wildesten Terrorismus gewesen und daher auf Betreiben Robespierre's gleichfalls durch den Convent zurückberufen worden. Courtois dagegen wusste sehr wohl, dass mehrfach beim Wohlfahrtsausschusse Denunciationen gegen ihn wegen Unterschlagung eingelaufen waren, zwar war er zunächst noch mit Verdacht entlassen worden, aber die Verdachtsgründe konnten jeden Augenblick dringender werden. An sie schlossen sich Rovère, der würdige Genosse von Jourdan Coupe-tête und tief verwickelt in den Schacher mit Nationalgütern, Thuriot, der Ankläger der fünfundsiebzig Protestler, Lecointre, Legendre und Fréron, die Repräsentanten des egoistischen Bourgeoisthums, die, nachdem sie ihren Zweck, den Adel zu vernichten, erreicht hatten, die Revolution aufhalten wollten, und — last but not least — André Dumont, Barras und Carrier an, welche sich durch ihre Blut- und Schandthaten mit ewiger Schmach bedeckt hatten. Seine Absicht liess er sie merken, als er Bourdon (de l'Oise) unter allgemeinem Beifall den Vorwurf machte, Spaltung im Convente zu beabsichtigen, aber „la Convention, la Montagne, le Comité, c'ést la même chose", man dürfe nur gute und schlechte Bürger, wahre Patrioten und verkappte Contrerevolutionäre unterscheiden, und auf Bourdon's Aufforderung sie zu nennen „je les nommerai quand il faudra (ich werde sie nennen, wenn es nöthig sein wird)" geantwortet hatte. Wenn es auch jedenfalls sein gutes Herz war, was ihm diese Aeusserung eingab, weil er wohl hoffen mochte, diese Drohung würde genügen, um sie auf die rechte Bahn zurückzubringen, so war es doch ein politischer Fehler, weil er es dadurch seinen Gegnern ermöglichte, den Andern einzureden, Robespierre habe es auf sie abgesehen.

Ihre Taktik war, ihn im Convent soviel als möglich zu isoliren. Denen von der Rechten gegenüber schoben sie ihm daher alle Schrecken der Revolution in die Schuhe; den Fortgeschrittensten in der Bergpartei dagegen tischten sie wieder das alte abgeschmackte Märchen der Girondisten von der Dictatur auf; die Furchtsamen schreckten sie durch die Verbreitung erdichteter Proscriptionslisten mit achtzehn, später sogar dreissig Namen. Auf der andern Seite suchten sie ihn aber auch lächerlich zu machen (le ridicule tue en France, die Lächerlichkeit macht in Frankreich todt), indem sie ihn als eine Art von Messias einer gewissen Secte von „illuminés" (Illuminaten) auf Grund von Mystificationen eines halbverrückten Frauenzimmers Catherine Théot darstellten, in die auch ein sonst sehr achtenswerthes Mitglied des Convents Dom Gerle verwickelt war, den es ihm nur mit grosser Anstrengung im Ausschusse gelang, vor einer Anklage zu bewahren, aber weggeblieben aus den Sitzungen des Ausschusses ist er deshalb nicht. In der Zeit vom 15. Prairial bis zum 9. Thermidor (3. Juni bis 27. Juli) hat er, wie aus den Präsenzlisten hervorgeht, im ganzen nur siebenmal gefehlt, aber er protestirte mit Couthon und Saint-Just beständig gegen die „manière prompte d'improviser la foudre à chaque instant (diese hitzige Manier den Blitzstrahl jeden Augenblick in aller Eile zu Stande zu bringen)", und daher trägt von den Listen, auf welchen durch den Wohlfahrtsausschuss Angeklagte dem Revolutionstribunal überwiesen wurden, nur eine einzige, die vom 2. Thermidor, seine Unterschrift, während sich sein Name auf andern Verfügungen aus dieser Zeit vielfach findet und so noch auf einem Decret vom 7. Thermidor, das die Verhaftung eines Angestellten beim Sicherheitsausschuss Senar wegen Spionage verfügt. Aber die lächerliche Geschichte mit der Catherine Théot und seine Ohnmacht das Gute zu thun und das Schlechte zu hindern verurtheilten ihn gewissermassen zu einer mehr passiven Rolle.

Anfangs Floréal wurde das „bureau de police générale" zur Ueberwachung der öffentlichen Beamten und zur Untersuchung der Denunciationen, die bei dem Wohlfahrtsausschuss eingingen, also nicht als Opposition gegen den Wohlfahrtsausschus eingerichtet, sondern um demselben seine Geschäftsführung zu erleichtern, und unter die Leitung von Saint-Just gestellt, der aber im Falle von Abwesenheit von Robespierre vertreten wurde; und in dieser Eigenschaft hat er im Ganzen in nicht mehr als dreissig Fällen theils die Freilassung von angeschuldigten Patrioten, theils die Verfolgung von Widersachern der Republik beim Wohlfahrtsausschuss durchgesetzt, aber vom 19. Messidor (7. Juli) ab auch damit nichts mehr zu thun gehabt. Die Beziehungen des Wohfahrtsausschusses zum Revolutionstribunal waren auch in dieser Zeit genau dieselben geblieben, wie früher, d. h. dieser hatte nur auf Grund von Denunciationen, die sich auf ein Attentat gegen die Nation oder auf Parteiungen bezogen oder Generale oder die Ausführung von Decreten des Convents betrafen, dem Gerichte Weisungen zu ertheilen, Robespierre vollends hatte nach wie vor gar keine Beziehungen zu demselben; mit seiner Namensunterschrift existirt eine einzige Citation, durch welche der Präsident Dumas, und fünf, durch welche der Vice-Präsident Herman, Letzterer in seiner Eigenschaft als Commissaire des administrations civiles et tribunaux vor den Wohlfahrtsausschuss beschieden wurde. Mit Fouqier-Tinville hat Robespierre in dieser ganzen Zeit nur eine einzige Zusammenkunft gehabt gelegentlich des Mordanfalls von Ladmiral auf Collot d'Herbois am 23. März, da derselbe vorher auch Robespierre hatte aufsuchen wollen, dagegen stand Fouquier-Tinville in sehr nahen Beziehungen zu Amar, Vadier, Voulland, Juzot, die sämmtlich zu den erbittertsten Gegnern Robespierre's zählten. Nichts desto weniger fuhren sie fort, alles was geschah, Robespierre zur Last zu legen: „C'est Robespierre qui le veut, nous ne pouvons pas nous dispenser (Robespierre will es, wir dürfen uns nicht darüber hinwegsetzen)." Und doch war seine Politik genau dieselbe, wie vorher: Verfolgung der Widersacher der Republik bis aufs Messer, aber ohne Belästigung der friedlichen Bürger und ohne die unheilvolle Sucht, gleichgiltige Dinge zu Staatsverbrechen aufzubauschen, um überall Schuldige zu finden.

Uebrigens entging es Robespierre keineswegs, dass sich ein Gewitter über seinem Haupte zusammenzog, aber er wollte nur die Wahrheit und das Tribunal der öffentlichen Meinung und die Ehrenmänner, die es mit der Republik gut meinten, zum Beistande haben, während seine Gegner sich nicht entblödeten, Unterstützung bei den Contrerevolutionären zu suchen, die es lieber mit Schurken hielten, als mit Robespierre die Republik ausbauen und sich consolidiren lassen wollten. Und so that er nichts, obwohl es ihm bei der Mehrzahl der Sectionen, bei den Jacobinern und bei der Commune, namentlich bei dem Maire Fleuriot-Lescot und dem agent national Payan, sowie bei dem General der Nationalgarde Hanriot (nicht zu verwechseln, wie es so oft geschieht, mit jenem Henriot, der bei den Septembermorden seine Hand mit im Spiele hatte), die sämmtlich grosse Verehrer von Robespierre waren, ein Leichtes gewesen wäre und nur eines Wortes von seiner Seite bedurft hätte, um sich des Sieges zu vergewissern, aber in seinen Augen gab es kein Heil ausserhalb des Convents, und auf sein gutes Recht pochend und auf die Gefühle von Gerechtigkeit und Billigkeit bei der Mehrzahl der Conventsmitglieder zählend, gab er sich dem Glauben hin, es bedürfe nur einer Rede von seiner Seite, um Alles klar zu legen; auch ahnte er nicht, dass ihn der Wohlfahrtsausschuss in Stich lassen würde.

Am 5. Thermidor hatte sich Robespierre zu einer Auseinandersetzung im Schoosse desselben verstanden, und St.-Just war mit einem Bericht über die Lage der Republik beauftragt worden, wie ein solcher allwöchentlich dem Convente abzustatten war, aber Verständigung wäre für die Verschwörer der Tod gewesen, sie stellten daher neue Proscriptionslisten als von Robespierre ausgehend auf, und es gelang ihnen namentlich die von der Rechten dermaassen einzuschüchtern, dass verschiedene Deputirte es nicht wagten, in ihren Wohnungen die Nacht zuzubringen und Collot d'Herbois in einer Versammlung der Verschworenen am 7. siegesgewiss verkünden konnte: „La division est complète, demain il faut frapper (die Spaltung ist vollständig, morgen muss der Schlag fallen)." Es schwebte etwas in der Luft, das auf grosse Ereignisse hindeutete. Robespierre hatte nach der Rückkehr aus dem Convent sich auf seine Rede für den folgenden Tag vorbereitet, und war dann mit seinem Secretär, dem Neffen von Duplay, nach dem Chaillot spaziert. Am Abend erhielt er einen Besuch von Taschereau, der ihn nochmals warnte: „Prenez garde, vos ennemis ont beaucoup intrigué, beaucoup calomnié (nehmen Sie sich in Acht, Ihre Feinde haben viel intriguirt und verleumdet)." „Gleichgiltig, war seine Antwort, entweder werde ich sterben oder ich werde die Republik von den Schurken und Verräthern befreien, die sie verderben wollen."

Am 8. hielt er im Convent seine letzte Rede, die man als sein politisches Testament bezeichnen könnte, nicht gefeilt, wie es sonst seine Gewohnheit war, sondern so niedergeschrieben, wie ein tiefer, berechtigter Unwille ihm die Worte eingab. Wir müssen es uns leider versagen, dieselbe mitzutheilen, da der Moniteur Universel, nach dem wir die übrigen Reden wiedergegeben haben, sie nicht enthält. Nr. 311 nämlich, in der über die Sitzung vom 8. berichtet ist, war erst am 11., also einen Tag nach dem Tode des grossen Mannes erschienen, und während der Moniteur bis dahin seine Reden stets mit der grössten Ausführlichkeit gebracht hatte, begnügte er sich diesmal mit der Bemerkung, dass Robespierre eine lange Rede gehalten habe, in der „er sich zunächst selber lobt, dann klagt, dass er verleumdet worden, und alle diejenigen als Feinde des Volkes bezeichnet, die seinen Plänen zuwider; daraufhin alle Handlungen der Regierung tadelt und der Reihe nach gegen den Wohlfahrts-, Sicherheits- und Finanzausschuss loszieht; ferner behauptet, dass die Patrioten unterdrückt werden, und schliesslich die Versicherung giebt, dass er die einzigen Mittel, die geeignet sind, das Vaterland zu retten, vorschlagen wolle." Es schien so, als wäre die Rechte dadurch wieder für ihn gewonnen worden.

Nach dem Schluss der Sitzung um 5 Uhr begab er sich zunächst nach Hause und nachher zu den Jacobinern, wo er mit Enthusiasmus empfangen wurde, doch waren auch Collot d'Herbois und Billaud-Varenne daselbst nach langer Zeit wieder zum ersten Male erschienen. Nachdem er auch hier seine Rede vorgelesen, trennte man sich auf seinen Wunsch unter dem Rufe: „vive la république, périssent les traîtres (es lebe die Republik, Tod den Verräthern!)"; was entschieden ein grosser Fehler war, der Club hätte sich in Permanenz erklären und ohne Gewalt zu gebrauchen, einen moralischen Druck auf den Convent ausüben sollen.

Die Verschwornen benutzten die Zwischenzeit bis zur Sitzung am 9. dazu, sich der Majorität zu versichern und traten namentlich mit der Rechten aufs Neue in Unterhandlung. Zweimal mit Verachtung zurückgewiesen, hörte man endlich das dritte Mal doch auf sie, denn die von der Rechten sagten sich, Robespierre würde mit ihrer Unterstützung allerdings der Schreckensherrschaft ein Ende machen aber gleichzeitig auch die Republik befestigen; hielten sie es aber mit den Verschwörern, so versprächen diese ebenfalls dem Schrecken ein Ende zu machen, zu gleicher Zeit ginge aber auch die Republik zu Grunde und die Contrerevolution siegte. Den Exagérés schilderten sie ihn wieder als modéré.

Auch der Wohlfahrtsausschuss hatte sich nach der Conventssitzung versammelt, doch waren zunächst nur Carnot, Robert Lindet, Prieur (de la Côte d'Or), Barère und St.-Just anwesend, später fand sich auch noch der Sicherheitsausschuss mit Billaud-Varenne und Collot d'Herbois ein, die sofort über St.-Just herfielen und auch auf Robespierre und Couthon schimpften. St.-Just arbeitete ruhig weiter an seinem Bericht für den Convent, versprach ihnen jedoch denselben vorher mittheilen zu wollen und entfernte sich gegen fünf Uhr Morgens. Um zehn Uhr an dem verhängnisvollen Tage, 9. Thermidor (27. Juli), hatten sich die Verschwornen aus beiden Ausschüssen wieder pünktlich zusammengefunden, und während sie noch darüber debattirten, ob man nicht Hanriot verhaften lassen sollte, erscheint Couthon, der sofort seine Vertheidigung übernimmt und die Verhaftung hintertreibt. Um zwölf Uhr wird ein Billet von St.-Just gebracht: „l'injustice a fermé mon coeur, je vais l'ouvrir à la Convention (die Ungerechtigkeit hat mein Herz verschlossen, ich werde es dem Convente ausschütten)."

Zur gewohnten Stunde eröffnete Collot d'Herbois, der am 1. Thermidor mit Majorität zum Präsidenten gewählt worden war, die Sitzung. Ihre Taktik war Robespierre nicht zu Worte kommen zu lassen. Das grösste Unglück war, dass einige fünfzig echte Republikaner fehlten, welche sich theils als Commissare des Convents bei der Armee befanden, theils Rovère, Fouché, Carrier, Fréron, André Dumont, Tallien und wie diese Blutmenschen alle heissen mögen, in den Départements abgelöst hatten. Beim Weggehen bat Duplay Robespierre einige Vorsichtsmassregeln zu ergreifen. „La masse de la Convention est pure, rassure-toi, je n'ai rien à craindre (die Mehrzahl im Convente ist rein, beruhige dich, ich habe nichts zu fürchten)!" war seine Antwort. Als St.-Just sich anschickte seinen Bericht vorzutragen, wird er durch Tallien unterbrochen, der sich das Wort zur Geschäftsordnung ertheilen lässt, denn er wusste nur zu wohl, dass nach dem Anhören desselben ihre Sache rettungslos verloren wäre, da St.-Just den Nachweis zu führen beabsichtigte, dass während der letzten vier Decaden, in denen die meisten Hinrichtungen, nehmlich nicht weniger als 1138, stattgefunden hatten, es Billaud-Varenne, Collot-d'Herbois, Barère und Carnot gewesen waren, welche im Wohlfahrtsausschuss factisch die Gewalt in Händen hatten, und beantragen wollte, jedes Decret sollte für tyrannisch erklärt werden, das nicht mindestens sechs Unterschriften trüge. Da aber Tallien nicht den beabsichtigten Eindruck auf die Versammlung zu machen schien, so wird er durch Billaud-Varenne abgelöst, der gleichfalls zur Geschäftsordnung sprechen will und dann erzählt, bei den Jacobinern hätte man gestern davon gesprochen, den Convent zu ermorden, und Robespierre vorwirft, er habe sich der Verhaftung eines Beamten des Wohlfahrtsausschusses widersetzt, welcher 114000 Livres unterschlagen; er habe Hanriot, den Mitschuldigen von Hébert vertheidigt; er habe an die Spitze der Armeen Verschwörer und Adlige wie General La Valette gebracht; er habe erklärt, nicht zwanzig Mitglieder des Convents könne man mit Vertrauen in die Départements schicken; er besuche die Sitzungen des Wohlfahrtsausschusses nicht mehr, seitdem er daselbst bei der Majorität auf Widerstand gestossen; er habe den Revolutionsausschuss der besten Section, der Indivisibilité, verhaften lassen; und er habe selbst Danton vertheidigt. Robespierre versuchte es zu antworten, aber das Gebrüll „à bas le tyran (nieder mit dem Tyrannen)!" übertönt ihn, und Tallien zieht einen Dolch, mit dem er den neuen Cromwell erstechen will, wenn es dem Convent an Muth fehlen sollte, ihn unter Anklage zu stellen. Darauf beschliesst der Convent die Verhaftung von Hanriot und seinem Stabe und erklärt sich in Permanenz, bis das Schwert des Gesetzes die Revolution gesichert und der Convent die Verhaftung von Robespierre's Creaturen würde angeordnet haben. Darauf verlangt Billaud-Varenne die Verhaftung von Boulanger als einem Freunde von Danton, von Dumas, weil er Tags vorher Collot bei den Jacobinern einen Verschwörer genannt, und von Dufraisse, während Delmas die Verhaftung der Adjudanten Hanriot's Sijas and Vilain d'Aubigny beantragt. Robespierre versucht es noch einmal sich das Wort zu verschaffen, aber auf's Neue bringt ihn das Gebrüll „à bas le tyran!" zum Schweigen.

Darauf erhält Barère das Wort zu einem Berichte im Namen des Wohlfahrtsausschusses und beantragt den Erlass einer sehr gemässigten Proclamation an die Bevölkerung, die Aufhebung des Postens eines Obergenerals der Nationalgarde und die Aufforderung an Maire und agent national über die Sicherheit des Convents zu wachen. Vadier wirft Robespierre vor, Chabot, Bazire und Desmoulins vertheidigt zu haben und will ihn des Strebens nach der Tyrannis überführen, kommt auch noch einmal auf die Verhaftung des Revolutionsausschusses der Section Indivisibilité und auf die Geschichte mit der Catherine Théot zurück und wirft Robespierre vor gegen gewisse Mitglieder des Convents ein förmliches Spionirsystem organisirt zu haben, so sei er durch einen gewissen Taschereau auf das Zudringlichste verfolgt worden. Noch einmal besteigt Tallien die Rednerbühne, um auch seinerseits Robespierre des Strebens nach der Tyrannis auf Grund seiner gestrigen Rede, sowie der Verhaftungen in der Indivisibilité hin zu zeihen, auch habe er die Ausschüsse und andere Personen, die das Vaterland gerettet, verleumdet, als Stellvertreter von St.-Just in der Leitung des bureau de police générale mehrfach Acte der Unterdrückung begangen. Robespierre gelingt es die Worte: „C'est faux, je . . ." vorzubringen, alles Uebrige geht wieder unter dem Gebrüll der Gegner verloren. Noch einmal sich nach allen Seiten umsehend, übertönt er den Lärm: „C'est à vous, hommes purs que je m'adresse, et non pas aux brigands (an euch, ihr Männer ohne Makel, wende ich mich und nicht an diese Räuber)!" Hätte jetzt Cambon oder Romme das Wort genommen, der Convent wäre auf seiner Seite und die Verschwörer verloren gewesen, aber sie schwiegen. Mit Aufbietung aller seiner ganzen physischen Kraft bringt er, an Collot d'Herbois gewandt, noch die Worte hervor: „Pour la dernière fois, président d'assassins, je te demande la parole, accorde-la-moi ou décrète que tu veux m'assassiner (zum letzten Male, Präsident von Mördern, bitte ich um's Wort, gieb es mir oder verfüge, dass du mich morden willst)!" und zu Garnier de l'Aube, dem Landsmann von Danton, der ihm zugerufen: „Le sang de Danton t'étouffe (das Blut von Danton erstickt dich)!" — „C'est donc Danton que vous voulez venger, lâches! pourquoi ne l'avez-vous pas défendu (also Danton wollt ihr rächen, Feiglinge! warum habt ihr ihn nicht vertheidigt)?" Da verlangte Louchet, ein Montagnard, sei es, dass er den Verschwörern Glauben schenkte, sei es, dass er so Robespierre hoffte retten zu können, den Erlass eines Haftbefehls gegen ihn und ein anderer Montagnard Lozeau unterstützt den Antrag. Jetzt spielte sich eine rührende Scene von Aufopferung und Hingebung ab. Zunächst verlangte Augustin mitverhaftet zu werden: „Ich bin so schuldig wie mein Bruder, ich theile seine Tugenden!" und als Louchet erklärt, man habe auch St.-Just und Couthon gemeint, verlangt Philippe Le Bas, obwohl ihm erst vor wenig Wochen ein Sohn geboren war: „Je ne veux pas partager l'opprobre de ce décret, je demande aussi l'arrestation (ich will die Schmach dieses Beschlusses nicht theilen, ich verlange auch verhaftet zu werden)!" Nachdem Fréron darauf noch einmal gegen Robespierre, Couthon und St.-Just die Anklage erhoben, sie hätten ein Triumvirat bilden wollen, wird die beantragte Verhaftung von Maximilian und Augustin Robespierre, Couthon, St.-Just und Le Bas zum Beschluss erhoben und unter dem Gebrüll „à la barre! à la barre!" verlassen sie in Begleitung von Gendarmen den Sitzungssaal. Nach ihrem Weggange setzte Collot d'Herbois die Verhandlungen fort, weiss aber nichts weiter vorzubringen, als was Tags vorher in der Sitzung des Wohlfahrtsausschusses vorgefallen und dass die Verhafteten keine aufrichtige Liebe zu Marat und Challier gehegt hätten und schloss dann nach 5 Uhr die Sitzung, um die Verhandlungen um 7 Uhr wieder aufzunehmen.

Auf dem Hôtel de ville hatte der agent national Payan etwa gegen 5 Uhr durch den commissaire des administrations, police et tribunaux die erste Nachricht von dem Vorgefallenen erhalten. Sofort trat der Conseil général de la Commune bei einundneunzig Anwesenden zu einer ausserordentlichen Sitzung unter dem Vorsitz des Maire Fleuriot-Lescot zusammen, der die Versammlung mit folgender Ansprache eröffnete: „Von dieser Stelle aus ist das Vaterland am 10. August und am 31. Mai gerettet worden, von hier aus wird es auch heute gerettet werden. Mögen alle Bürger sich an die Commune anschliessen, möge der Zutritt zu ihren Sitzungen Jedermann offen stehen, ohne dass man das Vorweisen von Eintrittskarten verlangt, mögen alle Mitglieder des Raths schwören, auf ihre Posten eilen zu wollen"; worauf Payan die grosse Gefahr zeigte, die für die Freiheit in dem Vorgefallenen läge, indem er eine Parallele zieht zwischen den Verschwörern und den Proscribirten, diese seien die wahren Freunde des Volks, jene sähen in der Republik nur das Mittel sich zu bereichern und schienen ihr durch ihre Handlungen nur Schande machen zu wollen. Die Versammlung erklärt sich einstimmig mit den ausgesprochenen Ansichten einverstanden, sämmtliche Anwesenden tragen ihre Namen in die Präsenzliste ein, und man beschliesst die Verhaftung der Conventsmitglieder Collot d'Herbois, Amar, Léonard Bourdon, Dubarrau, Fréron, Tallien, Pânis, Carnot, Dubois-Crancé, Vadier, Javogues, Fouché, Grunet und Moïse Bayle, indem gleichzeitig demjenigen eine Bürgerkrone decretirt wird, welcher einen der Genannten verhaften würde. Darauf verliest der Maire den Artikel der Grundrechte, welcher von der Pflicht sich gegen die Regierung zu erheben handelt, welche es wagt die Rechte des Volkes zu verletzen, und im Weitern wird beschlossen, die Thore schliessen, Sturm läuten und Generalmarsch schlagen zu lassen; die Befehle der beiden Ausschüsse für null und nichtig zu erklären; alle Behörden und die Befehlshaber der bewaffneten Macht auf dem Hôtel de ville den Eid der Treue leisten und die Kanonen der Section Droits de l'homme vor dem Rathhaus auffahren zu lassen; die Sectionen zusammen zu berufen und alle zwei Stunden von ihnen Bericht zu verlangen; die revolutionäre Commune vom 10. August zum Anschluss aufzufordern; und dem General der Nationalgarde den Befehl zu ertheilen, das Volk gegen die Verschwörer zu führen, welche die Patrioten unterdrücken, und den Convent von der Unterdrückung zu befreien.

Mittlerweile war Lubin, der Substitut des Nationalagenten, erschienen und theilte weitere Détails über die Conventssitzung mit. In Folge dessen beschliesst man an alle Portiers in den Gefängnissen den Befehl zu erlassen, Niemanden ohne ausdrücklichen Befehl den Ein- oder Austritt zu gestatten; die Jacobiner aufzufordern, mit ihnen zu fraternisiren; Robespierre und die übrigen Verhafteten durch besondere Commissäre aus dem Schoosse der Versammlung in Freiheit zu setzen und nachstehende Proclamation an die achtundvierzig Sectionen zu erlassen, die noch in sechsundvierzig Exemplaren im Archiv vorhanden ist:

„Bürger, das Vaterland ist mehr als je in Gefahr. Schurken dictiren dem Convent, den sie unterdrücken, die Gesetze. Man ächtet Robespierre, welcher das trostreiche Princip des höchsten Wesens und die Unsterblichkeit der Seele erklären liess, St.-Just, diesen Apostel der Tugend, welcher am Rhein wie im Norden dem Verrath ein Ende machte und wie Leonidas die Waffen der Republik triumphiren liess, Couthon, diesen tugendhaften Bürger, an dem nur noch das Herz und der Kopf leben, aber von dem Feuer des Patriotismus erglühen, den jüngern Robespierre, der die Armee in Italien zum Siege führte." Dann folgt eine Schilderung der Hauptverschwörer: Amar ein Edelmann mit 100000 Livres Rente, der Comte de Barras und ähnliche Ungeheuer, wie Collot d'Herbois, der Nachtreter von Danton, der als Schauspieler die Kasse seiner eignen Truppe stahl, Bourdon, der ewige Verleumder, und Barère, der es noch mit allen Parteien gehalten; und schliesst mit den Worten: „Volk, erhebe dich, lass die Früchte des 10. August und 31. Mai nicht zu Grunde gehen, stürzen wir alle diese Verräther ins Grab." Folgen die Unterschriften Fleuriot-Lescot maire, Blin serétaire-greffier-adjoint, und J. Floury secrétaire-greffier.

Hanriot war sofort auf die Nachricht von der Verhaftung

der fünf zu Pferde gestiegen, hatte die erste Legion ganz und von den andern je vierhundert Mann aufgeboten, sämmtliche Gendarmen nach dem Rathhaus beordert, alle Bürger in ihre Arrondissements consignirt, der Commune eine Reserve von zweihundert Mann zur Disposition gestellt und Generalmarsch schlagen und die Thore schliessen lassen; Alles in weniger als einer Stunde. Darauf ritt er mit seinen Adjudanten nach den Tuilerien, um die fünf wieder in Freiheit zu setzen, die vorläufig in dem Saale des Sicherheitsausschusses untergebracht worden waren. Unterwegs in der Nähe des ehemaligen Palais-Royal traf er Merlin de Thionville und liess ihn verhaften. Von Seiten Hanriot's war es jedenfalls eine grosse Unvorsichtigkeit, sich ohne genügende Bedeckung in die Tuilerien zu begeben. Denn kaum hatte sich Robespierre ihm gegenüber gegen jede Gewaltmaassregel ausgesprochen: „Laissez-moi aller au tribunal, je saurai bien me défendre (lassen Sie mich vor das Tribunal gestellt werden, ich werde mich schon zu vertheidigen wissen)!" als die Grenadiere des Convents mit einigen Gendarmen der neunundzwanzigsten Abtheilung eindrangen und ihn und seine Adjutanten überwältigten und banden. Den verhafteten Conventsmitgliedern wurde ein Mittagessen verabfolgt und sie sodann zwischen sechs und sieben Uhr, Robespierre nach dem Luxembourg, Augustin nach St. Lazare und später, da hier kein Zimmer für geheime Haft existirt, nach La Force, Le Bas in die Conciergerie, Couthon nach Bourbe und St.-Just aux Ecossais abgeführt.

Während dessen waren aber auch die beiden Ausschüsse nicht müssig gewesen, sondern hatten sich in gemeinsamer Sitzung über nachstehende Punkte geeinigt: Verbot die Thore zu schliessen und die Sectionen zu versammeln, Verhaftung derjenigen, die Sturm läuten oder Generalmarsch schlagen würden, Verbot Hanriot's Befehle auszuführen, Erlassung eines Haftbefehls gegen Fleuriot-Lescot, alle Beamte der

Polizeiverwaltung und alle Bürger, die sich am Widerstande betheiligen würden, Aufforderung an die Ausschüsse der Sectionen, die Versammlungen sofort aufzulösen, indem sie ihnen zu eröffnen hätten, die fünf seien die grausamsten Feinde der Freiheit und Gleichheit, Aufgebot der bewaffneten Macht der Sectionen Guillaume Tell, Gardes françaises und Butte des Moulins, von denen sich namentlich die letztere durch ihre reactionäre Gesinnung auszeichnete und, unter gleichzeitiger Verhaftung des braven Commandanten Labretèche, der Zöglinge der École de Mars.

Aber sie hatten keinen Erfolg, die Jacobiner erklärten sich unter Vorsitz von Vivier in Permanenz und schickten eine Deputation an die Commune, um zu erklären, dass sie sich im vollsten Einverständnis mit den Beschlüssen derselben befänden; auch in den Sectionen regte es sich, man trat in ausserordentlichen Versammlungen zusammen, und gegen zehn Uhr hatten sich schon siebenundzwanzig durch besondere Commissarien der Commune zur Verfügung gestellt, welche einen Conseil exécutif provisoire aus ihrer Mitte in den Personen von Payan, Coffinhal, Louvet, Lerebours, Legrand, Desboisseau, Chatelet, Arthur und Grenard ernannte, und zwölf weitere Personen damit betraute, die Ausführung ihrer Befehle zu überwachen. Weiter erklärten sie Jeden für straffällig, der andern Behörden als der revolutionären Commune Gehorsam leisten würde und verfügten Verhaftung aller Volksvertreter, welche Proclamationen an das Volk erlassen oder die Vertheidiger des Volkes hors la loi, d. h. für vogelfrei erklären sollten.

Während dessen war auch Hanriot durch Coffinhal wieder befreit worden, statt aber den seit einer Stunde in voller Rathlosigkeit versammelten Convent auseinander zu treiben, beging er den grossen Fehler, einer Aufforderung des Conseil exécutif provisoire nach dem Rathhause zu folgen, wo er schon den jüngern Robespierre vorfand, der durch zwei Municipalbeamte aus La Force befreit worden war. Robespierre war um sieben Uhr nach dem Luxembourg gebracht worden, fand aber wegen des von der Commune ausgegangenen Verbots keinen Einlass und wurde darauf unter dem Rufe „vive Robespierre!" nach dem Polizeibüreau quai des Orfèvres geführt. Hier erschienen um 8 Uhr Deputirte der Commune, um ihn im Auftrage des Maire nach dem Hôtel de ville zu geleiten. „Non, laissez-moi paraître devant mes juges (nein, ich will vor meine Richter gestellt werden)!" war seine Antwort. Einer zweiten Deputation folgt er endlich, und gleichzeitig erschienen auch St.-Just und Le Bas. Letzterer hatte vor der Thür der Conciergerie in einem Wagen seine Frau und Elisabeth Duplay getroffen, die ihm Verschiedenes bringen wollten, er schikte sie aber nach Hause, weil Mme. Le Bas ein Kind an der Brust hatte.

Mit Robespierre's Erscheinen gegen zehn Uhr verdoppelte sich der patriotische Eifer des Conseil général, zu dem sich allmälig sechsundneunzig notables und achtundvierzig officiers municipaux eingefunden hatten, sämmtlich regelrecht durch die Sectionen gewählt, darunter einige Grosshändler, viele kleine Kaufleute und Krämer, ein Notar, mehrere Rechtsverständige, Beamte, Künstler, zwei bis drei Schriftsteller, ein paar Aerzte, Rentiers und Lehrer.

Unterdessen hatte auch der Convent etwas nach sieben Uhr seine Sitzung wieder aufgenommen, Hanriot hors la loi erklärt und Barras mit der Führung der bewaffneten Macht betraut, dem auf seinen Wunsch Ferraud, Fréron, Rovère, Delmas, Bolleti, Léonard Bourdon und Bourdon (de l'Oise) mit den Befugnissen der Repräsentanten des Volkes bei den Armeen zugesellt wurden. In Weiterem wurde die Schliessung der Thore und die Versammlung der Sectionen ohne specielle Autorisation durch die beiden Ausschüsse verboten, alle Beamte hors la loi erklärt, welche Befehle an die bewaffnete Macht erlassen würden, gegen den Nctionalconvent zu marschiren oder die von ihm ertheilten Befehle nicht auszuführen, sowie diejenigen Individuen, gegen die ein Haftbefehl erlassen oder die unter Anklage gestellt worden wären, sich aber dem Gesetze nicht unterworfen hätten, auch eine Proclamation an das französische Volk erlassen, in der sie sich aber sehr wohl hüteten, dessen, was wirklich geschehen war, auch nur mit einer Silbe Erwähnung zu thun, und durch Emissäre überall, auch auf dem Grèveplatz, verbreitet. Etwas nach Mitternacht traf die bewaffnete Macht unter dem Befehl von Barras in zwei Colonnen, die eine über die Quais, die andere durch die rue St. Honoré vor dem hôtel de ville ein.

Robespierre hatte zu dem Conseil général gesprochen, widersetzte sich aber jeder bewaffneten Insurrection und lähmte dadurch die Energie, dennoch hatte der Conseil exécutif Waffen kommen und durch Lerebours, commissaire des mœurs publics, der sich mit dem commissaire de l'instruction public Payan der Commune angeschlossen hatte, nachstehende Proclamation an Robespierre's Section aufsetzen lassen: „Commune de Paris. Comité d'éxécution. Muth, Patrioten der Section des Piques, die Freiheit triumphirt. Schon sind diejenigen, die ihre Festigkeit den Verräthern furchtbar macht, in Freiheit; überall zeigt sich das Volk würdig seines Charakters. Der Sammelplatz ist die Commune, der brave Hanriot wird die Anordnungen des Conseil exécutif vollstrecken, welcher geschaffen ist, um das Vaterland zu retten.

gez. Lerebours. Legrand. Louvet. Payan."

Als man Robespierre die Proclamation hinreichte, um seinen Namen darunter zu setzen, wandte er sich an St.-Just mit der Frage: „in wessen Namen?" worauf dieser antwortete: „im Namen des Convents, er ist überall, wo wir sind!" Aber erst als Couthon, der nachträglich auch noch gekommen war, hinzufügte: „im Namen des französischen Volks!" schickte er sich an, sie zu unterzeichnen, und hatte schon über den Tisch gebeugt, an dem er zwischen Fleuriot-Lescot und Payan sass, die beiden ersten Buchstaben seines Namens geschrieben, als die Thür, die ungefähr in gleicher Linie mit diesem Tisch aus dem Corridor in den Sitzungssaal führte, aufging und der verhängnisvolle Schuss fiel, der neben dem linken Mundwinkel eindringend, von links oben nach rechts unten gehend, Robespierre die untere Kinnlade zerschmetterte.

Was war nämlich während dieser Zeit geschehen? Auf dem Grèveplatz hatte sich eine zahlreiche Menge eingefunden. Man hatte zwar die Emissäre des Convents verhaftet, immerhin war aber die Proclamation mit den Beschlüssen des Convents verlesen worden. Da sich auch die allerdings gefälschte Unterschrift von David darunter befand, denn er war auf Barère's Rath gar nicht in der Abendsitzung erschienen, so wurden Viele irre; dazu gesellte sich — es war den ganzen Tag über trübes Wetter gewesen — ein strömender Regen, so dass, als die Colonnen anrückten, sie den Platz vor dem Rathhause fast leer fanden und auf keinen Widerstand weiter stiessen, nur auf dem Quai waren ein paar Schüsse zwischen den Kanonieren, die bei Hanriot geblieben waren, und den Vertheidigern des Convents gewechselt worden. Léonard Bourdon war mit seiner Bande, der sich auch der Gendarm Merda angeschlossen hatte, über die grosse Treppe du Centre in den Corridor längs des Gleichheitssaales gedrungen, hatte die Thür, die aus dem Corridor in den Saal führt, geöffnet und Robespierre Merda mit dem Finger gezeigt, worauf derselbe seinen Carabiner aus nächster Nähe auf ihn abdrückte. Merda wurde von dem Präsidenten des Convents Charlier für seine Heldenthat mit dem Bruderkuss belohnt und von dem Convent zum Lieutenant in dem fünften Jägerregiment befördert; er fand seinen Tod als napoleonischer Baron und Oberst in der Schlacht an der Moskwa. Le Bas erschoss sich in der salle de la veuve Capet neben an; Couthon, auf den Merda gleichfalls geschossen hatte, jedoch ohne ihn zu treffen, fiel auf der Treppe und wurde zunächst nach dem Hôtel-Dieu und später durch den Friedensrichter des Bezirks nach dem Local des Wohlfahrtsausschusses gebracht; der jüngere Robespierre stürzte sich zum Fenster hinaus und wurde zuerst zu dem Comité civil der section de la maison commune und von da nach dem Sicherheitsausschuss transportirt; Hanriot leistete so lange Widerstand, bis es ihm gelang sich in einen Lichthof zu flüchten, wo er Tags darauf Mittags ein Uhr mit Wunden bedeckt gefunden wurde. Die Mitglieder des Conseil général wurden theils verhaftet, theils entkamen sie, jedoch nur für den Augenblick, die vorgefundene Präsenzliste wurde für sie zum Verräther. Robespierre wurde bewusstlos auf einer Tragbahre in die Tuilerien geschafft und in dem Audienzzimmer des Wohlfahrtsausschusses auf einen Tisch gelegt, den Kopf auf einen hölzernen Kasten, in dem sich Brodproben befanden, gestützt. Nach einer Stunde kam er wieder zum Bewusstsein und wischte sich das Blut mit einem Ledersack für Pistolen ab, welchen man ihm gereicht hatte, und als dieser mit Blut durchtränkt war, mit einem Stück Papier. Erst um fünf Uhr wurde er nothdürftig verbunden. Um zehn einhalb Uhr wurde er mit Couthon und dem officier municipal Gobeau nach der Conciergerie transportirt. Um zwölf Uhr Mittags trat das Revolutionstribunal zusammen, um über sie zu Gericht zu sitzen. Da der Convent die Angeklagten für vogelfrei „hors la loi" erklärt hatte, so kam es nur darauf an die Identität ihrer Personen zu constatiren, was nach dem Gesetz in Gegenwart der Municipalität hätte geschehen sollen, doch der Convent hatte das Tribunal autorisirt über diese Formalität hinwegzugehen, und um vier Uhr war Alles vorbei. Die Hinrichtung fand fünf Uhr Abends statt, und zwar war die Guillotine auf Befehl des Convents wieder auf der place de la Révolution aufgestellt worden. Mit Robespierre starben einundzwanzig Personen, darunter sein Bruder Augustin, St.-Just, Couthon, die Generale Lavalette und Hanriot, Fleuriot-Lescot, Payan und Vivier, der in der letzten Nacht bei den

Jacobinern den Vorsitz geführt hatte. O qu'os nes finit pol bounheur del paouré pople; on a tuat o quel que l'aimabo tant (ach, es ist aus mit dem Glück des armen Volkes; man hat den getödtet, der es so sehr liebte)!" rief eine Bäuerin in ihrem naiven Patois aus, als sie die Nachricht von seinem Tode erhielt und machte sich dadurch zum Organ aller derer, die da mühselig und beladen sind, und die mit ihm auch ihre Hoffnung auf Emancipirung von der Ausbeutung durch die Privilegirten in das Grab sinken sahen: ja, „aimabo tant el paouré pople" würde die beste Grabschrift für Maximilian Robespierre sein!

Ebenfalls im SEVERUS Verlag erhältlich:

Karl Kautsky
Terrorismus und Kommunismus
SEVERUS 2010 / 164 S. / 29,50 Euro
ISBN 978-3-86347-016-6

„Nicht blinde Verherrlichung der bisherigen Methoden der Revolution, sondern ihre strengste Kritik ist notwendig, ist am dringendsten notwendig gerade jetzt, wo die Revolution und die sozialistischen Parteien in ihr eine schwere Krisis durchmachen, in der verschiedene Methoden miteinander um Geltung ringen."

Diese kritische Haltung weist Karl Kautsky (1854-1938), sozialdemokratischer Politiker und Journalist, gleichermaßen als Beteiligten und als im besten Sinne parteiischen Zeitzeugen aus, und macht ihn zum geeigneten Vermittler dieser Epoche.

Am Vorabend der Novemberrevolution begonnen und unter dem Eindruck ihrer Entwicklung 1919 fertig gestellt, vermittelt Karl Kautskys Schrift *Terrorismus und Kommunismus* dezidiert das Spannungsfeld, in dem sich das linke Gedankengut entfaltet in dieser „so wildgährenden Zeit", wie Kautsky sie selber bezeichnet: Von der Französischen Revolution und dem Terreur ihrer Spätphase über die Pariser Kommune bis zur Sowjetrepublik und zur deutschen Novemberrevolution selbst spannt Kautsky seine Gedankengänge.

www.severus-verlag.de

Bisher im SEVERUS Verlag erschienen:

Achelis. Th. Die Entwicklung der Ehe * **Andreas-Salomé, Lou** Rainer Maria Rilke * **Arenz, Karl** Die Entdeckungsreisen in Nord- und Mittelafrika von Richardson, Overweg, Barth und Vogel * **Aretz, Gertrude (Hrsg)** Napoleon I - Briefe an Frauen * **Ashburn, P.M** The ranks of death. A Medical History of the Conquest of America * **Avenarius, Richard** Kritik der reinen Erfahrung * Kritik der reinen Erfahrung, Zweiter Teil * **Bernstorff, Graf Johann Heinrich** Erinnerungen und Briefe * **Binder, Julius** Grundlegung zur Rechtsphilosophie. Mit einem Extratext zur Rechtsphilosophie Hegels * **Bliedner, Arno** Schiller. Eine pädagogische Studie * **Blümner, Hugo** Fahrendes Volk im Altertum * **Brahm, Otto** Das deutsche Ritterdrama des achtzehnten Jahrhunderts: Studien über Joseph August von Törring, seine Vorgänger und Nachfolger * **Braun, Lily** Lebenssucher * **Braun, Ferdinand** Drahtlose Telegraphie durch Wasser und Luft * **Büdinger, Max** Don Carlos Haft und Tod insbesondere nach den Auffassungen seiner Familie * **Burkamp, Wilhelm** Wirklichkeit und Sinn. Die objektive Gewordenheit des Sinns in der sinnfreien Wirklichkeit * **Caemmerer, Rudolf Karl Fritz** Die Entwicklung der strategischen Wissenschaft im 19. Jahrhundert * **Cronau, Rudolf** Drei Jahrhunderte deutschen Lebens in Amerika. Eine Geschichte der Deutschen in den Vereinigten Staaten * **Cushing, Harvey** The life of Sir William Osler, Volume 1 * The life of Sir William Osler, Volume 2 * **Eckstein, Friedrich** Alte, unnennbare Tage. Erinnerungen aus siebzig Lehr- und Wanderjahren * **Eiselsberg, Anton Freiherr von** Lebensweg eines Chirurgen * **Elsenhans, Theodor** Fries und Kant. Ein Beitrag zur Geschichte und zur systematischen Grundlegung der Erkenntnistheorie. * **Engel, Eduard** Shakespeare * **Ferenczi, Sandor** Hysterie und Pathoneurosen * **Fourier, Jean Baptiste Joseph Baron** Die Auflösung der bestimmten Gleichungen * **Frimmel, Theodor von** Beethoven Studien I. Beethovens äußere Erscheinung * Beethoven Studien II. Bausteine zu einer Lebensgeschichte des Meisters * **Fülleborn, Friedrich** Über eine medizinische Studienreise nach Panama, Westindien und den Vereinigten Staaten * **Goette, Alexander** Holbeins Totentanz und seine Vorbilder * **Goldstein, Eugen** Canalstrahlen * **Griesser, Luitpold** Nietzsche und Wagner - neue Beiträge zur Geschichte und Psychologie ihrer Freundschaft * **Hartmann, Franz** Die Medizin des Theophrastus Paracelsus von Hohenheim * **Heller, August** Geschichte der Physik von Aristoteles bis auf die neueste Zeit. Bd. 1: Von Aristoteles bis Galilei * **Helmholtz, Hermann von** Reden und Vorträge, Bd. 1 * Reden und Vorträge, Bd. 2 * **Kalkoff, Paul** Ulrich von Hutten und die Reformation. Eine kritische Geschichte seiner wichtigsten Lebenszeit und der Entscheidungsjahre der Reformation (1517 - 1523), Reihe ReligioSus Band I * **Kerschensteiner, Georg** Theorie der Bildung * **Krömeke, Franz** Friedrich Wilhelm Sertürner - Entdecker des Morphiums * **Külz, Ludwig** Tropenarzt im afrikanischen Busch * **Leimbach, Karl Alexander** Untersuchungen über die verschiedenen Moralsysteme * **Liliencron, Rochus von / Müllenhoff, Karl** Zur Runenlehre. Zwei Abhandlungen * **Mach, Ernst** Die Principien der Wärmelehre * **Mausbach, Joseph** Die Ethik des heiligen Augustinus. Erster Band: Die sittliche Ordnung und ihre Grundlagen * **Müller, Conrad** Alexander von Humboldt und das Preußische Königshaus. Briefe aus den Jahren 1835-1857 * **Oettingen, Arthur von** Die Schule der Physik * **Ostwald, Wilhelm** Erfinder und Entdecker * **Peters, Carl** Die deutsche Emin-Pascha-Expedition * **Poetter, Friedrich Christoph** Logik * **Popken, Minna** Im Kampf um die Welt des Lichts. Lebenserinnerungen und Bekenntnisse einer Ärztin * **Prutz, Hans** Neue Studien zur Geschichte der Jungfrau von Orléans * **Rank, Otto** Psychoanalytische Beiträge zur Mythenforschung. Gesammelte Studien aus den Jahren 1912 bis 1914. * **Rohr, Moritz von** Joseph Fraunhofers Leben, Leistungen und Wirksamkeit * **Rubinstein, Susanna** Ein individualistischer Pessimist: Beitrag zur Würdigung Philipp Mainländers * Eine Trias von Willensmetaphysikern: Populär-philosophische Essays * **Sachs, Eva** Die fünf platonischen Körper: Zur Geschichte der Mathematik und der Elementenlehre Platons und der Pythagoreer * **Scheidemann, Philipp** Memoiren eines Sozialdemokraten, Erster Band * Memoiren eines Sozialdemokraten, Zweiter Band * **Schweitzer, Christoph** Reise nach Java und Ceylon (1675-1682). Reisebeschreibungen von

www.severus-verlag.de

deutschen Beamten und Kriegsleuten im Dienst der niederländischen West- und Ostindischen Kompagnien 1602 - 1797. * **Stein, Heinrich von** Giordano Bruno. Gedanken über seine Lehre und sein Leben * **Strache, Hans** Der Eklektizismus des Antiochus von Askalon * **Thiersch, Hermann** Ludwig I von Bayern und die Georgia Augusta * **Tyndall, John** Die Wärme betrachtet als eine Art der Bewegung, Bd. 1 * Die Wärme betrachtet als eine Art der Bewegung, Bd. 2 * **Virchow, Rudolf** Vier Reden über Leben und Kranksein * **Wecklein, Nikolaus** Textkritische Studien zu den griechischen Tragikern * **Wernher, Adolf** Die Bestattung der Toten in Bezug auf Hygiene, geschichtliche Entwicklung und gesetzliche Bestimmungen * **Weygandt, Wilhelm** Abnorme Charaktere in der dramatischen Literatur. Shakespeare - Goethe - Ibsen - Gerhart Hauptmann * **Wlassak, Moriz** Zum römischen Provinzialprozeß * **Wulffen, Erich** Kriminalpädagogik: Ein Erziehungsbuch * **Zoozmann, Richard** Hans Sachs und die Reformation - In Gedichten und Prosastücken, Reihe ReligioSus Band III